python™
파이썬을 이용한 빅데이터 분석

유성준 · 구영현 · 정원희 · 박철호 · 윤학림 · 정다운 · 이여진 공저

PREFACE

이 책에서 독자들은 기계학습의 기본 개념을 익히고 파이썬의 해당 라이브러리를 이용하여 기계학습의 기본적인 개념을 학습할 수 있습니다. 책의 부피가 너무 많아지는 이유로 파이썬 기초 학습 부분과 NumPy, Pandas, Matplotlib 과 같은 패키지 부분에 대한 설명은 생략했습니다. 혹시 해당 부분의 학습이 필요하신 분들은 길벗사에서 출간된 "모두의 파이썬"과 민형기 씨가 저술한 "파이썬으로 데이터 주무르기"라는 도서를 학습하시면 좋습니다. 이 외에 매년 가을학기에 공개되는 KMOOC의 "파이썬을 이용한 빅데이터 분석"이라는 강의를 들으시면 파이썬 기초 부분을 간략하게 맛보실 수 있을 것입니다.

이 책에서는 기계학습 개론 책에서 흔히 등장하는 복잡하고 쉽지 않은 수식을 가급적 빼고 예제를 통해 개념을 설명하고자 한 것이 특징입니다. 즉, 기계학습 이론을 발전시키는 관점보다는 기계학습이라는 도구를 실제 문제에 적용할 수 있는 능력을 키우기 위한 기초도서로 활용할 수 있도록 하였습니다. 이 책의 앞 부분에는 우선 기계학습을 이용한 데이터 분석 개요에 대해 기술합니다. 그 이후에 선형회귀분석을 이용한 데이터 분석, 트리를 이용한 데이터 분석, 인공신경망을 이용한 데이터 분석, SVM을 이용한 데이터 분석, 텍스트 데이터 분석, K-means와 K-nearest neighbor 방식을 이용한 데이터 분석 방법 등에 대해 기술합니다. 마지막으로 다양한 특징을 가진 데이터를 조금 더 단순화시켜 접근하는 것이 가능할 수 있는 주성분 분석(PCA) 등의 방법 등에 대해 기술합니다.

본 도서의 소스코드 및 관련 자료는 https://github.com/sejongML/pythonML 업로드 해 놓았습니다. 필요한 자료를 다운 받으시기 바랍니다.

이 책을 저술하는 데에 그동안 많은 노력을 기울여주신 인공지능-빅데이터 연구센터의 박인숙 박사님, 신병주 박사님, 이재유 박사님께 깊은 감사의 말씀을 드립니다.

저자

CONTENTS

개요

CHAPTER 1

개요

1.1 빅데이터 분석 개요

빅데이터 분석은 문제의 정의, 수집 및 분석할 데이터의 정의, 분석계획/표본 데이터의 수집, 데이터의 취득, 데이터 전처리 및 정제, 탐색적 데이터 분석, 분류 및 예측 모델링, 보고서 작성 등의 순서로 진행될 수 있다. 이 장에서는 각 단계별 수행하는 내용에 대해 먼저 살펴본다.

(1) 문제의 정의

데이터 분석을 위해서는 먼저 무슨 문제를 해결하려 하는지에 대한 이해가 있어야 합니다. 이 문제를 이해하기 위해서 해당 분야에 대한 이해 역시 필요합니다. 처음 접하는 분야라면 해당 분야 전문가와 같이 일을 해야 하는 경우가 많습니다.

(2) 수집 및 분석할 데이터의 정의

다음은 우리가 수집해야할 자료의 범위를 정의해야 합니다. 소규모의 실제 사례를 살펴볼 텐데요, 이 때 데이터의 품질 등을 살펴보면서 분석 계획을 세우게 됩니다. 이렇게 분석 계획을 세운 뒤에는 표본으로 데이터를 수집하고, 수집된 데이터의 특성을 개략적으로 파악합니다.

(3) 데이터의 취득

이후 데이터를 모읍니다. 상황에 따라 기업 또는 기관 내에 구축해놓은 데이터베이스로부터, 공공데이터는 온라인 데이터로부터, 트위터 데이터는 트위터로 부터 수집할 수 있겠죠? 때로는 서로 다른 곳에서 수집한 데이터를 통합하여 사용할 수도 있겠습니다.

(4) 데이터 전처리 및 정제

이렇게 수집한 데이터는 그대로 사용할 수도 있지만 통상 그대로 사용하기가 어렵습니다. 이들 데이터는 전처리 및 정제 과정을 거쳐야 제대로 된 분석 모델을 구할 수 있습니다.

(5) 탐색적 데이터 분석

탐색적 데이터 분석 단계에서는 먼저 데이터의 분포 등을 보기 위해 데이터의 간단한 통계 값을 내보고, 이를 그림으로 그려보기도 합니다.

(6) 기계학습 등을 이용한 분류

탐색적 데이터 분석을 거치면서 데이터의 생김새를 살펴본 뒤 기계학습 등의 도구를 적용하여 분류 또는 예측 모델을 만들어 보게 됩니다.

(7) 보고서 작성

이러한 과정을 여러 번 반복 후 보고서를 작성합니다.

1.2 데이터 분석을 위해 필요한 역량

- 해당 분야에 대한 지식
- 통계학 지식
- 탐색적 데이터 분석
- 신뢰구간
- 유의수준
- 모델링 지식
- 기계학습
- 딥러닝
- 비정형 데이터 분석
- 코딩능력
- R/파이썬 등

(1) 해당 분야에 대한 지식

성공적인 데이터 분석을 위해서는 해당 분야에 대한 지식이 있어야 하겠습니다. 사전에 습득하는 경우도 있지만, 통상 해당 업무에 임하면서 해당 분야 전문가를 통해 습득하게 됩니다.

(2) 통계학 지식

사전에 갖추어야할 것으로는 통계학 지식이라 할 것입니다. 기술적 분석, 탐색적 분석 등을 위해서도 필요하고, 표본과 표본의 신뢰구간, 유의 구간 등과 같은 통계학 기본 이론은 필수라고 볼 수 있습니다.

(4) 모델링 지식

모델링 지식이 필요하다고 봅니다. 특히 기계학습, 딥러닝 등을 기반으로 하여 데이터 분류 및 예측 모델을 만들 수 있는 등의 능력이 있다면 좋겠습니다.

(4) 코딩능력

이러한 이론을 기반으로 하여 이를 운용할 수 있는 도구 활용법도 습득한다면 좋을 것입니다. 유수기업에서 나온 데이터 분석 패키지도 좋습니다. 무료로 입수하여 사용할 수 있는 R과 파이썬과 같은 언어를 습득하는 것은 거의 필수적이라 할 수 있습니다.

1.3 이 책의 구성

이 책에서는 위 2장에서 언급한 "모델링" 단계 중 기계학습을 기반으로 한 모델링 단계에 대해 학습합니다. 여기서 설명하고자 하는 내용은 파이썬 언어를 중심으로 기술이 되어 있기 때문에 독자들은 먼저 파이썬 기초 구문과 데이터 분석에 사용되는 주요 패키지에 대해 사전 학습이 필요합니다. 주요 패키지로는 먼저 벡터 또는 행렬 등을 계산하는데 사용되는 NumPy라고 하는 패키지, 마이크로소프트사의 엑셀과 같은 기능을 제공하는 Pandas, 각종 차트를 그릴 수 있는 기능을 제공하는 Matplotlib등이 포함됩니다.

이를 마치면 기계학습을 이용한 데이터 분석 기본 개념에 대해 살펴봅니다. 최근 각광받고 있는 딥러닝도 기계학습의 한 분야인데, 그 분야 연구와 활용이 워낙 넓어져서 요즘은 별도의 분야로 취급하고 있고, 이 책에서도 딥러닝에 대한 언급은 생략하기로 합니다.

여기서 다루는 내용은 비교적 고전적인 기계학습의 종류인 단일 회귀 분석, 다중 회귀 분석, Decision Tree, Random Forest, 딥러닝의 기초 이론이 되는 신경망 등에 대해 학습합니다. 이와 아울러 Support Vector Machine과 Naive Bayes 기법, K-means, KNN 등에 대해 학습합니다.

특징이 너무 많을 때는 자칫 계산 시간이 과도하게 소요될 수 있습니다. 이러한 문제를 해결하기 위하여 특징 차원 축소 방법에 대해서도 간단하게 알아보고 실습을 진행합니다.

우리는 표로 잘 정리될 수 있는 형태의 정형 데이터 외에 텍스트 데이터와 같은 비정형 데이터도 다루어야 합니다. 이 책에서는 텍스트 비정형 데이터를 분석하고 다루는 방법에 대해서도 공부해봅니다. 여기서 여러 가지 기계학습 기법을 배우는 목적 중 하나는 우리가 대상으로 하는 문제를 잘 풀 수 있는 기계학습 모델을 찾기 위함입니다.

기계학습 모델의 성능이 좋다는 것은 해당 분야 문제의 분류 또는 예측 결과에 대한 오차가 작다는 것을 의미합니다. 이렇게 오차를 측정하여 성능을 비교할 수 있는 방법에 대해서도 간단하게 살펴봅니다.

기계학습을 이용한
데이터분석

기계학습을 이용한 데이터분석

2.1 기계학습(Machine Learning) 소개

2.1.1 기계학습

(1) 기계학습

- 인공지능의 하위 분야

- 명시적인 프로그램이 없어도 컴퓨터가 학습할 수 있는 능력

- 데이터를 학습해 알고리즘을 연구하거나 구축한다는 개념

- 컴퓨터 프로그램은 성능측정(Performance Measure)으로 측정한 작업(Task)의 성능이 경험(Experience)으로 향상되면 작업과 성능측정으로 경험에서 학습(Learning)하는 것으로 알려져 있음

- 이론적인 개념이며 다양한 기법과 구현이 있음

기계학습은 말 그대로 기계가 학습을 한다는 것인데요. 명시적인 프로그램이 없어도 컴퓨터가 학습을 할 수 있다는 것이 머신러닝의 가장 큰 특징입니다. 그러면 어떻게 기계가 학습을 할 수 있냐는 것이 궁금하실텐데요. 컴퓨터 프로그램은 어떤 작업의 성능이 경험을 통해 향상되면 이것을 학습하는 것이라고 합니다.

다분히 이론적인 개념이라 아직은 이해가 잘 안되실 텐데요. 조금 뒤 예를 통해서 자세히 알아볼 테니 다소 이해가 안 되셔도 걱정하지 마세요. 이러한 머신러닝은 다양한 기법이 있는데 뒤에서 하나씩 소개해드리도록 하겠습니다.

(2) 용어

■ 특징(Feature)

- 각각의 아이템을 설명하는데 사용하는 구분 가능한 특성 또는 특징의 개수

■ 데이터(Data)

- 문서, 사진, 음성, 동영상, 데이터베이스 등

■ **특징 벡터**(Feature Vector)

• 어떤 대상을 표현하는 특징으로 이루어진 n차원의 벡터

■ **특징 추출**(Feature Extraction)

• 특징 벡터의 준비

• 차원 감소 기법을 사용하기도 함

■ **학습 셋**(Training Set)

• 학습에 사용하는 데이터 셋

기계학습에서 사용하는 용어부터 살펴보도록 하겠습니다. 특징은 각각의 아이템을 설명하는데 사용하는 구분 가능한 특성 또는 특징의 개수를 말합니다. 예를 들어 자동차와 오토바이를 구분한다고 하면 이 둘을 가장 잘 구별할 수 있는 특징을 찾아야 하는데요. 자동차와 오토바이의 가장 큰 차이점은 바퀴의 개수를 꼽을 수가 있습니다. 그리고 크기도 구분하는데 용이한 차이점이 되겠네요. 이처럼 각각의 아이템들을 잘 설명하고 구분이 가능한 특성들을 특징이라고 합니다.

기계학습의 성능을 높이기 위해서는 이러한 특징을 잘 뽑아내는 것이 매우 중요합니다. 사람들에 따라 특징을 자질이라고 부르기도 하고 영어로는 피쳐(Feature)라고 하니 잘 기억해두시기 바랍니다. 다음으로, 데이터는 기계학습에서 학습이나 예측에 사용하는 원시 자료 또는 가공된 자료가 되겠습니다. 문서, 사진, 음성, 동영상, 데이터베이스, 엑셀 파일 등 다양한 형태로 존재합니다. 특징 벡터는 어떤 대상을 표현하는 특징으로 이루어진 n차원의 벡터를 말하는데요. 말이 조금 어려우실 텐데요. 예를 들어, 설명하면 이해하시기 쉬우실 겁니다.

자동차와 오토바이를 분류할 경우 구분 가능한 특징으로 크기, 바퀴 수, 탑승정원 등이 특징이 될 수 있다고 말씀 드렸었는데요. 이러한 특징이 만일 10개가 있다고 하면 이 특징들을 10차원의 벡터라고 합니다. 만일 특징이 100개가 있다고 하면 특징 벡터는 100차원의 벡터라고 할 수 있습니다. 특징 벡터의 차원이 커질수록 머신러닝의 성능이 높아질 가능성도 커지지만 문제는 그 만큼 계산량이 많아져서 속도가 기하급수적으로 느려지게 된다는 것입니다. 따라서 이러한 특징 벡터의 차원을 적당히 줄여야 할 필요가 있는데

요. 이 때 사용하는 기술이 차원 감소 기법입니다.

즉, 이것은 데이터를 고차원의 특징 벡터 공간에서 낮은 차원의 벡터 공간으로 변경시켜 줍니다. 대표적인 차원 감소기법으로 주성분 분석이라는 것이 있습니다. 마지막으로 학습 셋은 기계학습이 학습에 사용하는 데이터 셋을 말합니다.

(3) 학습

앞에서 머신러닝을 소개하며 학습에 대해 설명을 드렸었는데요. 여기서 조금 더 자세히 살펴보도록 하겠습니다. 그림 1과 2는 고양이와 강아지에 대한 특징의 예입니다.

특징:
1. 색상: 회색/흰색
2. 무게: 4KG
3. 형태
etc...

그림 1 고양이 특징 예

특징:
1. 색상: 갈색
2. 무게: 15KG
3. 형태
etc...

그림 2 강아지 특징 예

강아지와 고양이 사진이 보이시죠? 예를 들어 강아지와 고양이를 구분하는 기계학습 소프트웨어를 만든다고 가정해봅시다. 먼저 고양이와 개의 특성을 잘 설명하면서 구분이 가능한 특징들을 살펴보면 색상이나 무게, 형태, 울음소리, 키 등이 있을 수 있는데요.

수많은 개와 고양이로부터 이러한 특징 값들을 구해서 이 특징 값을 기계학습 알고리즘으로 처리하는 것을 학습이라고 합니다.

(4) 기계학습 흐름도

흐름도를 통해 기계학습이 어떻게 작동하는지 알아보겠습니다. 이 흐름도는 기계학습 기법 중 교사학습의 흐름도를 나타냅니다. 흐름도를 살펴보시면 크게 학습 과정과 예측 과정으로 나눌 수가 있습니다. 먼저 학습 과정에 데이터가 입력되면 이 데이터로부터 특징을 추출합니다. 이렇게 추출된 특징들을 기계학습 알고리즘에 입력하면 그 결과로 모델이 생성됩니다.

예측 과정은 학습 과정과 비슷하게 구성되어 있는데 학습 단계에서 만들어진 모델을 사용해 예측을 합니다. 그리고 분류 전에는 라벨 정보가 없고 분류 결과로 라벨을 출력한다는 것입니다. 이렇게 만들어진 기계학습 분류기는 성능 측정과 최적화 과정을 거쳐 성능을 높이게 됩니다. 또한 분류 모델은 한 번 만들어 놓고 영원히 사용하는 것이 아니라 데이터가 추가되는 주기에 따라 주기적으로 업데이트를 해줘야합니다. 그림 3은 기계학습의 흐름도에 대한 내용입니다.

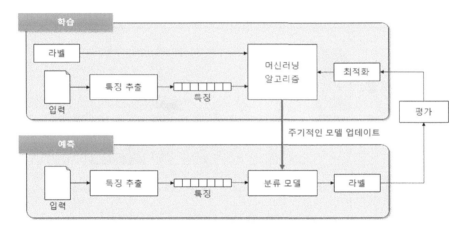

그림 3 기계학습 흐름도

(5) 카테고리

- 교사(Supervised) 학습

- 비교사(Unsupervised) 학습

- 반교사(Semi-Supervised) 학습

- 강화(Reinforcement) 학습

기계학습은 다음과 같이 크게 네 가지로 나눌 수 있습니다. 교사 학습, 비교사 학습, 반교사 학습, 강화 학습이 있는데 지금부터 하나씩 소개해 드리겠습니다.

(6) 교사 학습

- 학습 데이터의 정확한 클래스가 알려져 있음

- 학습 알고리즘은 사람이 수작업으로 클래스를 입력한 데이터에 의존함

- 결과를 수동으로 사람이 검토해야 하는 비용 감소

먼저 교사 학습은 학습 데이터의 정확한 클래스가 알려져 있는 학습 방식입니다. 앞에서 예를 들었던 강아지와 고양이 분류처럼 명확하게 분류할 대상을 알고 있는 경우에 주로 사용합니다. 결과를 사람이 검토해야 하는 비용이 비교사 학습에 비해 상대적으로 작다는 것이 큰 장점이며 사람이 수작업으로 클래스를 입력해야 한다는 것이 단점입니다. 만일 정확한 클래스를 알 수 없거나 수동으로 사람이 클래스를 입력해야 하는 데이터의 양이 많다면 사용하기 어려운 학습 방법입니다. 그림 4는 교사 학습에 대한 내용입니다.

원시 데이터   클래스 입력   교사 학습 알고리즘   학습된 모델   결과 검증   결과물

그림 4 교사 학습

(7) 비교사 학습

- 학습 데이터의 정확한 클래스가 알려져 있지 않음

- 학습 알고리즘은 원시 데이터에 의존함

- 결과를 사람이 검토해야 하는데 막대한 비용이 발생

비교사 학습은 교사 학습과는 반대로 학습 데이터의 정확한 클래스가 알려져 있지 않을 때 주로 사용합니다. 클래스를 모르기 때문에 사람이 수작업으로 클래스를 입력해야 하는 번거로움이 없다는 것이 장점입니다. 그러나 결과가 제대로 나온 것인지 확인하기 위해서는 사람이 수작업으로 결과를 검토해야하기 때문에 이 과정에서 막대한 비용이 발생한다는 단점이 있습니다. 그림 5는 비교사 학습에 대한 내용입니다.

그림 5 비교사 학습

(8) 반교사 학습

• 교사 학습과 비교사 학습을 섞은 모델

• 사람이 수작업으로 클래스를 입력한 데이터에 의존한 분석

• 모델의 결과를 자동으로 분석

반교사 학습은 앞서 설명 드린 교사 학습과 비교사 학습을 섞은 모델입니다. 사람이 수 작업으로 클래스를 일부만 입력해도 되며 모델의 결과를 자동으로 분석해준다면 장점이 있습니다. 그림 6은 반교사 학습에 대한 내용입니다.

그림 6 반교사 학습

(9) 강화 학습

• 기계 또는 소프트웨어 에이전트는 환경으로부터의 피드백을 기반으로 동작을 학습

• 이러한 동작은 한 번에 모두 학습하거나 또는 시간이 지남에 따라 계속해서 적응할 수 있음

• 알고리즘은 사람의 입력에 의해 지속적으로 훈련됨

• 자동적으로 최대한 정확도를 높임

이번에는 강화 학습을 소개해드리겠습니다. 강화 학습은 에이전트가 환경으로부터의 피드백을 기반으로 동작을 학습하는 방법을 말하는데요. 예를 들어 실패했을 때는 실패한 상황에 대한 정보를 피드백하고 성공했을 때는 보상을 주는 것입니다. 이렇게 시행착오를 거쳐 학습을 하면서 가까운 목표를 달성하고 다음 레벨을 반복하여 성능을 올리는 방법입니다. 그림 7은 강화 학습에 대한 내용입니다.

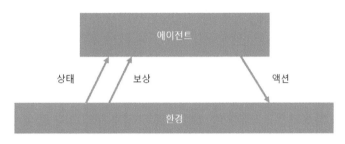

그림 7 강화 학습

2.1.2 기계학습 기술

(1) 기계학습 기술의 적용 분야

- 분류(Classification) : 데이터로부터 클래스를 예측

- 군집(Clustering) : 데이터로부터 의미 있는 그룹을 나눔

- 회귀(Regression) : 데이터 분석을 통해 값을 예측

다음으로 기계학습 기술에 대해 알아보겠습니다. 기계학습 기술의 적용 분야로는 분류와 군집 그리고 회귀가 있습니다.

■ 분류

- 미리 정의된 카테고리로 데이터를 분류

- 데이터로는 텍스트, 이미지 등이 사용될 수 있음

- 가장 대중적인 분류 알고리즘으로는 나이브 베이즈(Naive Bayes) 분류기가 있음

- 단계
  - 1단계 : 뉴스, 스포츠 등과 같이 카테고리가 있는 학습 데이터를 사용해 모델을 만듦
    분류기는 각각의 단어 확률을 계산해 각각의 사전에 정의 카테고리에 해당할
    확률을 구함
  - 2단계 : 1단계에서 만들어진 모델을 테스트 데이터로 테스트함

먼저 분류는 데이터로부터 클래스를 예측하는 것입니다. 예를 들어 일반 종양과 악성 종양 사진을 분류한다고 합시다. 학습을 거친 뒤 임의의 종양 사진을 주었을 때 이 사진이 일반 또는 악성 종양일지를 예측하는 것을 말합니다.

분류는 미리 정의된 카테고리로 데이터를 분류하는 것을 말합니다. 앞서 말씀드린 것처럼 일반 종양과 악성 종양, 스팸과 비 스팸 메일, 긍정과 부정 의견 등을 예로 들 수 있습니다. 데이터로는 텍스트, 이미지 등이 사용될 수 있으며 가장 대중적인 분류 알고리즘으로는 나이브 베이즈, 랜덤 포레스트, 서포트 벡터 머신 등이 있습니다. 여기서는 나이브 베이즈 분류기에 대해서만 간단히 알아보고 넘어가도록 하겠습니다. 나이브 베이즈를 이용한 간단한 텍스트 분류기는 다음과 같이 동작합니다.

먼저 스포츠, 연예, 정치 등과 같이 카테고리가 있는 뉴스를 학습 데이터로 사용해 나이브 베이즈로 모델을 만듭니다. 이 때 모델을 만들기 위해 나이브 베이즈 분류기는 단어의 확률을 계산하고 사전에 정의된 각각의 카테고리에 해당할 확률을 구합니다. 이렇게 생성된 모델을 테스트 데이터로 테스트 해보고 성능을 측정합니다. 만일 성능이 만족하다면 분류기로 사용하고 아닐 경우 알고리즘을 바꾸거나 특징을 바꾸는 일 등이 필요합니다.

■ 군집

- 군집은 서로 더 비슷한 개체 집합을 동일한 그룹으로 그룹화하는 작업

- 개체는 사전에 미리 정의되어 있지 않음

- 예를 들어 아래와 같은 키워드가 있을 경우
  - 1반 남자
  - 1반 여자
  - 2반 남자
  - 2반 여자

－‘1반’과 ‘2반’ 또는 ‘남자’와 ‘여자’ 두 가지 카테고리로 군집화 할 수 있음

• 가장 대중적인 군집 알고리즘으로 k-means 군집과 계층적 군집이 있음

군집은 서로 더 비슷한 집합을 동일한 그룹으로 그룹화 하는 작업입니다. 여기서 그룹을 군집이라고 하는데요. 이 때 개체는 사전에 미리 정의되어 있지 않습니다. 예를 들어 아래와 같은 키워드가 있을 경우를 살펴보겠습니다. 1반 남자, 1반 여자, 2반 남자, 2반 여자가 있는데요. 여기서는 1반과 2반 또는 남자와 여자 두 가지 카테고리로 군집을 할 수 있습니다. 가장 대중적으로 잘 알려진 군집 알고리즘으로는 k-means 군집과 계층적 군집이 있습니다.

① k-means

• 각 관측치가 가장 가까운 평균을 갖는 클러스터에 속하고 클러스터의 프로토타입 역할을 하는 k개의 클러스터로 n개의 관측치를 분발

간단하게 이 두 알고리즘을 살펴보면 먼저 k-means 군집은 각 관측치가 가장 가까운 평균을 갖는 군집에 속하고 군집의 초기 값 역할을 하는 k개의 군집으로 n개의 관측치를 분할하는 알고리즘입니다. 그림 8은 군집하기 전의 원본 데이터와 군집된 데이터에 대한 내용입니다. 왼쪽이 군집하기 전의 원본 데이터이고, 오른쪽은 군집된 데이터입니다. 총 6개의 군집으로 나뉜 것을 보실 수 있습니다.

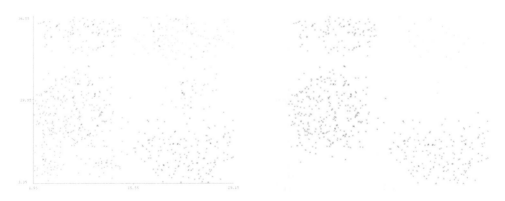

그림 8 군집되지 않은 원본 데이터와 군집된 데이터

② 계층적 군집

- 클러스터의 계층을 구축하고 찾는 클러스터 분석 방법

- 2가지 전략이 있음

  - 병합
    - → bottom-up 접근 방법
    - → 각 관측치는 자체 군집에서 시작하고 군집 쌍은 계층 구조가 위로 올라감에 따라 병합됨
    - → 시간 복잡도는 $O(n^3)$
  - 분열
    - → top-down 접근 방법
    - → 모든 관측치는 하나의 클러스터에서 시작하고, 분할은 계측 구조를 따라 내려갈 때 재귀적으로 수행됨
    - → 시간 복잡도는 $O(2^n)$

계층적 군집은 군집의 계층을 구축하고 찾는 군집 분석 방법입니다. 계층적 군집에는 크게 병합과 분열 2가지 전략이 있습니다. 병합은 상향식 접근 방법인데요. 각 관측치는 자체 군집에서 시작하고 군집 쌍은 계층 구조가 위로 올라감에 따라 병합되는데 분열 전략에 비해 시간 복잡도가 더 높습니다. 분열 전략은 병합 전략과는 반대로 하향식 접근 방법입니다. 모든 관측치는 하나의 군집에서 시작하고, 분할은 계층 구조를 따라 내려갈 때 재귀적으로 수행됩니다.

■ 회귀

- 회귀는 하나의 변수 평균 값(예: 출력)과 다른 변수의 해당 값(예: 시간 및 비용)간의 관계를 측정한 것

- 회귀 분석은 변수 간의 관계를 추정하기 위한 통계적인 방법

- 회귀는 학습데이터를 이용해 결과 값을 예측하는 것을 의미

- 가장 대중적인 회귀로는 로지스틱 회귀가 있음

회귀는 하나의 변수 평균값과 다른 변수의 해당 값 간의 관계를 측정하는 것입니다. 회

귀 분석은 변수 간의 관계를 추정하기 위한 통계적인 방법이며 회귀는 학습 데이터를 이용해 결과 값을 예측하는 것을 의미합니다. 가장 대중적으로 쓰이는 회귀로는 선형 회귀와 로지스틱 회귀가 있습니다.

- 분류 vs 회귀

분류	회귀
분류는 결과를 클래스로 그룹화 하는 것을 의미	회귀 분석은 학습 데이터를 사용해 출력 값을 예측하는 것을 의미
훈련 데이터를 사용하여 사기거래와 정상거래를 예측하는 분류	훈련 데이터로부터 주식 가격을 예측하는 회귀
이산/범주형 변수인 경우 분류 문제임	실수/연속형 변수이면 회귀 문제임

분류와 회귀의 특징을 구분하자면 다음과 같습니다. 분류는 결과를 클래스로 그룹화 하는 것을 의미하며, 회귀 분석은 학습 데이터를 사용해 출력 값을 예측하는 것을 의미합니다. 대표적인 사용 예를 들면 분류는 훈련 데이터를 사용해 사기거래와 정상거래를 예측하는 것을 들 수 있고 회귀는 주식 가격 예측을 들 수 있습니다. 앞선 예와 같이 분류는 주로 이산/범주형 변수인 경우에 사용되고 회귀는 데이터가 실수 또는 연속형 변수로 이루어져 있을 때 사용됩니다.

2.1.3 기계학습을 활용한 데이터 분석

(1) 기계학습 사용 예

- 스팸 메일 분류
- 주가 예측
- 기계 번역(Google 번역)
- 사기 탐지
- 감성 분석
- 음성 분석
- 얼굴 인식
- 텍스트 요약 등

다음으로 머신러닝의 사용 예를 알아보겠습니다. 먼저 정상 메일과 스팸 메일의 분류, 주가 예측, 구글 번역과 같은 기계번역이 있습니다. 텍스트 요약, 금융거래 이상 탐지, 온라인 리뷰의 감성 분석, 음성 분석, 얼굴 인식, 텍스트 요약 등 다양한 분야에서 머신러닝이 사용되고 있습니다.

(2) 머신러닝을 활용한 데이터 분석 예

• Toyota Corolla 중고차 가격 예측

• 데이터 : 차의 특징에 따른 Toyota Corolla 중고차 1,442대의 가격

마지막으로 머신러닝을 활용한 데이터 분석의 예를 살펴보겠습니다. 여기서 살펴볼 예는 Toyota의 Corolla 차량의 중고차 가격 예측입니다. 차의 특징에 따른 Toyota Corolla 중고차 1,442대의 가격이 있는 데이터를 사용했습니다. 차의 특징으로는 가격, 연식, 주행거리, 연료타입, 배기량 등 모두 11개의 특징이 있습니다. 그리고 실제 데이터는 그림과 같습니다. 먼저 중고차 가격 예측을 하기 전에 상관관계 분석을 통해 특징을 선정합니다. 그림 9는 중고차 가격 데이터입니다.

Price	Age	KM	Fuel_type	HP	Metallic	Automatic	cc	Doors	Quarterly_Tax	Weight
13500	23	46986	Diesel	90	1	0	2000	3	210	1165
13750	23	72937	Diesel	90	1	0	2000	3	210	1165
13950	24	41711	Diesel	90	1	0	2000	3	210	1165
14950	26	48000	Diesel	90	0	0	2000	3	210	1165
13750	30	38500	Diesel	90	0	0	2000	3	210	1170
12950	32	61000	Diesel	90	0	0	2000	3	210	1170
16900	27	94612	Diesel	90	1	0	2000	3	210	1245
18600	30	75889	Diesel	90	1	0	2000	3	210	1245
21500	27	19700	Petrol	192	0	0	1800	3	100	1185
12950	23	71138	Diesel	69	0	0	1900	3	185	1105

그림 9 Toyota Corolla 중고차 가격 데이터

(3) 상관관계 분석을 통해 특징 선정

상관관계 분석 결과 차량의 색상과 문의 개수는 가격과 상관관계가 낮아 특징에서 제외하고 8개의 특징만 사용합니다. 그림 10은 상관관계 분석한 결과입니다.

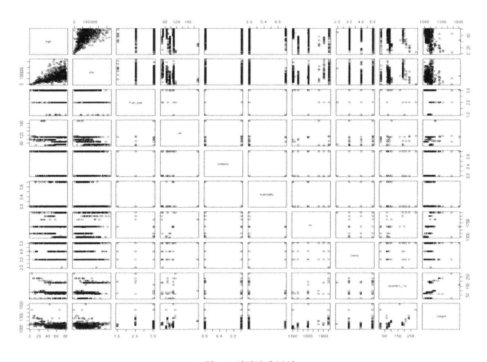

그림 10 상관관계 분석

(4) 머신러닝을 통해 회귀식 도출

$$\text{Corolla 중고차 가격} = 305.6 - 128.4*\text{Age} - 0.015*\text{KM} + 3883.7*\text{Fuel\_type\_Diesel}$$
$$+ 2610.3*\text{Fuel\_type\_Petrol} + 63.4*\text{HP} + 493.6*\text{Automatic}$$
$$- 3.9*\text{CC} + 14.7*\text{Quarterly\_Tax} + 13.2*\text{weight}$$

기계학습을 통해 회귀식을 도출했습니다. Corolla 중고차 가격을 예측하는 회귀식은 다음과 같습니다. 식을 자세히 보시면 데이터에서는 연료타입이 하나였는데, 식에서는 연료타입과 관련된 변수가 두 개나 있는 것을 볼 수 있는데요.

이는 더미 변수라고 해서 이산형 변수를 회귀에 사용하기 위해 만들어낸 파생 변수입니다. 나중에 회귀분석을 학습할 때 자세히 알아보도록 하겠습니다.

(5) 성능 평가

이렇게 만들어진 회귀식의 성능을 평가해야 하는데요. 그림을 보시면 가로축은 중고차 실제 가격이고 세로축은 예측 가격입니다. 그림 11은 성능평가에 대한 내용입니다. 성능 검증이 끝나고 나면 실제 어플리케이션에 적용하시면 됩니다.

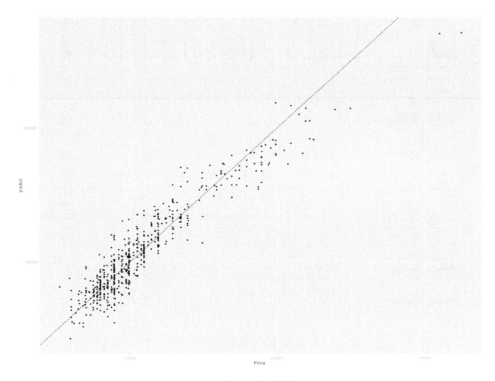

그림 11 성능평가

(6) 어플리케이션에 적용

중고차 거래 가격 예측기를 만들었다면 중고차 거래 가격 사이트에 적용할 수 있습니다. 그림 12는 어플리케이션에 적용한 예입니다. 이미지는 Encar 중고차 사이트의 일부 화면입니다. 여기까지 간단하게 알아본 머신러닝을 이용한 데이터 분석 예였습니다.

그림 12 어플리케이션 적용 예

2.2 예측모델 성능 평가

2.2.1 데이터 셋 구성을 통한 검증 방법

(1) 데이터 셋 구성

• Training Set : 모델 훈련에 사용하는 데이터 셋

• Validation Set : 모델 훈련에 적절한 지점을 찾기 위해 사용하는 데이터 셋으로 과적합
 (Over Fitting) 또는 과소적합(Under Fitting) 방지하기 위한 Stopping Point를 찾음

• Test Set : 모델의 성능을 평가하기 위해 사용하는 데이터 셋

데이터 셋의 종류는 Training Set, Validation Set, Test Set 이렇게 세 가지가 있습니다.
세 가지 데이터 셋이 각각 무엇을 의미하는지를 그림을 통해 살펴보겠습니다. Training
Set은 기계학습 모델을 학습시키는데 사용하는 데이터의 집합입니다. 트레이닝 데이터
를 활용하여 훈련시킨 모델이 적정한지 즉, 성능 여부를 검증하기 위한 데이터가 필요합
니다. 이를 위해 Validation Set을 사용합니다.

Validation Set을 사용해 모델이 훈련용 데이터에만 최적화 되는 과적합, 또는 과소적합
이 되는 것을 감지할 수 있고 이를 통해 모델을 개선할 수 있다. 그림과 같이 Training
Set에서 훈련된 모델의 성능을 Validation Set을 사용해 검증하고, 모델이 적절하지 못할

경우 다시 학습을 시켜 최적의 모델이 도출될 때 까지 반복합니다. 최종 모델이 도출되면 Test Set을 사용해 모델의 최종 성능을 평가해보게 됩니다. 그림 13은 데이터 셋 구성을 통한 검증 방법에 대한 내용입니다.

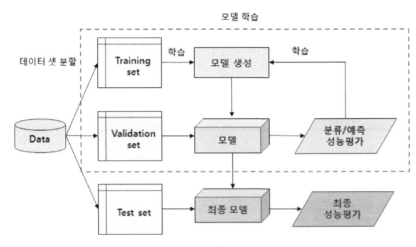

그림 13 데이터 셋 구성을 통한 검증 방법

전체 데이터에 대해 앞에서 살펴본 Training Set, Validation Set, Test Set을 구성하는 방법들을 살펴보겠습니다. 여기서 다섯 가지 방법에 대해 살펴보도록 하겠습니다.

• Holdout: 데이터 셋의 일부를 훈련용 데이터, 나머지 일부를 테스트용 데이터로 구성

• Random Subsampling: Holdout 방식을 반복

• Cross Validation: 중복되지 않는 k개의 부분 셋으로 나누어 구성

• Stratified Sampling: 각 클래스로부터 일정 비율의 샘플 추출

• Bootstrap: 중복을 허용하는 샘플 추출

첫 번째의 Holdout 방법은 데이터 셋을 훈련용 데이터, 테스트용 데이터 두 셋으로 분리하는 방법입니다. 두 번째 Random Subsampling은 Holdout을 반복하는 방법입니다. 세 번째 Cross Validation은 데이터 셋을 중복되지 않는 k개의 셋으로 나누어 구성하는 방법입니다. 네 번째 Stratified Sampling은 데이터를 구성하는 각 동일한 집단으로부터 각각 일정 비율의 샘플을 추출하는 방법입니다. 마지막 Bootstrap은 앞의 방법들과는 다르게 샘플 추출 시 중복 추출을 허용하는 방법입니다. 이제 이 방법들을 하나씩 자세히 살

퍼보겠습니다.

■ Holdout

• 데이터 셋을 Train Set, Test Set 두 셋으로 나눔

• Train Set과 Test Set의 일정 비율을 설정

• Train Set이 작으면 모델 정확도의 분산이 커짐

• Train Set이 커지면 Test Set으로부터 측정한 정확도의 신뢰도 하락

• 위와 같은 단점을 극복하기 위해 Holdout을 반복적으로 실행하는 것이 Random Sampling

Holdout은 가장 단순한 방법입니다. 그림 14는 데이터 셋 분할에 대한 방법입니다. 단순하게 데이터 셋을 두 개의 셋으로 나누어 사용하는 방법을 말합니다. 이 방법에서는 데이터를 분리할 때 적절한 비율로 분리하는 것이 중요한데요. 우선 Training Set이 작아지고 Test Set이 커지면 모델의 훈련 정도가 부족하기 때문에 모델 성능, 정확도의 분산이 커지는 문제가 발생합니다.

반대로 Training Set이 커지고 Test Set이 작아지면, 적절한 성능 평가가 이루어지기 힘들어 집니다. 따라서 측정한 모델의 정확도에 대한 신뢰도가 하락한다는 문제가 발생합니다.

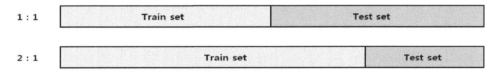

그림 14 데이터 셋 분할 방법

이와 같은 단점들을 극복하기 위해 Holdout을 반복적으로 실행하는 방법이 바로 Random Subsampling입니다.

■ Random Subsampling

• k개의 부분 데이터 셋을 사용함

• 각 부분 데이터 셋은 랜덤으로 정해짐

- 각 실험마다 Training Set으로 모델을 훈련, Test Set으로 모델을 테스트
- 최종 성능은 각 실험 성능의 평균으로 도출

Random Subsampling은 k개의 부분 데이터 셋을 무작위로 추출해 사용하는 방법입니다. 실험을 여러 번 실행하는데, 각 실험마다 랜덤으로 추출한 데이터 셋을 사용하고 성능을 측정합니다. 그림 15는 Random Subampling하는 내용입니다. 그림을 보면 총 세 번의 실험을 진행하는데, 각 실험마다 모두 무작위로 데이터 셋을 나누고, 성능을 측정합니다. 최종 성능은 각 실험 성능들의 평균으로 도출됩니다.

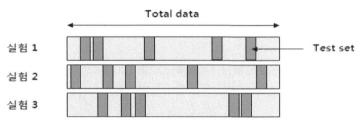

그림 15 Random subsampling

■ K-fold Cross Validation

- Data Set을 k개의 fold로 나누어 사용
  - k번의 실험을 진행하며, k-1개 fold는 Training Set, 1개 fold는 Test Set으로 사용
- Random Subsampling과 유사하지만, k-fold Cross Validation을 사용할 경우 모든 데이터를 Train과 Test에 적용할 수 있음
- 최종 성능은 k번의 실험 성능의 평균으로 도출

그림 16은 k-fold Cross Validation하는 내용입니다. 그림과 같이 전체 데이터 셋을 k개의 부분으로 나누어 사용합니다. k개 중 k-1개의 fold는 Train Set으로 사용하고, 나머지 한 개의 set을 사용해 모델의 성능을 테스트합니다. 이 방법은 Test Set, Train Set을 매번 다르게 구성해, 여러 번의 실험을 진행한다는 점이 Random Subsampling과 유사합니다. 하지만 k-fold Cross Validation을 사용할 경우에는 전체 데이터를 균일하게 나누어 사용하기 때문에, 모든 데이터를 train과 test에 적용할 수 있다는 장점이 있습니다. 이 방법에서도 마찬가지로 각 실험에서 계산된 성능들의 평균을 모델의 최종 성능으로 도출합니다.

그림 16 K-fold cross validation

■ Stratified Sampling

• 층별 표집 방법

• 데이터를 클래스에 따라 각 그룹으로 분리 후, 각 그룹으로부터 일정 비율의 샘플을 무작위로 추출하는 방법

• 전체 데이터에서 무작위로 샘플을 추출할 경우 표본이 특정 클래스에 편중될 수 있는 단점이 있음

• Stratified Sampling 방법을 통해 위와 같은 단점을 보완하며 샘플의 대표성을 높임

층별 표집 방법이라고 하는 Stratified Sampling은 데이터를 클래스에 따라 그룹으로 분리합니다. 각 그룹으로부터 일정 비율의 샘플을 무작위로 추출해야 합니다. 만약 전체 데이터 셋에서 무작위로 샘플을 추출할 경우에는, 특정 클래스에 데이터가 편중될 수도 있지만, Stratified Sampling 방법을 사용할 경우에는 각 클래스마다 샘플을 추출하기 때문에 샘플의 대표성을 높일 수 있습니다.

■ Bootstrap

• Bootstrap 방법은 샘플 추출 시 각 데이터의 중복 추출을 허용함

• 전체 데이터에서 n개의 샘플을 추출하는데, 다음 시도에서 기존에 추출했던 샘플이 다시 추출될 수 있음

• 중복을 허용한 샘플 추출이 반복적으로 시행됨

• 최종 성능은 실행된 실험 성능들의 평균으로 도출됨

Bootstrap 방법은 앞의 방법들과 다르게 샘플 추출 시 중복을 허용한다는 것이 특징입니

다. 전체 데이터 셋에서 n개의 샘플을 추출하는 실험을 여러 번 진행하는데, 동일 샘플이 실험마다 중복 추출되어 사용될 수도 있습니다. 이렇게 중복을 허용하며 샘플을 반복적으로 추출해 실험을 진행하고, 최종 성능은 실험들의 평균으로 도출됩니다.

(2) 모델 성능평가 척도

• Confusion Matrix: 모델의 성능을 통계적인 수치로 시각화 하는 방법

• Accuracy: 모델이 정확하게 분류 또는 예측하는 데이터의 비율

• Precision: 모델이 검출한 데이터 중 올바르게 검출된 데이터의 비율

• Recall: 실제 해당 데이터 중 모델이 올바르게 검출한 데이터의 비율

• F-Measure: Precision과 Recall을 통합해 나타내는 정확도

• ROC Curve: 민감도와 특이도의 관계를 파악할 수 있는 그래프

• Root Mean Squared Error: 모델 예측 값의 오차 계산

지금까지 모델을 검증하기 위해 데이터 셋을 구성하는 다양한 방법들을 살펴보았습니다. 이제부터 모델의 성능을 평가하는데 사용되는 다양한 척도들에 대해 배워보겠습니다. 대표적인 일곱 가지의 척도를 살펴볼텐데, 하나씩 간단하게 먼저 살펴보겠습니다.

■ Confusion Matrix

모델의 예측 결과와 성능을 살펴볼 수 있는 척도

표 1 Confusion Matrix

		예측 값	
		Class = yes	Class = no
실제 값	Class = yes	a (TP : True Positive)	b (FN : False Negative)
	Class = no	c (FP : False Positive)	d (TN : True Negative)

Confusion Matrix는 matrix를 통해 모델의 예측 결과와 성능을 추정할 수 있는데 모습은 표와 같습니다. 표 1은 Confusion Matrix에 대한 내용입니다.

- 실제 값: 데이터의 실제 카테고리

- 예측 값: 모델이 분류, 예측한 데이터의 카테고리

- a, TP(True Positive): 실제 yes 카테고리의 데이터 중 모델이 yes 카테고리로 예측한 데이터의 건수

- b, FN(False Negative): 실제 yes 카테고리의 데이터 중 모델이 no 카테고리로 예측한 데이터의 건수

- c, FP(False Positive): 실제 no 카테고리의 데이터 중 모델이 yes 카테고리로 예측한 데이터의 건수

- d, TN(True Negative): 실제 no 카테고리의 데이터 중 모델이 no 카테고리로 예측한 데이터의 건수

세로축에는 데이터의 실제 클래스, 가로축에는 모델이 예측한 클래스로, 각 위치에 해당되는 데이터의 건수가 입력됩니다.

즉, a는 실제 카테고리의 데이터 중 모델이 yes 카테고리로 올바르게 예측한 데이터의 건수로 True Positive의 약자인 TP로 표시합니다. b는 실제 yes 카테고리의 데이터 중 모델이 no 카테고리로 잘못 예측한 데이터의 건수로 False Negative의 약자인 FN으로 표시합니다. c는 실제 no 카테고리의 데이터 중, 모델이 yes 카테고리로 잘못 예측한 데이터의 건수로 False Positive의 약자인 FP라고 하며, d는 실제 no 카테고리의 데이터 중, 모델이 no 카테고리로 올바르게 예측한 데이터의 건수로 True Negative의 약자인 TN으로 표시합니다.

이렇게 Confusion Matrix를 통해 모델의 예측결과를 통계적으로 살펴볼 수 있는데, 이로부터 모델의 성능을 계산해 수치화할 수 있습니다.

■ Accuracy (정확도)

- 모델이 정확하게 분류 또는 예측하는 데이터의 비율

$$Accuracy = \frac{a+d}{a+b+c+d} = \frac{TP+TN}{TP+FN+FP+TN}$$

Accuracy의 경우 모델이 올바르게 예측한 것의 비율을 구하는 것이기 때문에 모델 성능

평가에 적합한 척도로 보이지만, 이 수치에는 한계점이 있습니다.

- Accuracy의 한계
  - 두 개의 class 문제에서 Class yes에 해당하는 데이터는 9900건, Class no에 해당하는 데이터는 100건이 존재할 경우
  - 모델이 모든 데이터를 Class yes로 예측할 경우에도 즉, Class no를 예측하지 못했음에도 불구하고 Accuracy는 (9900/10000)×100 = 99%가 됨
  - 이러한 경우가 있어서 Accuracy 모델은 성능을 측정하는 척도로 적합하지 않음

예를 들어 두 개의 클래스로 나누어지는 문제에서 Class yes에 해당하는 데이터가 9900건, Class no에 해당하는 데이터가 100건이 있다고 가정해 보겠습니다. 모델이 모든 데이터를 Class yes로 예측해버리고 Class no를 하나도 예측하지 못한다 해도, Accuracy는 10000분의 9900이 되어 99%의 대단히 좋은 것처럼 착각할 수 있는 성능이 나옵니다. 이러한 이유로 Accuracy는 모델의 성능을 측정하는데 항상 적합하지는 못합니다. 따라서 다른 다양한 평가방법을 통해 다시 평가할 필요가 있습니다.

Confusion Matrix의 수치를 사용해 다른 척도를 계산할 수 있는데 바로 Precision과 Recall이 그것입니다.

■ Precision (정밀도)

모델이 검출한 데이터 중 올바르게 검출된 데이터의 비율

$$Precision(p) = \frac{a}{a+c}$$

Precision은 정밀도라고 하며, 모델이 검출한 데이터 중 올바르게 검출된 데이터의 비율입니다.

■ Recall (재현율)

실제 해당 데이터 중 모델이 올바르게 검출한 데이터의 비율

$$Recall(r) = \frac{a}{a+b}$$

Recall은 재현율이라고 하며, 실제 해당 데이터 중 모델이 올바르게 검출한 데이터의 비율을 나타냅니다. Precision과 Recall, 두 수치가 균형을 유지하는 모델이 우수한 모델이라고 볼 수 있는데요. 그 여부를 Precision Recall Plot을 통해 확인할 수 있습니다.

■ Precision-Recall Plot

• 모델의 성능을 측정할 때 Precision과 Recall의 균형을 유지해야 함

그림 17은 Precision-Recall Plot을 나타냅니다. Precision-Recall Plot은 두 수치가 서로 영향을 주며, 한 수치가 높아지면 다른 수치가 낮아지는 관계를 가지고 있기 때문에, 균형을 이루는 것이 중요합니다.

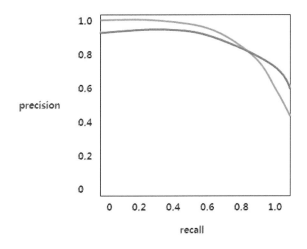

그림 17 Precision-Recall Plot

그래프를 보면 파란색 모델 성능과 붉은색 모델 성능이 그려져 있는데, 사용자는 이 그래프를 통해 Precision이 높은 모델을 사용할지, Recall이 높은 모델을 사용할지, 선택할 수 있습니다.

Precision과 Recall은 앞에서 본 바와 같이 모델의 성능을 객관적으로 판단하기에는 부족하기 때문에 통합해 사용하는 수치가 필요합니다. 그것이 바로 f-measure입니다.

■ F-Measure

• Precision과 Recall은 모델의 성능을 객관적으로 판단하기에 부족

• 두 수치의 Trade-off 관계를 통합해 하나의 수치로 정확도 도출

$$F-Measure = \frac{2rp}{r+p} = \frac{2a}{2a+b+c}$$

■ Learning Curve

• Learning Curve(학습 곡선)는 모델의 성능을 시각화해 확인가능

• 데이터 셋의 크기에 따른 오류의 변화를 확인

• Train Set의 크기가 매우 작을 경우 오류는 매우 적겠지만, 크기가 커질수록 오류가 증가할 것

• 반면, Cross Validation의 경우 적은 데이터 셋으로는 오류가 많이 발생하는 반면, 샘플의 크기가 커질수록 일반화가 되면서 오류가 감소할 것

Learning Curve는 학습 곡선이라고 하며, 모델의 성능을 시각화해 확인할 수 있도록 도와줍니다. 데이터 셋의 크기에 따른 오류의 변화를 쉽게 파악할 수 있는데요. Holdout의 경우와 Cross Validation의 경우를 나누어 살펴보겠습니다. Holdout의 경우 Train Set의 크기가 매우 작을 경우, 모델의 오류는 적겠지만, Train Set의 크기가 커질 경우 오류가 점점 증가합니다.

반면, Cross Validation의 경우, 적은 데이터 셋으로는 오류가 많이 발생하지만 샘플의 크기가 커질수록 일반화가 되면서 오류가 감소할 것입니다. 이제 모델의 과소적합, Under-Fitting과 과적합, Over-Fitting의 Learning Curve를 살펴보겠습니다.

■ 과소적합의 경우 Learning Curve

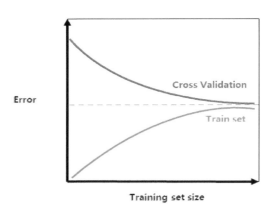

그림 18 과소적합의 경우 Learning Curve

- Holdout 방법을 사용할 경우 Train Set의 크기가 커질수록 오류가 증가하지만, 어느 수치 이상으로 증가하지 않음
- Cross Validation 방법을 사용할 경우 Train Set의 크기가 커질수록 오류가 감소하지만, 어느 수치 이하로는 감소하지 않음

그림 18은 과소적합 경우의 Learning Curve입니다. 다음으로 과적합의 경우를 살펴보겠습니다.

■ 과적합의 경우 Learning Curve

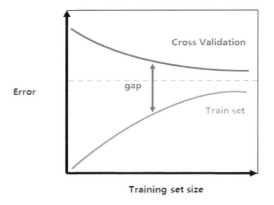

그림 19 과적합의 경우 Learning Curve

• Holdout과 Cross Validation 방법 간의 오차의 차이(gap)이 쉽게 좁혀지지 않음

• 많은 데이터 셋을 사용할 때 차이가 좁혀짐

• 과적합 모델의 경우 더 많은 데이터를 수집해 사용하는 것이 필요

그림 19는 과적합 경우의 Learning Curve입니다.

■ Receiver Operating Characteristic (ROC)

• ROC Curve의 y축에 tp, x축에 fp 수치를 입력해 두 수치의 균형을 살펴볼 수 있음

• 각 모델의 성능은 ROC Curve 상의 한 점으로 표현

• Sensitivity
 − 민감도, True Positive Rate (TPR)
 − 실제 yes 클래스 데이터 중 모델이 예측한 yes 클래스 데이터의 비율

$$TPR = \frac{TP}{P}$$

$$Sensitivity = Recall$$

ROC Curve에는 True Positive, False Negative 수치를 입력해 관계를 살펴볼 수 있는데, 이때 곡선의 한 점은 모델의 성능입니다. 먼저 y축 수치, True Positive Rate를 살펴보겠습니다. 이는 Sensitivity 즉, 민감도라고 합니다. 전체 yes 클래스 데이터 중 모델이 예측한 결과로 도출된 yes 클래스 데이터의 비율로, Recall 값과 일치합니다.

ROC Curve의 x축 수치 False Positive의 x축 수치 False Positive Rate를 살펴보겠습니다. 그에 앞서 우선 Specificity 즉, 특이도라고 하는 것을 살펴보겠습니다.

■ Specificity

• 특이도, True Negative Rate (TNR)

• 실제 yes 클래스 데이터 중 모델이 예측한 no 클래스 데이터의 비율

$$Specificity = 1 - FPR$$

■ 1 - Specificity

• False Positive Rate (FPR)

• 실제 no 클래스 데이터 중 모델이 yes 클래스로 예측한 데이터의 비율

$$FPR = \frac{FP}{N}$$

Specificity는 True Negative Rate라고 하며, 전체 no 클래스 데이터 중 모델이 도출한 no 클래스 데이터의 비율입니다. Specificity를 사용해 False Positive Rate를 구할 수 있습니다. FPR은 실제 no 클래스 데이터 중, 모델이 yes 클래스로 예측한 데이터의 비율로, 1-Specificity와 같습니다. 이렇게 구한 두 수치를 사용해 ROC Curve를 그리면 다음 그림과 같습니다. 그림 20은 ROC Curve에 대한 내용입니다.

• 모델이 yes 클래스를 정확하게 예측할수록 Sensitivity, TPR 값이 높아짐

• ROC Curve 아래 면적인 Area Under Curve (AUC)가 1에 가까워질수록 모델이 yes 클래스를 예측하는 정확도가 높음

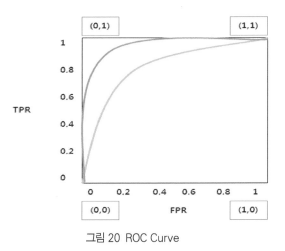

그림 20 ROC Curve

모델이 yes 클래스를 정확하게 예측할수록 Sensitivity, TPR 값이 높아집니다. TPR 값이 높아질수록 ROC Curve 아래 면적인 AUC가 1에 가까워지는데, 이는 모델이 yes 클래스를 예측하는 정확도가 높음을 의미합니다.

■ Residuals

• 회귀분석 모델의 예측 값과 실제 값의 차이 즉, 오차(Error)를 잔차(Residual)라고 함

• Residual Plot

  – Residual Plot은 세로축에 Residual, 가로축에 독립변수를 나타내는 산포도

  – 산포도를 통해 어떤 선형 모델이 데이터에 적합한지 알 수 있음

  – 적합한 선형 모델 : Residual이 x축을 기준으로 랜덤으로 분포하는 상태

  – 적합한 비선형 모델 : Residual이 패턴을 보이며 분포하는 상태

그림 21은 Residual의 분포를 나타내는 산포도인 Residual Plot입니다. 이 그래프의 세로축은 Residual, 가로축은 독립변수가 됩니다. 이 산포도를 통해 어떤 모델이 데이터에 적합한지 알 수 있습니다.

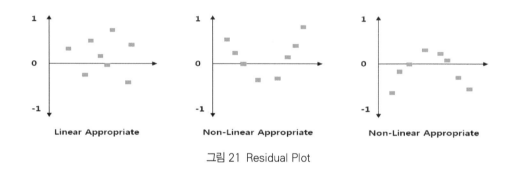

그림 21 Residual Plot

선형 모델(Linear)의 경우 x축을 기준으로 Residual이 랜덤으로 분포하는 모델이 이상적입니다. 그리고 비선형 모델(non-Linear)의 경우 Residual이 일정 패턴을 보이며 분포하는 상태가 이상적인데 두 번째, 세 번째 그림이 그 예입니다. 이제 Residual을 사용해 구할 수 있는 척도를 살펴보겠습니다.

■ Mean Squared Error (MSE)

• MSE, 평균 제곱 오차

• MSE는 회귀선과 모델 예측 값 사이의 오차(잔차, Residual)를 사용

• 오차를 제곱한 값들의 평균

$$MSE = \frac{\sum_{i=1}^{n}(\hat{y} - y_i)^2}{n}$$

• 예제

  – 오차 : 0.5, 1.3, 1.6, 0.2, 2.9

$$MSE = \frac{0.5^2 + 1.3^2 + 1.6^2 + 0.2^2 + 2.9^2}{5} = 2.59$$

회귀선과 모델 예측 값 사이 오차, Residual을 사용하는데, 오차를 제곱한 값들의 평균이 MSE입니다. 예를 통해 살펴보면, 오차 제곱의 평균을 구하면 되는데 결과 값은 2.59입니다.

■ Root Mean Squared Error (RMSE)

• MSE에서 구한 값에 root를 적용한 값

$$MSE = \sqrt{\frac{\sum_{i=1}^{n}(\hat{y} - y_i)^2}{n}}$$

• 예제

  – 오차 : 0.5, 1.3, 1.6, 0.2, 2.9

$$MSE = \frac{0.5^2 + 1.3^2 + 1.6^2 + 0.2^2 + 2.9^2}{5} = 2.59$$
$$SE = \sqrt{2.59} = 1.6$$

이에 root를 적용한 값이 바로 RMSE입니다. 앞 예제의 RMSE 값은 1.6이 됩니다. MSE와 RMSE 모두 오차가 줄어들수록 수치도 작아집니다.

2.3 데이터를 사용한 실습

2.3.1 Scikit Learn 제공 Toy Data를 사용한 실습

Data set	
Boston	보스턴 부동산 시세 데이터
Breast Cancer	유방암 진단 데이터
Iris	붓꽃 데이터
Diabetes	당뇨 환자의 건강정보 데이터
Digits	숫자 이미지 데이터
Linnerud	체력 검사 데이터

- Scikit Learn에서 제공하는 Wisconsin의 유방암 데이터 셋을 사용

- 총 569건의 데이터로 악성(Real, 0, 212건), 양성(Positive, 1, 357건) 두 개의 클래스로 이루어져있음

Scikit Learn에서 제공하는 Toy Data를 사용해 실습하겠습니다. 우선 제공되는 데이터를 살펴보겠습니다. 데이터는 표와 같이 여섯 가지가 제공됩니다. Boston Data는 보스턴 부동산 시세 데이터, Breast Cancer Data는 유방암 진단 데이터 Iris Data는 붓꽃 데이터 입니다. Diabetes Data는 당뇨 환자의 데이터, Digits Data는 숫자 이미지 데이터, 마지막으로 Linnerud Data는 체력 검사 데이터입니다.

이중에서 우리는 Wisconsin의 유방암 데이터 셋을 사용하겠습니다. 이 데이터는 총 569건의 환자 데이터로 이루어져있습니다. 악성, 양성 두 개의 클래스로 이루어져 있으며, 악성은 타켓 클래스 0으로 211건, 양성은 타켓 클래스 1로 357건이 포함되어 있습니다.

(1) 데이터 셋과 의사결정 트리 기반 분류기 관련 클래스 불러오기

데이터 셋과 의사결정 트리 기반 분류기 관련 패키지를 import 하겠습니다. Scikit Learn 에서 제공하는 데이터 셋을 사용하기 위해 Datasets를 import 합니다. 그리고 Decision Tree 알고리즘을 사용하기 위해 Decision Tree Classifier를 import 합니다. 그림 22는 데이터 셋과 의사결정 트리 기반 분류기 관련 클래스를 불러오는 내용입니다.

```
1  from sklearn import datasets
2  from sklearn.tree import DecisionTreeClassifier
```

그림 22 데이터 셋과 의사결정 트리 기반 분류기 관련 클래스 import

(2) 테스트를 위해 사용하는 데이터 셋의 분리 방법 관련 모듈 불러오기

데이터 셋을 Training Set과 Test Set으로 분리하기 위한 train_test_split을 import 합니다. 다음으로 StratifiedKFold Cross Validation을 사용하기 위해 StratifiedKFold를 import 합니다. Scikit Learn에서 단수 kfold 모듈도 제공하고 있지만, 여기에서는 각 fold 내 데이터의 클래스 비율을 일정하게 유지하기 위해 StratifiedKFold를 사용하도록 하겠습니다. Cross Validation 결과의 정확도를 측정하기 위해 cross_val_score를 import 합니다. 그림 23은 테스트를 위해 사용하는 데이터 셋의 분리 방법 관련 모듈을 불러오는 내용입니다.

```
1  from sklearn.model_selection import train_test_split
2  from sklearn.model_selection import StratifiedKFold
3  from sklearn.model_selection import cross_val_score
```

그림 23 테스트를 위해 사용하는 데이터 셋의 분리 방법 관련 모듈 import

(3) 성능평가 관련 모듈 불러오기

마지막으로 성능평가 척도와 관련된 모듈들을 import 하겠습니다. 분석 결과로부터 Confusion Matrix를 추출하기 위해 confusion_matrix 모듈과 Accuracy를 측정하기 위해 accuracy_score를 import 합니다. Recall, Precision, f-measure를 측정하기 위해 classification_report를 import 합니다. 그리고 ROC Curve 아래 면적인 AUC를 측정하기 위해 roc_auc_score를 import합니다. MSE를 구하기 위해 mean_squared_error를 import 합니다. 그림 24는 성능평가 관련 모듈을 불러오는 내용입니다.

```
1  from sklearn.metrics import confusion_matrix
2  from sklearn.metrics import accuracy_score
3  from sklearn.metrics import classification_report
4  from sklearn.metrics import roc_auc_score
5  from sklearn.metrics import mean_squared_error
```

그림 24 성능평가 관련 모듈 import

(4) 데이터 셋 구성

이제 사용할 데이터 셋을 준비하겠습니다. load_breast_cancer 함수를 사용해 유방암 데이터를 가져와 변수 data에 저장합니다. 그리고 유방암 악성, 양성 판단에 영향을 주는 속성 데이터를 변수 x에, 악성과 양성 클래스 데이터를 변수 y에 저장해 준비합니다. 그림 25는 데이터 셋 준비에 대한 내용입니다.

```
1  data = datasets.load_breast_cancer()
2  X = data.data
3  y = data.target
```

그림 25 데이터 셋 준비

(5) Holdout

▪ Train, Test Set 구성

Holdout 방법을 실습해 보겠습니다. 이 방법은 앞에서 살펴본 바와 같이 train, test 두 셋으로 데이터를 분리하는 방법입니다. train_test_split 함수를 사용해 Train Set과 Test Set을 8 : 2로 분리하겠습니다. 그림 26은 Train Test 데이터 셋을 분리하는 과정에 대한 내용입니다.

```
1  X_train, X_test, y_train, y_test = train_test_split(X, y, test_size=0.2)
```

그림 26 Train, Test 데이터 셋 분리

▪ Decision Tree 분류 모델 생성

Decision Tree 분류 모델을 사용하기 위해 모델을 변수 clf 할당합니다. 그리고 fit 함수를 사용해 훈련 데이터 x_train, y_train을 모델에 훈련시킵니다. 그림 27은 의사결정 트리 분류 모델 생성하고 모델 훈련에 대한 내용입니다.

```
1  clf = DecisionTreeClassifier()
2  clf.fit(X_train, y_train)
3  clf
```

```
DecisionTreeClassifier(class_weight=None, criterion='gini', max_depth=None,
            max_features=None, max_leaf_nodes=None,
            min_impurity_split=1e-07, min_samples_leaf=1,
            min_samples_split=2, min_weight_fraction_leaf=0.0,
            presort=False, random_state=None, splitter='best')
```

그림 27 의사결정 트리 분류 모델 생성 및 훈련

이렇게 훈련된 모델 clf에 predict 함수를 적용하면 test용 데이터 x_test에 대한 예측 값을 구할 수 있고, 이를 변수 y_pred에 저장합니다. 그림 28은 test 데이터에 대한 예측 값에 대한 내용입니다.

```
1  y_pred = clf.predict(X_test)
```

그림 28 test 데이터에 대한 예측 값

■ 모델 성능평가

Holdout 모델의 성능을 평가하겠습니다. 실제 값인 y_test와 예측 결과 값인 y_pred를 비교해 Confusion Matrix를 그려보면 다음과 같습니다. 악성을 악성으로 예측한 것은 40건, 악성을 양성으로 예측한 것은 5건, 양성을 악성으로 예측한 것은 1건, 양성을 양성으로 예측한 것은 68건입니다. 그림 29는 Confusion Matrix를 이용한 성능평가에 대한 내용입니다.

```
1  print('Confusion Matrix')
2  print(confusion_matrix(y_test, y_pred))
```

```
Confusion Matrix
[[40  5]
 [ 1 68]]
```

그림 29 Confusion Matrix를 이용한 성능평가

		예측 값	
		Class = 0	Class = 1
실제 값	Class = 0	40	5
	Class = 1	1	68

이 결과를 바탕으로 Accuracy를 구해보면 다음과 같이 0.94라는 값이 도출됩니다. 이때, normalize를 False라고 설정할 경우, 올바르게 분류된 데이터 건수 108이 출력됩니다. 그림 30은 Accuracy 출력에 대한 내용입니다.

• normalize = False: 올바르게 분류된 데이터 건수 출력

• normalize = True: 올바르게 분류된 데이터의 비율 출력

```
1 print('Accuracy')
2 print(accuracy_score(y_test, y_pred, normalize=True))
```

```
Accuracy
0.947368421053
```

그림 30 Accuracy 출력

다음으로 classification_report 함수를 사용해 각 클래스에 대한 Precision, Recall, f-measure를 구해보면 다음과 같습니다. 첫 번째 열의 0과 1은 클래스를 나타냅니다. 그리고 각 행의 수치들은 해당 클래스를 기준으로 계산한 Precision, Recall, f-measure 값입니다. 맨 마지막 줄, 이 값들의 평균 수치를 통해 모델의 최종 성능을 살펴볼 수 있습니다. 이 모델의 Precision, Recall, f-measure는 모두 0.95로 높은 수치가 나타납니다. 그림 31은 classification_report를 이용해 Precision, Recall, f-measure의 결과에 대한 내용입니다.

```
1 print('Classification Report')
2 print(classification_report(y_test, y_pred))
```

```
Classification Report
             precision    recall  f1-score   support

          0       0.98      0.89      0.93        45
          1       0.93      0.99      0.96        69

avg / total       0.95      0.95      0.95       114
```

그림 31 Precision, Recall, f-measure에 대한 결과 출력

다음으로 roc_auc_score 함수를 사용해 ROC 곡선 아래 면적을 구해보겠습니다. 마찬가지로 실제 값과 예측 값을 비교해 구하는데, 0.93이 도출되었습니다. 그림 32는 roc_auc_score 함수를 이용해 ROC 곡선 아래 면적에 대한 결과를 출력한 내용입니다.

```
1 print('AUC')
2 print(roc_auc_score(y_test, y_pred))
```

AUC
0.937198067633

그림 32 ROC 면적 결과

mean_squared_error 함수를 이용해 MSE를 구하면 0.05라는 오차가 나타납니다. 그림 33은 mean_squared_error 함수를 이용해 도출된 MSE 결과에 대한 내용입니다.

```
1 print('Mean Squared Error')
2 print(mean_squared_error(y_test, y_pred))
```

Mean Squared Error
0.0526315789474

그림 33 MSE 에러 결과

이제, Holdout이 아닌 k fold Cross Validation 방법을 사용해보겠습니다. 데이터 셋을 구성해보겠습니다.

(6) K fold Cross Validation

■ 데이터 셋 구성

StratifiedKFold Cross Validation을 사용하기 위해 10 fold로 실험을 진행하는 모듈 skf를 생성합니다. get_n_splits 함수를 사용해 x, y를 10개의 fold로 분리합니다. 그림 34는 StratifiedKFold 함수를 이용한 데이터 셋 구성에 대한 내용입니다.

```
1 skf = StratifiedKFold(n_splits=10)
2 skf.get_n_splits(X, y)
3 print(skf)
```

StratifiedKFold(n_splits=10, random_state=None, shuffle=False)

그림 34 StratifiedKFold 함수를 이용한 데이터 셋 구성

10개의 실험 데이터가 어떻게 구성되어 있는지 아래와 같이 인덱스를 출력해 확인할 수 있습니다. 그림 35는 데이터 셋 구성을 살펴볼 수 있는 내용입니다.

```
1 for train_index, test_index in skf.split(X, y) :
2     print('Train set: ', train_index)
3     print('Test set: ', test_index)
```

그림 35 데이터 셋 구성 확인

■ 성능 평가

이제 기계학습 모델을 학습시키고 성능을 측정해보겠습니다. Decision Tree Classifier 모델을 생성해 변수 clf에 저장합니다. 다음으로 cross_val_score 함수에 모델 clf, 데이터 x, y, 그리고 데이터 셋을 10 fold로 구성하는 모듈 skf를 입력해 실험을 진행하고 성능을 측정합니다. 10번의 실험에서 측정된 Accuracy는 변수 scores에 저장되고, 이 값들의 평균을 mean 함수를 사용해 구할 수 있습니다. 결과를 출력하면 평균이 0.91로 나타납니다. 그림 36은 k fold Cross Validation의 성능평가에 대한 내용입니다.

```
1 clf = DecisionTreeClassifier()
2 scores = cross_val_score(clf, X, y, cv=skf)
3 print('K Fold Cross Validation Score')
4 print(scores)
5 print("Average Accuracy")
6 print(scores.mean())
```

```
K Fold Cross Validation Score
[ 0.93103448  0.86206897  0.9122807   0.89473684  0.92982456  0.9122807
  0.87719298  0.94642857  0.91071429  0.94642857]
Average Accuracy
0.912299066632
```

그림 36 k fold Cross Validation의 성능평가

데이터 셋을 랜덤으로 섞은 후에 Stratified 10 fold Cross Validation을 적용해 성능을 측정해 보겠습니다.

(7) K fold Cross Validation – shuffle

■ 데이터 셋 구성

Stratified k fold 모듈을 생성할 때, 데이터를 랜덤으로 섞은 후 분할할 수 있도록 변수 Shuffle을 True로 설정하는 것입니다. 그림 37은 shuffle로 데이터를 섞은 후 데이터 셋을 구성하는 내용입니다.

```
1 skf_sh = StratifiedKFold(n_splits=10, shuffle=True)
2 skf_sh.get_n_splits(X, y)
3 print(skf_sh)
```

```
StratifiedKFold(n_splits=10, random_state=None, shuffle=True)
```

그림 37 shuffle을 이용해 데이터를 섞은 후 데이터 셋 구성

섞인 데이터 셋을 확인하는 방법은 아래와 같습니다. 그림 38은 데이터 셋 구성 확인하는 내용입니다.

```
1 for train_index, test_index in skf_sh.split(X, y) :
2     print('Train set: ', train_index)
3     print('Test set: ', test_index)
```

그림 38 데이터 셋 구성 확인

이렇게 구성된 데이터 셋을 사용해 실험을 다시 진행해 보겠습니다. 앞과 마찬가지로 우선 DecisionTreeClassifier 모델을 생성해 clf에 저장 하겠습니다. 그리고 10 Cross Validation 실험을 진행 후, 계산된 각 실험 성능을 scores에 저장 하겠습니다. 결과를 살펴보면 다음과 같습니다. 그림 39는 k fold Cross Validation – shuffle의 성능평가에 대한 내용입니다.

```
1 clf = DecisionTreeClassifier()
2 scores = cross_val_score(clf, X, y, cv=skf_sh)
3 print('K Fold Cross Validation Score')
4 print(scores)
5 print("Average Accuracy")
6 print(scores.mean())
```

```
K Fold Cross Validation Score
[ 0.96551724  0.94827586  0.94736842  0.94736842  0.9122807   0.94736842
  0.9122807   0.89285714  0.92857143  0.91071429]
Average Accuracy
0.931260262726
```

그림 39 k fold Cross Validation – shuffle의 성능평가

평균 Accuracy가 0.93으로 약간 상승한 것을 확인할 수 있습니다. 이렇게 이번 시간에는 데이터 셋을 구성해 모델을 검증하는 방법, 모델 성능 평가 척도를 차례대로 살펴보고, Toy Data를 사용해 실습을 진행해 보았습니다.

선형회귀분석을 이용한
데이터 분석

CHAPTER 3

선형회귀분석을 이용한 데이터 분석

3.1 단일선형회귀분석

3.1.1 단일선형귀분석이란?

- 두 변수(종속변수, 독립변수)사이의 함수적 관계를 기술하는 수학적 방정식을 구하는 데 사용

- 식은 독립변수의 값이 주어질 때 종속변수의 값을 추정하거나 예측하는데 사용

- 서로 영향을 주고 받는 상관관계를 갖는 두 변수 사이의 관계를 분석

- Python에서는 대표적으로 Sklearn(scikit-learn) 패키지에서 Linear Regression 회귀분석을 위한 함수를 제공

※ 종속변수(Dependent Variable)
  독립변수의 특정한 값에 따른 그의 값을 예측하고자 하는 변수

※ 독립변수(Independent Variable)
  다른 변수에 영향을 주고 그 변수의 값을 예측하려는 변수

회귀분석은 서로 영향을 주고받으면서 인과관계를 갖는 독립변수와 종속변수 사이의 관계를 분석하는데 사용합니다. 여기서 독립변수란 다른 변수에 영향을 주는 변수를 의미합니다. 종속변수란 독립변수의 값에 따라 그 결과가 변화되는 변수를 말합니다. 표 1은 회귀분석 적용분야의 예시에 대한 내용입니다.

(1) 회귀분석 적용분야

표 1 회귀분석 적용분야 예시

종속변수	시리얼 수요	금 가격	주택 가격	중고차 가격
독립변수	제품의 가격	이자율	주택의 크기	차종
	5~12세 아동의 수	물가 상승률	침실의 수	배기량
	경쟁회사 제품의 가격	석유 가격	도로 접근성	연식
	광고 투자	보석용 금에 대한 수요	주택의 위치	관리상태
	금년도 연간 매출액	산업용 금에 대한 수요	주택의 상태	옵션
	과거년도 연간 매출액	상업용 금에 대한 수요		사고여부

회귀분석을 할 때 두 변수 사이의 관계가 중요한 것을 알았습니다. 하지만 이 관계를 어떻게 확인할까요? 바로 산포도를 통해 눈으로 쉽게 확인할 수 있습니다.

(2) 산포도 소개

- 회귀분석을 할 때는 먼저 두 변수 사이의 관계를 대략적으로 알아보기 위하여 산포도 (Scatter Diagram)를 그린다. (산포도 = 산점도)

- 보통 X축에 독립변수, Y축에 종속변수를 설정하고 각 변수의 값을 나타내는 점을 도표에 나타낸 것

- 두 변수간의 관련성 및 예측을 위한 상관분석이나 회귀분석을 할 만한 자료인지를 미리 알 수 있음

산포도란 두 변수 사이의 관계를 대략적으로 알아보기 위해 X축에 독립변수를, 그리고 Y축에 종속변수를 설정하고 각 변수의 값을 나타내는 점을 나타낸 것입니다. 이렇게 나온 산포도를 통해 우리는 회귀분석을 할 만한 자료인지 아닌지 미리 알 수 있습니다.

산포도를 그리는 법을 먼저 알아보고 갈까요? 예시는 차량가격과 판매액을 표시하고 있습니다. 여기서 차량 가격은 독립변수고 판매액은 종속변수겠지요? 앞에서 얘기했듯이 독립변수는 X축, 판매액은 Y축의 값으로 설정해서 점으로 나타내면 오른쪽 산포도와 같습니다. 이제 산포도를 해석해 보겠습니다. 산포도를 살펴보면 차량가격이 증가할 때 판매액도 같이 증가하는 경향이 있는 것을 확인할 수 있습니다. 표 2는 산포도 예시 데이터에 대한 내용입니다.

또한 점을 이으면 우상향 하는 하나의 선을 그릴 수 있는데 이것은 양의 상관관계가 있음을 의미합니다. 그림 1은 산포도 예시에 대한 내용입니다. 지금까지 회귀분석의 기본 개념에 대해서 설명을 드렸습니다.

표 2 산포도 예시 데이터

차종	차량 가격 (x)	판매액
A	13	40
B	19	83
C	16	62
D	14	48
E	15	58
F	14	43

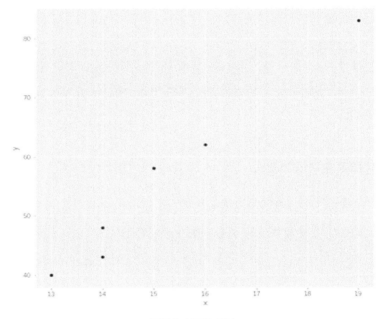

그림 1 산포도 예시

3.1.2 단일선형회귀모델 소개

종속변수 Y가 독립변수 X와 오차항(Error Term)에 어떻게 관련되어 있는가를 나타내는 방정식

※ 오차항(Error Term): 독립변수 X의 값이 주어질 때 종속변수 Y의 실제 값과 예측 값의 차이를 말함

※ 단일선형회귀모델 식

$$Y_i = \alpha + \beta X_i + \epsilon_i$$

위 식은 X라는 독립변수가 Y라는 종속변수에 주는 영향력을 식으로 나타낸 것

Y_i : i번째 관측치에 대한 종속변수의 값

X_i : 이미 알려진 독립변수의 i번째 값

α : X값이 변해도 Y의 변동에는 영향을 주지 않는 회귀 계수

β : X의 영향력을 크기와 부호로 나타내 주는 회귀 계수, 독립변수 X의 기울기

ϵ_i : i번째 관측치에 대한 오차항

이제 회귀분석 중 하나인 단일선형회귀모델에 대해서 알아보도록 하겠습니다. 식을 보면 종속변수 Y의 값을 구하기 위해선 회귀계수 알파, 베타와 오차항을 모두 더해주면 구할 수 있습니다.

(1) 단일선형회귀모델의 가정

• 하나의 종속 변수와 하나의 독립변수를 분석

• 독립변수 X의 각 값에 대한 Y의 확률분포가 존재함

• Y의 확률분포의 평균은 X값이 변함에 따라 일정한 추세를 따라 움직인다.

• 종속변수와 독립변수 간에는 선형 함수 관계가 존재함

여기서 알파는 X값이 변해도 Y의 변동에는 영향을 주지 않는 회귀 계수입니다. 알파와 다르게 베타는 X의 영향력을 나타내 주는 회귀 계수로 독립변수 X의 기울기를 뜻합니다. 마지막으로 오차항을 더해주어 실제 종속변수 Y의 값이 됩니다. 이번엔 회귀 계수를 추정하는 방법을 알아보도록 하겠습니다.

(2) 회귀계수 추청

• 수집된 데이터(산포도)에 가장 적절한 회귀 직선을 구하는 것

• 방법으로는 최소자승법이 사용됨

회귀 계수를 추정한다는 것은 독립변수 X와 종속변수 Y에 대해 가장 적절한 회귀 직선을 구하는 것입니다. 회귀 직선을 구하기 위해선 최소자승법이 사용됩니다.

(3) 최소자승법

- 잔차를 자승한 값들의 합이 최소가 되도록 표본회귀식의 a와 b를 구하는 방법

- 측정값을 기초로 해서 적당한 제곱합을 만들고 그것을 최소로 하는 값을 구하여 측정 결과를 처리하는 방법

※ 잔차(Residual): 독립변수 X의 값이 주어질 때 표본회귀선의 예측 값 Y와 실제 값 Y_i 사이에 표본오차 때문에 발생하는 차이

$$e_i = Y_i - \hat{Y}$$

최소자승법이란 잔차를 제곱한 값들의 합이 최소가 되도록 하는 표본회귀식의 a와 b를 구하는 방법입니다. 잔차란 독립변수 X의 값이 주어질 때 표본회귀선의 예측 값과 실제 값 사이의 차이입니다. 잔차는 수식으로 소문자 e로 표시됩니다. 변수 값 위에 바 표시가 있는 것은 해당 변수의 평균을 의미합니다.

■ 최소자승법 식

- 자료들을 표시하는 각 좌표들과 사이를 지나는 직선과의 수직적 길이(차이)를 가장 짧게 하는 방법을 찾기 위해 각 수직적 길이를 제곱하여 합한 값을 최소화 함

- 큰 폭의 오차에 대해 보다 더 큰 가중치를 부여함으로써, 독립변수 값이 동일한 평균치를 갖는 경우 가능한 한 변동 폭이 작은 표본회귀선을 도출하기 위한 것

그림 2는 회귀계수에 대한 내용입니다.

표본회귀선의 회귀계수

$$b = \frac{n\sum X_i Y_i - \sum X_i \sum Y_i}{n\sum X_i^2 - (\sum X_i)^2} = \frac{\sum X_i Y_j - n\bar{X}\bar{Y}}{\sum X_i^2 - n\bar{X}^2}$$

$$a = \bar{Y} - b\bar{X}$$

그림 2 회귀계수

(4) 표본회귀계수 구하는 예

표 3은 표본회귀 예제 데이터에 대한 내용이고, 표 4는 선형회귀식 적용 예에 대한 내용입니다. 3번째 열에 있는 값은 선형회귀식을 적용했을 때 예측 값이 나온 것을 확인할 수 있습니다. 2번째 열에 실제 값에서 이 값을 빼면 4번째 열과 같이 값의 차이 즉, 잔차를 구할 수 있습니다.

그림 3은 표본회귀선의 예시에 대한 내용입니다. 다음에는 적합도 검증이라는 것에 대해 알아보도록 하겠습니다.

표 3 표본회귀 예제 데이터

차종	차량가격(x_i)	판매액(y_i)	x_i^2	$x_i y_i$
A	13	40	169	520
B	19	83	361	1577
C	16	62	256	992
D	14	48	196	672
E	15	58	225	870
F	14	43	196	602
합계	91	334	1403	5233

$$\bar{x} = \frac{91}{6} = 15.17, \ \bar{y} = \frac{334}{6} = 55.67, \ b = \frac{\sum x_i y_i - n\bar{x}\bar{y}}{\sum x_i^2 - n\bar{x}^2} = \frac{5233 - 6(15.17)(55.67)}{1403 - 6(15.17^2)} = 7.46$$

$$a = \bar{y} - b\bar{x} = 55.67 - 7.46(15.17) = -57.5, \ \hat{y} = -57.5 + 7.46x$$

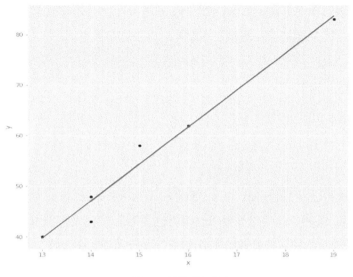

그림 3 표본회귀선 예시

표 4 선형회귀식 적용 예

차량 가격(x)	판매액(y)	$\hat{y}=-57.5+7.46x$	$e=y-\hat{y}$
13	40	39.48	0.52
19	83	84.24	−1.24
16	62	61.86	0.14
14	48	49.94	10.6
15	58	54.4	3.6
14	43	46.94	−3.94

$$\hat{y}=-57.5+7.46(20)=91.7$$

3.1.3 적합도 검증

(1) 적합도 검증이란?

• 표본자료를 사용하여 구한 표본회귀식이 종속변수의 값을 어느 정도 정확하게 예측할
  수 있는가의 정도를 검증

• 두 변수 값들이 표본회귀선 주위에 몰려 있으면 종속변수의 실제 값과 예측 값 차이인
  잔차가 줄어들어 예측의 정확성이 높아짐

적합도 검증이란 표본자료를 사용하여 구한 표본회귀식이 종속변수의 값을 어느 정도 정확하게 예측할 수 있는가의 정도를 검증하는 방법입니다.

(2) 적합도 검증 방법

• 추정의 표준오차

• 결정계수

적합도를 검증하는 방법은 추정의 표준오차와 결정계수를 구하는 방법이 있습니다. 표준오차의 값이 클수록 실제 값들이 표본회귀선 주위로 널리 흩어지기 때문에 정확도가 낮고 반대로 작을수록 표본회귀선 주위에 모여들어 정확도가 높아집니다. 여기서 추정의 표준오차와 표준편차에 차이점이 어떤 차이가 있는지 궁금하실 겁니다.

(3) 추정의 표준오차 (Standard Error of Estimate)

• 값이 클수록 실제 값들이 표본회귀선 주위로 널리 흩어지고 작을수록 실제 값들이 표본회귀선 주위로 모여들어 그 표본회귀선을 이용한 종속변수 값의 예측에 대한 정확도는 높아짐

• 추정의 표준오차(S_e)와 표준편차의 차이
  − 추정의 표준오차 : 표본들의 실제 값들이 표본회귀선 주위로 흩어진 변동을 측정
  − 표준편차 : 표본들의 실제 값들이 평균 주위로 흩어진 변동을 측정

그림 4는 추정의 표준오차에 대한 내용입니다.

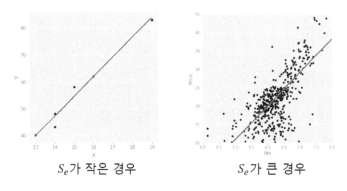

S_e가 작은 경우 S_e가 큰 경우

그림 4 추정의 표준오차

기존에 많이 알고 있는 표준편차란 표본들의 실제 값들이 평균 주위로 흩어진 정도를 측정하는 방식이라면 추정의 표준오차는 평균 주위가 아닌 표본회귀선 주위로 흩어진 정도를 측정하는 것이 그 차이입니다. 먼저 추정의 표준오차 식에 대해 알아보도록 하겠습니다.

- 예측 값과 실제 값의 차이를 잔차라고 하면 추정치의 표준오차(S_e)는 잔차들의 표준편차를 구하기 위한 식
- 실제 값이 회귀식에서 얼마나 떨어져 있는가를 나타내기 위함
- 추정 표준오차 계산 기준은 회귀직선, 절편과 기울기의 두 통계량에 의해 결정되므로 자유도는 2만큼 감소

$$S_e = \sqrt{\frac{\sum (y_u - \hat{y_i})^2}{n-2}} = \sqrt{\frac{SSE}{n-2}} = \frac{\sum y^2 - a\sum y - b\sum xy}{n-2}$$

- SSE : 오차제곱합

추정의 표준오차는 잔차들의 표준편차를 구하기 위한 식입니다. 표준 오차값의 계산은 오차 제곱합에 표본의 개수 n에서 2를 뺀 값으로 나누고 제곱근을 하여 구할 수 있습니다. 이때 n-2인 이유는 회귀직선, 절편과 기울기의 두 통계량에 의해 결정 되서 자유도가 2만큼 감소하기 때문입니다. 표 5는 추정의 표준오차 예시에 대한 내용입니다.

표 5 추정의 표준오차 예시

x	y	x^2	y^2	xy
13	40	169	1600	520
19	83	361	6889	1577
16	62	256	3844	992
14	48	196	2304	672
15	58	225	3364	870
14	43	196	1849	602
91	334	1403	19850	5233

$$S_e = \frac{\sum y^2 - a\sum y - b\sum xy}{n-2} = \frac{19850 - (-57.5)(334) - 7.46(5233)}{6-2} = 4.205$$

예시를 통해 계산해보면 다음과 같이 간단하게 구할 수 있는 것을 확인할 수 있습니다. 추정의 표준오차 값이 4.205로 낮은 수치를 보이는 것을 확인할 수 있습니다. 값이 낮기 때문에 회귀분석을 하기 적합하다고 판단할 수 있습니다.

자 이제 결정계수라는 것을 구하기 위해 먼저 총변동이라는 것에 대해 알아보도록 하겠습니다.

(4) 총변동 (Total Variation)

- 총제곱합(Sum of Squares Total : SST) = 회귀제곱합(Sum of Squares Regression:SSR) + 오차제곱합(Sum of Squares Error:SSE)

$$\sum (y_i - \overline{y}^2) = \sum (\hat{y_i} - \overline{y})^2 + \sum (y_i - \hat{y_i})^2$$

$$SST = SSR + SSE$$

- SST: 실제 값 y_i 들이 이들의 평균 $\overline{y}$로부터 흩어진 정도
- SSR: 예측치와 실제 값 y_i 들의 평균 $\overline{y}$의 차이의 제곱의 합
- SSE: 예측치와 실제 값의 차이의 제곱의 합

총변동은 회귀제곱합과 오차제곱합을 더하여 구할 수 있습니다. 이렇게 구해진 총변동은 실제의 Y 값들이 이들의 평균으로부터 흩어진 정도를 의미합니다. 총변동은 회귀제곱합과 오차제곱합을 더하여 구할 수 있습니다. 이렇게 구해진 총변동은 실제의 Y 값들이 이들의 평균으로부터 흩어진 정도를 의미합니다.

(5) 결정계수 (Coefficient of Determination)

$$R^2 = \frac{\text{설명되는 변동}}{\text{총변동}} = \frac{SSR}{SST} = 1 - \frac{SSE}{SST} = \frac{a\sum y_i + b\sum x_i y_i - n\overline{y}^2}{\sum y_i^2 - n\overline{y}^2}$$

- 결정계수는 0부터 1까지의 값을 가짐
- 표본회귀선이 모든 자료에 완전히 적합하면 $SSE = 0$, $R^2 = 1$이 됨

• R^2의 값이 1에 가까울수록 표본회귀선으로 종속변수의 실제 값 y_i를 예측하는데 정확
  성이 더 높음

※ 총편차(Total Deviation) = 설명된 편차 + 설명 안 된 편차

$$(y_i - \bar{y}) = (\hat{y_i} - \bar{y}) + (y_i - \hat{y_i})$$

결정계수는 0부터 1까지의 값을 가지는데 1에 가까울수록 실제 값 Y를 예측하는데 정확
성이 더 높은 것을 의미합니다. 결정계수를 예시를 통해 계산해보도록 하겠습니다. 표 6
은 결정계수 예시에 대한 내용입니다.

표 6 결정계수 예시

x	y	$\hat{y}$	$y - \hat{y}$	$(y - \hat{y})^2$	$y - \bar{y}$	$(y - \bar{y})^2$
13	40	39.48	0.52	0.2704	−15.67	245.44
19	83	84.24	−1.24	1.5376	27.33	747.11
16	62	61.86	0.14	0.0196	6.33	40.11
14	48	46.94	1.06	1.1236	−7.67	58.78
15	58	54.4	3.6	12.96	2.33	5.44
14	43	46.94	−3.94	15.5236	−12.67	160.44
91	334	333.86	0.14	31.4348	−0.02	1257.33

SSE=31.4348   SST=1257.33

• $SSR = SST - SSE = 1257.33 - 31.4348 = 1225.895$

• $R^2 = \dfrac{SSR}{SST} = \dfrac{1225.895}{1257.33} = 0.975$

• 차량가격이 판매액 변동 97.5%를 결정하고 다른 요인들이 나머지 2.5%의 영향을 미침

앞에서 학습한 수식을 통해 아래와 같이 각 값을 계산할 수 있습니다. 최종 결과로 결정
계수 값이 0.975가 나온 것을 확인할 수 있습니다. 이 값이 의미하는 것은 예시로 다른
차량가격이 판매액 변동의 97.5%를 결정하고 나머지는 2.5% 영향을 미침을 의미합니
다. 적합도 검증을 통해 수치가 매우 높은 것을 확인했기 때문에 독립변수를 교체하지
않아도 됨을 알 수 있습니다. 다음에는 MSE 즉 평균제곱 오차라는 것에 대해 알아보겠
습니다.

3.1.4 성능평가

(1) 잔차 (Residuals)

• 회귀분석 모델의 예측 값 $\hat{y}$와 실제 값 y_i사이 차이

$$e_i = y_i - \hat{y}$$

(2) Mean Squared Error (MSE)

• 평균제곱오차

• 회귀선과 모델 예측 값 사이의 오차를 사용

• 오차를 제곱한 값들의 평균

$$\frac{\sum_{i=1}^{n}(\hat{y}-y_i)^2}{n}$$

MSE는 오차를 제곱한 값들의 평균 값을 의미합니다.

(3) Root Mean Squared Error (RMSE)

• 평균제곱근오차, MSE에서 구한 값에 루트를 적용한 값

$$\sqrt{\frac{\sum_{i=}^{n}(\hat{y}-y_i)^2}{n}}$$

마지막으로 RMSE라고 하는 것이 있는데 이는 MSE 값에 루트를 씌어서 구하게 됩니다. 이 성능 평가 방식들은 회귀분석에서 대표적으로 쓰이는 방식들입니다. 자 이제 학습한 내용을 실습하는 시간을 갖도록 하겠습니다. 실습이 진행되는 순서는 간단한 데이터를 생성해 단일선형회귀분석을 하는 것과 실제 데이터를 사용해 단일 선형회귀분석을 진행하도록 하겠습니다.

3.1.5 단일선형회귀분석 실습 - Basic 1

(1) Python package 로드 및 matplotlib 출력 옵션설정

우선 사용할 패키지들을 가져오도록 하겠습니다. 첫 번째 줄은 우리가 단일선형회귀분석을 하기 위해서 사용할 sklearn에 패키지 중 linear_model 모듈을 가져오는 코드입니다. linear_model은 회귀분석을 할 수 있게 도와주는 모듈입니다.

두 번째 줄은 numpy 패키지를 np라는 이름으로 가져옵니다. Numpy는 앞에서 배운 것처럼 행렬, 벡터 등의 수학 계산을 위한 자료구조와 계산 함수를 제공하는 패키지입니다. 세 번째 줄은 Pandas 패키지를 pd라는 이름으로 가져옵니다. Pandas 패키지는 CSV 파일 또는 데이터베이스에서 데이터를 읽고 쓸 수 있고 또한 데이터를 쉽게 조작해 새로운 컬럼을 추가할 수 있는 패키지입니다.

네 번째 줄은 Matplotlib 패키지를 가져옵니다. Matplotlib은 막대그래프, 히스토그램, 파이차트, 산점도 등 다양한 그림을 그리는데 사용되는 파이썬의 시각화 패키지입니다. 다섯 번째 줄은 matplotlib의 서브패키지인 pyplot을 "plt"라는 이름으로 가져오는 코드입니다.

여섯 번째 줄은 "%matplotlib inline"이라는 명령어를 호출합니다. 이는 matplotlib의 결과를 Ipython notebook 안에서 출력하기 위해 사용하는 명령어입니다. 그리고 일곱 번째 줄은 matplotlib 패키지에서 제공하는 스타일 중 하나인 "ggplot"을 지정해서 사용하는 명령어입니다. 그림 5는 Python package 가져오기와 matplotlib 출력 옵션 설정에 대한 내용입니다.

```
1 from sklearn import linear_model
2 import numpy as np
3 import pandas as pd
4 import matplotlib
5 import matplotlib.pyplot as plt
6 %matplotlib inline
7 matplotlib.style.use('ggplot')
```

그림 5 Python package 로드 및 matplotlib 출력 옵션 설정

(2) 데이터 생성

다음은 사용할 데이터를 만들도록 하겠습니다. 첫 번째 줄은 data 변수 안에 dictionary 형태에 x, y key이름을 가진 데이터를 생성합니다. 세 번째 줄은 data변수 안에 저장된

데이터를 pandas.DataFrame 함수를 통해 2차원의 수정 가능한 테이블 형태의 구조로 변경 후 data 변수에 저장합니다. 해당 data변수를 출력하면 x, y 컬럼명을 가진 데이터 프레임이 생성된 것을 확인할 수 있습니다. 그림 6은 데이터 생성에 대한 내용입니다.

```
1 data = {'x' : [13, 19, 16, 14, 15, 14],
2          'y' : [40, 83, 62, 48, 58, 43]}
3 data = pd.DataFrame(data)
4 data
```

	x	y
0	13	40
1	19	83
2	16	62
3	14	48
4	15	58
5	14	43

그림 6 데이터 생성

(3) 산점도 표현

다음으로 산점도로 데이터를 표현하도록 하겠습니다. pyplot.plot 함수를 사용하여 선이나 마커를 플롯할 수 있는데 첫 번째 줄 plot앞에 data변수를 입력했습니다. 이유는 plot 앞에 데이터프레임 형식에 변수를 놓으면 컬럼명만 입력해서 쉽게 데이터를 가져올 수 있기 때문입니다. 자 이제 plot함수 안에 있는 파라미터들에 대해서 알아보도록 하겠습니다.

kind 파라미터는 기본 선 이외의 여러 가지 플롯 스타일을 입력해서 사용가능 하도록 하는 파라미터입니다. kind 파라미터에 scatter를 입력한 것은 산점도를 그리기 위해서 사용했습니다. 다음으로 x, y 파라미터가 있습니다. x, y 파라미터는 한 열을 다른 열에 대해 플롯하기 위해 사용합니다. x는 x축을, y는 y축을 의미하며 여기에서 생성한 데이터 x, y를 알맞은 파라미터에 사용했습니다.

다음은 figsize 파라미터가 있습니다. figsize는 플롯의 크기를 조정할 때 사용하는 파라미터입니다. 안에 숫자를 입력해서 크고 작게 변경 가능합니다. 마지막 파라미터로 color가 있습니다. 해당 코드를 실행하면 산점도를 출력할 수 있습니다. 그림 7은 산점도 표현에 대한 내용입니다.

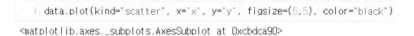

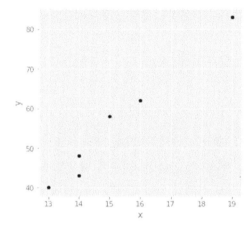

그림 7 산점도 표현

(4) 데이터 학습

다음은 선형회귀모델을 만들어 데이터를 학습시켜보도록 하겠습니다. 첫 번째 줄은 linear_model.LinearRegression 함수를 통해 선형회귀모델을 만들어 linear_regression 변수 안에 저장합니다. 두 번째 줄은 linear_regression.fit 함수를 이용해 모델을 학습하게 하는 함수입니다. 학습을 시키기 위해선 X, y 값을 입력해야 하는데 X값은 꼭 2차원 형태로 입력해야 하고 y값은 기존형태로 입력하면 됩니다. X값엔 data변수 안에 있는 "x"데이터 y값엔 "y"데이터를 입력했습니다.

X는 독립변수, y는 종속변수를 입력하면 됩니다. 세 번째 줄은 linear_regression.predict 함수를 통해 학습된 선형회귀모델에 "x"값을 입력 값으로 해서 y값을 예측합니다. 예측된 y값은 prediction 변수에 저장됩니다. 네 번째 줄은 linear_regression.intercept_를 통해 선형회귀모델의 a계수를 출력합니다. intercept_는 sklearn 패키지 linear_model 모듈에서 제공해주는 함수입니다. 다섯 번째 줄은 linear_regression.coef_를 통해 선형회귀모델의 b계수를 출력합니다. coef_는 sklearn 패키지 linear_model 모듈에서 제공해주는 함수입니다. 그림 8은 데이터 학습시키는 내용입니다.

```
1 linear_regression = linear_model.LinearRegression()
2 linear_regression.fit(X = pd.DataFrame(data["x"]), y = data["y"])
3 prediction = linear_regression.predict(X = pd.DataFrame(data["x"]))
4 print('a value = ', linear_regression.intercept_)
5 print('b balue =', linear_regression.coef_)
```

```
a value =  -55.4817518248
b balue = [ 7.32846715]
```

그림 8 데이터 학습

(5) 적합도 검증

다음은 잔차를 구하도록 하겠습니다. 첫 번째 줄은 잔차를 구하는 공식인 실제 값 "y"에서 prediction에 저장된 예측 값 y를 빼주어 residuals 변수에 저장합니다. 두 번째 줄은 pandas.DataFrame.decribe함수를 통해 다양한 요약 통계를 생성합니다. 숫자 형의 경우 전체 개수, 평균, 표준편차, 최댓값, 최솟값, 백분위 수를 보여줍니다. 그림 9는 적합도 검증 중 잔차에 대한 내용입니다.

```
1 residuals = data["y"] - prediction
2 residuals.describe()
```

```
count    6.000000e+00
mean     5.921189e-15
std      2.491445e+00
min     -4.116788e+00
25%     -5.164234e-01
50%      2.189781e-01
75%      7.189781e-01
max      3.554745e+00
Name: y, dtype: float64
```

그림 9 적합도 검증 - 잔차

다음은 적합도 검증 방법 중 결정계수를 구하도록 하겠습니다. 첫 번째 줄에서 residuals에 저장된 잔차 값을 제곱한 값을 numpy.sum함수를 이용해 더해준 후 SSE 변수에 저장합니다. SSE 변수는 결정계수 값을 구하기 위해 사용됩니다. 두 번째 줄에서 "y"에 저장된 실제 y값에서 numpy.mean 함수를 이용해 "y"를 평균한 값을 빼고 제곱한 값을 numpy.sum함수를 이용해 더해준 후 SST변수에 저장합니다. SST 변수는 결정계수 값을 구하기 위해 사용됩니다. 출력 된 결정계수 97.5%로 결과를 통해 x값이 y값에 많은 영향을 주는 것을 확인했습니다. 그림 10은 적합도 검증 중 결정계수에 대한 내용입니다.

```
1 SSE = (residuals**2).sum()
2 SST = ((data["y"]-data["y"].mean())**2).sum()
3 R_squared = 1 - (SSE/SST)
4 print('R_squared = ', R_squared)
```

R_squared = 0.9753156179610034

그림 10 적합도 검증 – 결정계수

⑥ 예측하여 플롯으로 표현

다음은 예측한 값을 이용해 산포도에 선형회귀선을 그리도록 하겠습니다. 첫 번째 줄에
선 plot함수를 통해 산점도를 그렸습니다. 앞에서 설명했던 부분이므로 넘어가도록 하겠
습니다. 네 번째 줄은 산점도 위에 선형회귀선을 그립니다. plot 함수 안에 파라미터 x, y
를 입력하지 않으면 앞에 변수가 x축, 뒤에 변수가 y축으로 기본 세팅 됩니다. 출력된 결
과를 보면 구하고자 했던 선형회귀선이 그려진 것을 확인할 수 있습니다. 그림 11은 선
형회귀선과 산점도 표현에 대한 내용입니다.

```
1 data.plot(kind="scatter",x="x",y="y",figsize=(5,5),color="black")
2
3 # Plot regression line
4 plt.plot(data["x"],prediction,color="blue")
```

[<matplotlib.lines.Line2D at 0xfc915f8>]

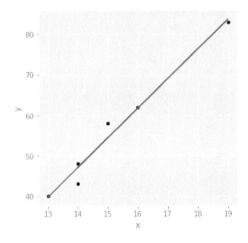

그림 11 선형회귀선 및 산점도 표현

(7) 성능 평가

다음은 생성된 회귀분석모델에 대한 성능평가를 진행하도록 하겠습니다. 첫 번째 줄은 sklearn 패키지에서 제공하는 MSE를 구하기 위한 모듈 mean_squared_error를 가져옵니다. 두 번째 줄은 sklearn.metrics.score 함수로 예측한 결과 값과 정확한 결과 값을 비교해서 성능을 평가합니다. score함수는 x, y값을 입력해서 성능을 평가합니다.

파라미터를 살펴보면 독립변수 "x"를 2차원 DataFrame형태로 교체 후 x값으로 지정해주고 종속변수 "y"값은 y값으로 지정해서 학습한 모델을 통해 성능 평가합니다. 세 번째 줄은 sklearn 패키지에서 제공하는 mean_squared_error모듈을 이용해 평균제곱오차 값을 구합니다.

해당 모듈에 파라미터 값은 학습한 모델을 통해 나온 예측 값 prediction 변수와 실제 값이 저장된 "y"값을 입력합니다. 네 번째 줄은 RMSE 값을 구합니다. 구하는 방법은 세 번째 줄에서 구한 평균제곱오차 값에 루트를 씌워주었습니다. 루트는 **0.5 수식으로 구하였습니다. 네 번째 줄은 RMSE 값을 구합니다. 구하는 방법은 세 번째 줄에서 구한 평균제곱오차 값에 루트를 씌워주었습니다. 루트는 **0.5 수식으로 구하였습니다. 이제 결과를 확인해 보도록 하겠습니다. 보시면 아시겠지만 앞에서 구한 결정계수와 score함수를 통해 나온 결과가 동일한 것을 확인할 수 있습니다. RMSE 결과를 통해 오차도 작은 것을 확인했습니다. 그림 12는 성능평가에 대한 내용입니다.

```
1 from sklearn.metrics import mean_squared_error
2 print('score = ', linear_regression.score(X = pd.DataFrame(data["x"]), y = data["y"]))
3 print('Mean_Squared_Error = ', mean_squared_error(prediction, data['y']))
4 print('RMSE = ', mean_squared_error(prediction, data['y'])**0.5)

score =  0.975315617961
Mean_Squared_Error =  5.17274939173
RMSE =  2.27436791037
```

그림 12 성능평가

지금까지 임의의 데이터를 사용해서 간단히 실습을 했습니다. 다음에는 실제 데이터를 가지고 실습을 해보도록 하겠습니다.

3.1.6 단일선형회귀분석 실습 - Basic 2

(1) Boston dataset 로드

첫 번째 줄은 sklearn 패키지에서 제공하는 open dataset을 가져오기 위해 사용하는 모듈 datasets입니다. 두 번째 줄은 datasets 모듈을 통해 보스턴 집 가격 데이터를 가져와 boston_house_prices 변수에 저장합니다. 세 번째 줄은 로드한 보스턴 전체 데이터에 key값을 출력합니다. 네 번째 줄은 보스턴 전체 데이터 중 data에 대한 전체 행, 열 길이를 출력합니다. 다섯 번째 줄은 보스턴 데이터에 사용하는 컬럼 이름을 출력합니다. 그림 13은 Boston dataset을 로드하는 내용입니다.

```
1 from sklearn import datasets
2 boston_house_prices = datasets.load_boston()
3 print(boston_house_prices.keys())
4 print(boston_house_prices.data.shape)
5 print(boston_house_prices.feature_names)
dict_keys(['data', 'target', 'feature_names', 'DESCR'])
(506, 13)
['CRIM' 'ZN' 'INDUS' 'CHAS' 'NOX' 'RM' 'AGE' 'DIS' 'RAD' 'TAX' 'PTRATIO'
 'B' 'LSTAT']
```

그림 13 boston dataset 로드

(2) Boston dataset 정보 확인

다음은 보스턴 데이터 셋 정보를 출력해 보도록 하겠습니다. Sklearn에서 제공하는 open dataset은 DESCR이라는 데이터에 대한 정보를 같이 제공합니다. 출력된 결과물을 확인하시면 각 컬럼들에 대한 설명과 길이가 적힌 것을 확인할 수 있습니다. 그림 14는 Boston dataset의 정보 확인에 대한 내용입니다.

```
1  print(boston_house_prices.DESCR)

Boston House Prices dataset
===========================

Notes
------
Data Set Characteristics:

    :Number of Instances: 506

    :Number of Attributes: 13 numeric/categorical predictive

    :Median Value (attribute 14) is usually the target

    :Attribute Information (in order):
        - CRIM      per capita crime rate by town
        - ZN        proportion of residential land zoned for lots over 25,000 sq.ft.
        - INDUS     proportion of non-retail business acres per town
        - CHAS      Charles River dummy variable (= 1 if tract bounds river; 0 otherwise)
        - NOX       nitric oxides concentration (parts per 10 million)
        - RM        average number of rooms per dwelling
        - AGE       proportion of owner-occupied units built prior to 1940
        - DIS       weighted distances to five Boston employment centres
        - RAD       index of accessibility to radial highways
        - TAX       full-value property-tax rate per $10,000
        - PTRATIO   pupil-teacher ratio by town
        - B         1000(Bk - 0.63)^2 where Bk is the proportion of blacks by town
        - LSTAT     % lower status of the population
        - MEDV      Median value of owner-occupied homes in $1000's
```

그림 14 Boston dataset 정보 확인

(3) Boston dataset을 데이터프레임으로 정제

다음은 보스턴 데이터 셋을 데이터프레임으로 정제하도록 하겠습니다. 첫 번째 줄은 boston_house_price 변수에 전체 데이터 중 data에 해당하는 값만 DataFrame형으로 변경 후 data_frame에 저장합니다. 두 번째 줄은 tail함수를 사용해 전체 데이터 중 마지막 5개 데이터만 출력합니다. 5개가 출력 되는 이유는 뭘까요?

이유는 괄호 안에 숫자를 입력하지 않을 시 기본 값으로 5개가 지정되기 때문입니다. 다음은 data_frame안에 저장된 데이터프레임에 컬럼명을 교체 하도록 하겠습니다. 기존 boston_frame 컬럼 이름을 확인하면 숫자로 구성된 것을 확인할 수 있었습니다. 그림 15 는 Boston dataset을 데이터프레임 형식으로 정제한 내용입니다.

```
1 data_frame = pd.DataFrame(boston_house_prices.data)
2 data_frame.tail()
```

	0	1	2	3	4	5	6	7	8	9	10	11	12
501	0.06263	0.0	11.93	0.0	0.573	6.593	69.1	2.4786	1.0	273.0	21.0	391.99	9.67
502	0.04527	0.0	11.93	0.0	0.573	6.120	76.7	2.2875	1.0	273.0	21.0	396.90	9.08
503	0.06076	0.0	11.93	0.0	0.573	6.976	91.0	2.1675	1.0	273.0	21.0	396.90	5.64
504	0.10959	0.0	11.93	0.0	0.573	6.794	89.3	2.3889	1.0	273.0	21.0	393.45	6.48
505	0.04741	0.0	11.93	0.0	0.573	6.030	80.8	2.5050	1.0	273.0	21.0	396.90	7.88

그림 15 Boston dataset을 데이터프레임 형식으로 정제

이제 이 숫자로 구성된 컬럼명을 보스턴 데이터에 원래 컬럼명인 feature_names로 교체하도록 하겠습니다. 간단히 데이터프레임이 저장된 변수 뒤에 columns를 입력해 주고 교체를 원하는 feature_names를 저장해주면 됩니다. 결과를 보면 컬럼명이 바뀐 것을 확인할 수 있습니다.

다음은 예측하고자 하는 대상인 종속변수 y값을 데이터프레임에 추가하도록 하겠습니다. 첫 번째 줄은 data_frame에 'Price'라는 컬럼을 만들고 boston_house_prices에 저장된 데이터 중 "target"데이터 즉 종속변수를 데이터프레임에 저장합니다. 결과물을 확인하면 Price라는 컬럼이 추가된 것을 확인할 수 있습니다. 그림 16은 데이터프레임으로 정제한 후 컬럼명 변경에 대한 내용입니다.

```
1 data_frame['Price'] = boston_house_prices.target
2 data_frame.tail()
```

	CRIM	ZN	INDUS	CHAS	NOX	RM	AGE	DIS	RAD	TAX	PTRATIO	B	LSTAT	Price
501	0.06263	0.0	11.93	0.0	0.573	6.593	69.1	2.4786	1.0	273.0	21.0	391.99	9.67	22.4
502	0.04527	0.0	11.93	0.0	0.573	6.120	76.7	2.2875	1.0	273.0	21.0	396.90	9.08	20.6
503	0.06076	0.0	11.93	0.0	0.573	6.976	91.0	2.1675	1.0	273.0	21.0	396.90	5.64	23.9
504	0.10959	0.0	11.93	0.0	0.573	6.794	89.3	2.3889	1.0	273.0	21.0	393.45	6.48	22.0
505	0.04741	0.0	11.93	0.0	0.573	6.030	80.8	2.5050	1.0	273.0	21.0	396.90	7.88	11.9

그림 16 데이터프레임 형식에서 컬럼명 변경

(4) 산점도 표현

다음은 산점도로 데이터를 나타내도록 하겠습니다. plot함수를 통해 x축에는 "RM" 독립변수 y축에는 "Price" 종속변수를 그렸습니다. 이때 새로운 파라미터 xlim, ylim이 생겨난 것을 확인할 수 있습니다. xlim, ylim파라미터는 x축과 y축에 범위를 사용자 임의로

설정을 해줄 때 사용하는 파라미터입니다. x축을 보면 입력된 4에서 8까지 숫자로 되어 있는 것을 확인할 수 있습니다. 그림 17은 산점도 표현에 대한 내용입니다.

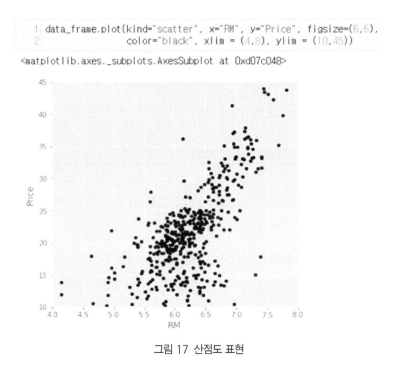

그림 17 산점도 표현

(5) 데이터 학습

다음은 선형회귀모델을 만들어 데이터를 학습시켜보도록 하겠습니다. 첫 번째 줄은 linear_model.LinearRegression 함수를 통해 선형회귀모델을 만들어 linear_regression 변수 안에 저장합니다. 두 번째 줄은 linear_regression.fit 함수를 이용해 모델을 학습하게 하는 함수입니다. 앞에서 언급 했듯이 x값은 꼭 2차원 형태로 입력해야 하고 y값은 기존형태로 입력하면 됩니다. x값에는 data변수 안에 있는 "RM"데이터 y값에는 "Price"데이터를 입력했습니다.

세 번째 줄은 linear_regression.predict 함수를 통해 학습된 선형회귀모델에 "RM"값을 입력 값으로 해서 y값을 예측합니다. 예측된 y값은 prediction 변수에 저장됩니다. 네 번째 줄은 linear_regression.intercept_를 통해 선형회귀모델의 a계수를 출력합니다. 다섯 번째 줄은 linear_regression.coef_를 통해 선형회귀모델의 b계수를 출력합니다. 그림 18은 데이터 학습에 대한 내용입니다.

```
1 linear_regression = linear_model.LinearRegression()
2 linear_regression.fit(X = pd.DataFrame(data_frame["RM"]), y = data_frame["Price"])
3 prediction = linear_regression.predict(X = pd.DataFrame(data_frame["RM"]))
4 print('a value = ', linear_regression.intercept_)
5 print('b balue =', linear_regression.coef_)
```

```
a value = -34.6706207764
b balue = [ 9.10210898]
```

그림 18 데이터 학습

(6) 적합도 검증

다음은 잔차를 구하도록 하겠습니다. 첫 번째 줄은 잔차를 구하는 공식인 실제 값 "Price" 에서 prediction에 저장된 예측 값 y를 빼주어 residuals 변수에 저장합니다. 두 번째 줄은 decribe함수를 통해 다양한 요약 통계를 생성합니다. 그림 19는 적합도 검증 중 잔차에 대한 내용입니다.

```
1 residuals = data_frame["Price"] - prediction
2 residuals.describe()
```

```
count    5.060000e+02
mean     1.899227e-15
std      6.609606e+00
min     -2.334590e+01
25%     -2.547477e+00
50%      8.976267e-02
75%      2.985532e+00
max      3.943314e+01
Name: Price, dtype: float64
```

그림 19 적합도 검증 – 잔차

다음은 적합도 검증 방법 중 결정계수를 구하도록 하겠습니다. 첫 번째 줄에서 residuals에 저장된 잔차 값을 제곱한 값을 numpy.sum함수를 이용해 더해준 후 SSE 변수에 저장합니다. 두 번째 줄에서 "Price"에 저장된 실제 y값에서 numpy.mean 함수를 이용해 "Price"를 평균한 값을 빼고 제곱한 값을 numpy.sum함수를 이용해 더해준 후 SST변수에 저장합니다.

세 번째 줄에서 결정계수 값을 계산합니다. 결정계수를 구하는 식과 같이 SSE에서 SST를 나누고 1에서 빼준 값을 R_squared 변수에 저장합니다. 네 번째 줄에서 R_squared 변수에 저장된 결정계수 값을 출력합니다.

출력된 결정계수 48.35%로 결과를 통해 x값이 y값에 영향을 주는 것을 확인했습니다. 이것은 낮은 수치인 것 같지만 실제로 13개의 독립변수 중 1개인 것을 감안한다면 매우 높은 수치인 것을 확인할 수 있습니다. 그림 20은 적합도 검증 중 결정계수에 대한 내용입니다.

```
1  SSE = (residuals**2).sum()
2  SST = ((data_frame["Price"]-data_frame["Price"].mean())**2).sum()
3  R_squared = 1 - (SSE/SST)
4  print('R_squared = ', R_squared)

R_squared =  0.48352545599133423
```

그림 20 적합도 검증 – 결정계수

(7) 예측하여 플롯으로 표현

다음은 예측한 값을 이용해 산점도에 선형회귀선을 그리도록 하겠습니다. 첫 번째 줄에
선 plot함수를 통해 산점도를 그렸습니다. 다섯 번째 줄은 산점도 위에 선형회귀선을 그
립니다. 출력된 결과를 보면 구하고자 했던 선형회귀선이 그려진 것을 확인할 수 있습니
다. 그림 21은 선형회귀선 및 산점도 표현에 대한 내용입니다.

```
1  data_frame.plot(kind="scatter",x="RM",y="Price",figsize=(6,6),
2                  color="black", xlim = (4,8), ylim = (10,45))
3
4  # Plot regression line
5  plt.plot(data_frame["RM"],prediction,color="blue")
```

[<matplotlib.lines.Line2D at 0xcf76c18>]

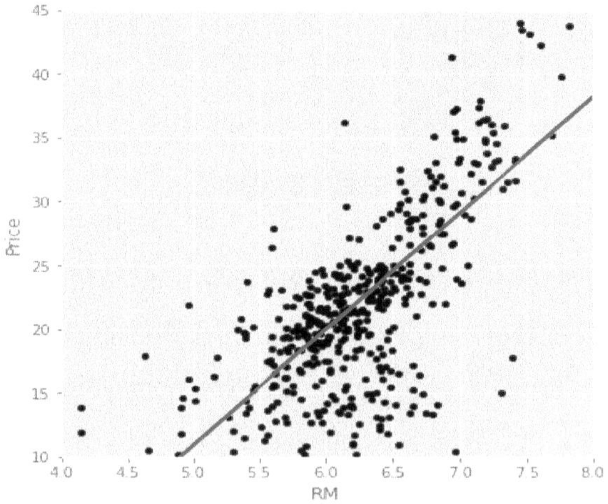

그림 21 선형회귀선 및 산점도 표현

(8) 성능 평가

다음은 생성된 회귀분석모델에 대한 성능평가를 진행하도록 하겠습니다. 첫 번째 줄은
score 함수로 예측한 결과 값과 정확한 결과 값을 비교해서 성능을 평가합니다. 파라미
터를 살펴보면 독립변수 "RM"를 2차원 DataFrame 형태로 교체 후 X값으로 지정해주고

종속변수 "Price"값은 y값으로 지정해서 학습한 모델을 통해 성능을 평가합니다.

두 번째 줄은 sklearn 패키지에서 제공하는 mean_squared_error모듈을 이용해 평균제곱오차 값을 구합니다. 해당 모듈에 파라미터 값은 학습한 모델을 통해 나온 예측 값 prediction 변수와 실제 값이 저장된 "Price"값을 입력합니다. 세 번째 줄은 RMSE 값을 구합니다. 구하는 방법은 세 번째 줄에서 구한 평균제곱오차 값에 루트를 씌워주었습니다. 루트는 **0.5 수식으로 구하였습니다. 이제 결과를 확인해 보도록 하겠습니다. 그림 22는 성능평가에 대한 내용입니다.

```
1 print('score = ', linear_regression.score(X = pd.DataFrame(data_frame["RM"]), y = data_frame["Price"]))
2 print('Mean_Squared_Error = ', mean_squared_error(prediction, data_frame["Price"]))
3 print('RMSE = ', mean_squared_error(prediction, data_frame["Price"])**0.5)

score =  0.483525455991
Mean_Squared_Error =  43.6005517712
RMSE =  6.60307138922
```

그림 22 성능평가

보시면 아시겠지만 앞의 실습 1에서 확인했던 수치보다 낮은 것을 확인할 수 있습니다. 또한 RMSE 결과도 기존 실습 1 보다 오차가 높은 것을 확인했습니다. 지금까지 sklearn 패키지를 사용해 단일선형회귀분석 하는 방법을 배웠습니다.

3.2 다중선형회귀분석

3.2.1 다중선형회귀분석이란?

(1) 다중선형회귀분석 소개

- 두 개 이상의 독립변수들과 하나의 종속변수의 관계를 분석하는 방법
- 단순회귀를 확장한 것

(2) 다중선형회귀분석 가정

- 오차항 ϵ_i는 n개의 독립변수 $x_1, x_2, x_3, ..., x_n$의 각각의 독립적
- 독립변수와 관련된 측정오차는 존재하지 않음

- 오차항의 기대 값은 0이며 일정한 분산을 갖는 정규분포를 이룸

- 어떤 두 오차도 서로 상관이 없다. 즉, 그들의 공분산은 0

- 독립변수들은 서로 선형함수로 완전히 관련되어 있지 않음

다중선형회귀분석은 두 개 이상의 독립변수들과 하나의 종속변수의 관계를 분석하는 방법입니다. 여기서 단일선형회귀분석과 다른 점을 인지하셨나요? 네. 바로 두 개 이상의 독립변수입니다.

다중선형회귀분석은 단일선형회귀분석을 확장한 것이라고 생각하시면 쉽습니다. 단일선형회귀분석에서와 같이 다중선형회귀분석에서도 가정을 하고 회귀분석을 진행합니다. 첫 번째로 오차항은 각각의 독립변수에 독립적이다 라는 가정을 합니다. 즉 독립변수와 관련된 측정오차는 존재하지 않는다는 얘기입니다. 두 번째 가정은 오차항의 기대 값은 0이라는 것입니다. 또한 일정한 분산을 갖는 정규분포를 이룬다는 가정을 합니다.

세 번째 가정은 어떤 두 오차도 서로 상관이 없다는 가정입니다. 즉, 각각의 오차에 대한 공분산 값은 0이라는 가정입니다. 마지막으로 각각의 독립변수들은 서로 선형함수로 완전히 관련되어 있지 않다는 가정을 합니다. 물론 이것보다 더욱 많은 가정이 존재하지만 대표적인 가정에 대하여 살펴봤습니다.

(3) 다중선형회귀모델 식

$$y_i = \alpha + \beta_1 x_{1i} + \beta_2 x_{2i} + \cdots + \beta_{k-1} x_{k-1i} + \beta_k x_{ki} + \epsilon_i$$

위 식은 x라는 독립변수들이 y라는 종속변수에 주는 영향력을 식으로 나타낸 것

k : 1~k까지에 상수 값(여러 개 독립변수 중 n번째 독립변수를 뜻함)

y_i : i번째 관측치에 대한 종속변수의 값

x_i : 이미알려진 독립변수의 i번째 값

α : X값이 변해도 Y의 변동에는 영향을 주지 않는 회귀 계수

β: X의 영향력을 크기와 부호로 나타내 주는 회귀 계수, 독립변수 X의 기울기

ϵ_i : i번째 관측치에 대한 오차항

자 이제 다중선형회귀모델 식에 대해서 알아보도록 하겠습니다. 식을 확인하시면 단일선형회귀모델 식은 간단했는데 복잡해지셨지요? 하지만 간단하게 생각하시면 됩니다. 독립변수 x값이 늘어남에 따라 각 독립변수의 베타 값도 해당 개수만큼 늘어났다고 보시면 간단합니다. 물론 알파 값과 오차항 값은 하나입니다. 자 이제부턴 수식을 통해 다중선형회귀분석식의 회귀 계수를 추정하는 방법을 알아보도록 하겠습니다.

(4) 회귀 계수 추정

• 수집된 데이터에 가장 적절한 회귀 직선을 구하는 것

• 최소자승법 사용

회귀 계수를 추정한다는 것은 독립변수 X와 종속변수 Y에 대해 가장 적절한 회귀 직선을 구하는 것입니다. 회귀직선을 구하는 이유는 임의의 독립변수 X값이 주어졌을 때 종속변수 Y값을 추정하기 위해서입니다. 이전 단일선형회귀분석에서 추정한 회귀 계수는 a 와 b 값이었습니다. 그렇지만 다중선형회귀분석에선 회귀계수 a와 독립변수개수 만큼의 회귀계수 b값을 추정합니다.

(5) 최소자승법

잔차를 자승한 값들의 합이 최소가 되도록 표본회귀식의 a와 b를 구하는 방법

$$\sum e_i^2 = \sum (Y_i - \widehat{Y_i})^2 = \sum (Y_i - a - b_1 X_{1i} - b_2 X_{2i})^2$$

• 잔차(Residual): 독립변수 X의 값이 주어질 때 표본회귀선의 예측 값 $\widehat{Y}$와 실제 값 Y_i 사이에 표본오차 때문에 발생하는 차이

$$e_i = Y_i - \widehat{Y}$$

최소자승법은 잔차를 자승한 값들의 합이 최소가 되도록 하는 표본회귀식의 a와 b를 구하는 방법입니다. 식에서 달라진 부분을 확인해보면 b와 x가 추가된 것을 알 수 있습니다. 식에선 두 가지 독립변수를 가정했기 때문에 b가 두 개이지만 독립변수가 n개만큼 추가되면 최소자승법의 b의 개수도 n개만큼 증가합니다.

(6) 표본회귀계수 구하는 예

자 그럼 이제 예시를 통해 표본회귀 계수를 구해보도록 하겠습니다. 먼저 예시에 다룰 데이터를 살펴보도록 하겠습니다. 데이터는 차량가격과 광고비, 판매액 총 세 개의 변수가 있습니다.

변수 3개 중 차량가격과 광고비는 판매액과의 관계를 알기 위해 사용되는 독립변수입니다. 표 7은 표본회귀계수 예시 데이터입니다. 표 8은 표본회귀계수를 구하는 예입니다.

표 7 표본회귀계수 예시 데이터

차종	차량 가격(x_{1i})	광고비(x_{2i})	판매액(y)
A	13	9	20
B	18	7	22
C	17	17	30
D	20	11	27
E	22	8	35
F	21	10	32

표 8 표본회귀계수를 구하는 예

x_{1i}	x_{2i}	y_i	x_{1i}^*	x_{2i}^*	y_i^*	x_{1i}^{*2}	x_{2i}^{*2}	$x_{1i}^* x_{2i}^*$	$x_{1i}^* y_i^*$	$x_{2i}^* y_i^*$
13	9	20	−5.5	−1.33	−7.67	30.25	1.77	7.32	42.19	10.20
18	7	22	−0.5	−3.33	−5.67	0.25	11.09	1.67	2.84	18.88
17	17	30	−1.5	6.67	2.33	2.25	44.49	−10.01	−3.50	15.54
20	11	27	1.5	0.67	−0.67	2.25	0.45	1.01	−1.01	−0.45
22	8	35	3.5	−2.33	7.33	12.25	5.43	−8.16	25.66	−17.08
21	10	32	2.5	−0.33	4.33	6.25	0.11	−0.83	10.83	−1.43
111	62	166	0	0.02	−0.02	53.5	63.34	−9	77.01	25.66

$$\overline{x_1}=18.5, \quad \overline{x_2}=10.33, \quad \overline{y}=27.67 x_{1i}^*=x_{1i}-\overline{x_1}, \quad x_{2i}^*=x_{2i}-\overline{x_2}, \quad y_i^*=y_i-\overline{y}$$

$$b_1 = \frac{\sum x_{2i}^{*2} \sum y_i^* x_{1i}^* - \sum x_{1i}^* x_{2i}^* \sum y_i^* x_{2i}^*}{\sum x_{1i}^{*2} \sum x_{2i}^{*2} - (\sum x_{1i}^* x_{2i}^*)^2} = \frac{63.34(77.01) - (-9)(25.66)}{53.5(63.34) - (-9)^2} = 1.5445$$

$$b_2 = \frac{\sum x_{1i}^{*2} \sum y_i^* x_{2i}^* - \sum x1i^* x_{2i}^* \sum y_i^* x_{1i}^*}{\sum x_{1i}^{*2} \sum x_{2i}^{*2} - (\sum x_{1i}^* x_{21}^*)^2} = \frac{53.5(25.66) - (-9)(77.01)}{53.5(63.34) - (-9)^2} = 0.6246$$

$$a = \bar{y} - b_1 \bar{x}_1 - b_2 \bar{x}_2 = 27.67 - 1.5445(18.5) - 0.6246(10.33) = -7.3554$$

$$\hat{y_i} = -7.3554 + 1.5445 x_{1i} + 0.6246 x_{2i}$$

수식을 확인하시면 별표 모양이 있는 것을 확인할 수 있습니다. 여기서 별표 모양은 해당 변수의 값과 평균값을 빼서 구한 편차 값입니다. 식을 통해 나오는 값은 각 독립변수에 대한 b값과 a값이 나오는 것을 확인할 수 있습니다. 결과물로 나온 표본회귀계수 a 값 7.3554와 b1 값 1.5445 그리고 b2 값 0.6246을 표본회귀선 식에 대입하면 마지막 방정식과 같이 y= -7.3554 + 1.5445x₁ + 0.6246x₂이 구하는 표본회귀 방정식입니다.

3.2.2 적합도 검증

(1) 적합도 검증이란?

• 표본자료를 사용하여 구한 표본회귀식이 종속변수의 값을 어느 정도 정확하게 예측할수 있는가의 정도를 검증

• 두 개 이상의 변수 값들이 표본회귀선 주위에 몰려 있으면 종속변수의 실제 값과 예측값 차이인 잔차가 줄어들어 예측의 정확성이 높아짐

(2) 적합도 검증방법

• 추정의 표준오차

• 결정계수

적합도 검증 부분은 앞의 단일선형회귀분석 부분과 유사하니 생략하도록 하겠습니다. 이제 학습한 내용과 관련된 코드를 살펴보겠습니다. 코드의 내용은 대부분 앞의 단일선형회귀분석 코드와 유사하므로 중복된 부분에 대한 설명은 생략하겠습니다. 코드는 먼저 간단한 데이터를 생성해 다중선형회귀분석을 하고 다음으로 실제 데이터를 사용해

다중선형회귀분석을 해보는 순서로 진행됩니다.

3.2.3 다중선형회귀분석 실습 – Basic 1

(1) Python package 로드 및 matplotlib 출력 옵션 설정

먼저, 첫 번째 줄부터 일곱 번째 줄까지는 사용할 패키지들을 불러와서 포함시키는 코드입니다. 그림 23은 python package들을 가져오는 것과 matplotlib 출력 옵션 설정에 대한 내용입니다.

```
1 from sklearn import linear_model
2 import numpy as np
3 import pandas as pd
4 import matplotlib
5 import matplotlib.pyplot as plt
6 %matplotlib inline
7 matplotlib.style.use('ggplot')
```

그림 23　python package 로드 및 matplotlib 출력 옵션 설정

(2) 데이터 생성

첫 번째 줄은 data 변수 안에 dictionary형태의 x1, x2, y key이름을 가진 데이터를 생성합니다. 네 번째 줄은 data변수 안에 저장된 데이터를 pandas.DataFrame 함수를 통해 2차원의 수정 가능한 테이블 형태의 구조로 변경 후 data 변수에 저장합니다. 다섯 번째 줄은 독립변수들을 따로 변수에 저장합니다. "data"데이터프레임 안에 독립변수 "x1"과 "x2"를 "X"라는 변수에 저장하는 겁니다.

여섯 번째 줄은 종속변수를 따로 변수에 저장합니다. "data"데이터프레임 안에 종속변수 "y"를 변수 y에 저장하는 겁니다. 일곱 번째 줄은 데이터프레임을 출력합니다. x1, x2, y 컬럼명을 가진 데이터프레임이 생성된 것을 확인할 수 있습니다. 그림 24는 데이터 생성에 대한 내용입니다.

```
1 data = {'x1' : [13, 18, 17, 20, 22, 21],
2          'x2' : [9, 7, 17, 11, 8, 10],
3          'y'  : [20, 22, 30, 27, 35, 32]}
4 data = pd.DataFrame(data)
5 X = data[['x1', 'x2']]
6 y = data['y']
7 data
```

	x1	x2	y
0	13	9	20
1	18	7	22
2	17	17	30
3	20	11	27
4	22	8	35
5	21	10	32

그림 24 데이터 생성

(3) 데이터 학습

다음은 앞의 단일선형회귀모델 실습에서 보신 내용과 동일한 코드를 이용하여 학습을
진행합니다. 출력된 결과를 확인하면 하나의 a 값과 두 개의 b값이 출력된 것을 확인할
수 있습니다. 앞에서 얘기했듯이 b값은 독립변수 개수만큼 생성되기 때문에 2개입니다.
그림 25는 데이터 학습에 대한 내용입니다.

```
1 linear_regression = linear_model.LinearRegression()
2 linear_regression.fit(X = pd.DataFrame(X), y = y)
3 prediction = linear_regression.predict(X = pd.DataFrame(X))
4 print('a value = ', linear_regression.intercept_)
5 print('b balue = ', linear_regression.coef_)

a value =  -7.35920177384
b balue = [ 1.5443459   0.62472284]
```

그림 25 데이터 학습

(4) 적합도 검증

다음은 결정계수를 구해봅니다. 앞의 단일선형회귀 코드와 동일한 코드를 이용합니다.
출력된 결정계수는 79.6%입니다. 즉, 독립변수들이 종속변수에 상당한 영향을 주는 것
을 확인했습니다. 그림 26은 적합도 검증 중 잔차이고 그림 27은 적합도 검증 중 결정계
수에 대한 내용입니다.

```
1 residuals = y-prediction
2 residuals.describe()
```

```
count    6.000000e+00
mean    -2.368476e-15
std      2.622371e+00
min     -3.399667e+00
25%     -1.987805e+00
50%      5.828714e-01
75%      1.415327e+00
max      3.385809e+00
Name: y, dtype: float64
```

그림 26 적합도 검증 – 잔차

```
1 SSE = (residuals**2).sum()
2 SST = ((y-y.mean())**2).sum()
3 R_squared = 1 - (SSE/SST)
4 print('R_squared = ', R_squared)
```

```
R_squared =  0.796944017668523
```

그림 27 적합도 검증 – 결정계수

(5) 성능 평가

다음은 앞의 단일선형회귀 코드와 유사한 방법으로, 생성된 회귀분석모델에 대한 결정계수, MSE, RMSE를 구해봅니다. RMSE가 2.39 정도로 오차도 작은 것을 확인했습니다. 그림 28은 성능평가에 대한 내용입니다.

```
1 from sklearn.metrics import mean_squared_error
2 print('score = ', linear_regression.score(X = pd.DataFrame(X), y=y))
3 print('Mean_Squared_Error = ', mean_squared_error(prediction, y))
4 print('RMSE = ', mean_squared_error(prediction, y)**0.5)
```

```
score =  0.796944017669
Mean_Squared_Error =  5.73069105691
RMSE =  2.39388618295
```

그림 28 성능 평가

지금까지 임의의 데이터를 사용하여 간단한 실습을 해보았습니다. 이번엔 앞의 단일 회귀분석에서 사용한 보스턴의 집값 관련한 데이터를 이용하여 실습을 해보겠습니다.

3.2.4 다중선형회귀분석 실습 – Basic 2

(1) Boston dataset 로드

다음은 x=pd.DataFrame()이라는 함수를 사용하여 보스턴 데이터 셋을 데이터프레임으로 변환합니다. 첫 번째 줄은 boston_house_price 변수에 전체 데이터 중 독립변수에 해당하는 값만 DataFrame형으로 변경 후 변수 X에 저장합니다. 출력된 결과를 확인하면 하나의 a 값과 열세 개의 b값이 출력된 것을 확인할 수 있습니다. 앞에서 얘기했듯이 b값은 독립변수 개수만큼 생성되기 때문에 13개입니다. 그림 29는 Boston dataset을 로드하고 그림 30은 Boston dataset의 정보를 확인합니다. 그림 31은 Boston dataset을 데이터프레임으로 정제하는 내용입니다. 그림 32는 데이터프레임의 컬럼명 변경에 대한 내용입니다.

```
1 from sklearn import datasets
2 boston_house_prices = datasets.load_boston()
3 print(boston_house_prices.keys())
4 print(boston_house_prices.data.shape)
5 print(boston_house_prices.feature_names)

dict_keys(['data', 'target', 'feature_names', 'DESCR'])
(506, 13)
['CRIM' 'ZN' 'INDUS' 'CHAS' 'NOX' 'RM' 'AGE' 'DIS' 'RAD' 'TAX' 'PTRATIO'
 'B' 'LSTAT']
```

그림 29 Boston dataset 로드

(2) Boston dataset 정보 확인

```
1 print(boston_house_prices.DESCR)

Boston House Prices dataset
===========================

Notes
------
Data Set Characteristics:

    :Number of Instances: 506

    :Number of Attributes: 13 numeric/categorical predictive

    :Median Value (attribute 14) is usually the target

    :Attribute Information (in order):
        - CRIM     per capita crime rate by town
        - ZN       proportion of residential land zoned for lots over 25,000 sq.ft.
        - INDUS    proportion of non-retail business acres per town
        - CHAS     Charles River dummy variable (= 1 if tract bounds river; 0 otherwise)
        - NOX      nitric oxides concentration (parts per 10 million)
        - RM       average number of rooms per dwelling
        - AGE      proportion of owner-occupied units built prior to 1940
        - DIS      weighted distances to five Boston employment centres
        - RAD      index of accessibility to radial highways
        - TAX      full-value property-tax rate per $10,000
        - PTRATIO  pupil-teacher ratio by town
        - B        1000(Bk - 0.63)^2 where Bk is the proportion of blacks by town
        - LSTAT    % lower status of the population
        - MEDV     Median value of owner-occupied homes in $1000's
```

그림 30 Boston dataset 정보 확인

(3) Boston dataset을 데이터프레임으로 정제

```
1 X = pd.DataFrame(boston_house_prices.data)
2 X.tail()
```

	0	1	2	3	4	5	6	7	8	9	10	11	12
501	0.06263	0.0	11.93	0.0	0.573	6.593	69.1	2.4786	1.0	273.0	21.0	391.99	9.67
502	0.04527	0.0	11.93	0.0	0.573	6.120	76.7	2.2875	1.0	273.0	21.0	396.90	9.08
503	0.06076	0.0	11.93	0.0	0.573	6.976	91.0	2.1675	1.0	273.0	21.0	396.90	5.64
504	0.10959	0.0	11.93	0.0	0.573	6.794	89.3	2.3889	1.0	273.0	21.0	393.45	6.48
505	0.04741	0.0	11.93	0.0	0.573	6.030	80.8	2.5050	1.0	273.0	21.0	396.90	7.88

그림 31 Boston dataset 데이터프레임으로 정제

```
1 X.columns = boston_house_prices.feature_names
2 X.tail()
```

	CRIM	ZN	INDUS	CHAS	NOX	RM	AGE	DIS	RAD	TAX	PTRATIO	B	LSTAT
501	0.06263	0.0	11.93	0.0	0.573	6.593	69.1	2.4786	1.0	273.0	21.0	391.99	9.67
502	0.04527	0.0	11.93	0.0	0.573	6.120	76.7	2.2875	1.0	273.0	21.0	396.90	9.08
503	0.06076	0.0	11.93	0.0	0.573	6.976	91.0	2.1675	1.0	273.0	21.0	396.90	5.64
504	0.10959	0.0	11.93	0.0	0.573	6.794	89.3	2.3889	1.0	273.0	21.0	393.45	6.48
505	0.04741	0.0	11.93	0.0	0.573	6.030	80.8	2.5050	1.0	273.0	21.0	396.90	7.88

그림 32 데이터프레임의 컬럼명 변경

(4) 데이터 학습

다음은 잔차를 구하도록 하겠습니다. 첫 번째 줄은 잔차를 구하는 공식인 실제 값 "y"에서 prediction에 저장된 예측 값 y를 빼주어 residuals 변수에 저장합니다. 두 번째 줄은 decribe함수를 통해 다양한 요약 통계를 생성합니다. 잔차의 표준편차 std는 약 4정도 되는 것을 알 수 있습니다. 그림 33은 데이터를 학습시켜 회귀계수 a와 b를 출력한 내용입니다. 그림 34는 적합도 검증 중 잔차에 대한 내용입니다.

```
1  linear_regression = linear_model.LinearRegression()
2  linear_regression.fit(X = pd.DataFrame(X), y = y)
3  prediction = linear_regression.predict(X = pd.DataFrame(X))
4  print('a value = ', linear_regression.intercept_)
5  print('b balue =', linear_regression.coef_)
```

```
a value =  36.4911032804
b balue = [ -1.07170557e-01   4.63952195e-02   2.08602395e-02   2.68856140e+00
  -1.77957587e+01   3.80475246e+00   7.51061703e-04  -1.47575880e+00
   3.05655038e-01  -1.23293463e-02  -9.53463555e-01   9.39251272e-03
  -5.25466633e-01]
```

그림 33 회귀계수 출력

(5) 적합도 검증

```
1  residuals = y-prediction
2  residuals.describe()
```

```
count    5.060000e+02
mean     7.698716e-15
std      4.684137e+00
min     -1.557946e+01
25%     -2.725635e+00
50%     -5.164656e-01
75%      1.783116e+00
max      2.618865e+01
Name: Price, dtype: float64
```

그림 34 적합도 검증 – 잔차

다음은 적합도 검증 방법 중 결정계수를 구하도록 하겠습니다. 다음은 적합도 검증 방법 중 결정계수를 구하도록 하겠습니다. 단일 회귀 분석의 79%보다는 조금 떨어지는 74% 정도 되는 것을 볼 수 있습니다. 그림 35는 적합도 검증 중 결정계수에 대한 내용입니다.

```
1  SSE = (residuals**2).sum()
2  SST = ((y-y.mean())**2).sum()
3  R_squared = 1 - (SSE/SST)
4  print('R_squared = ', R_squared)
```

```
R_squared =  0.7406077428649429
```

그림 35 적합도 검증 – 결정계수

(6) 성능 평가

다음은 생성된 회귀분석모델에 대한 성능평가를 진행합니다. 이제 결과를 확인해 보도록 하겠습니다. 이전 단일 회귀 분석에서의 RMSE는 6.6이었습니다. 방금 구한 다중회귀분석식의 RMSE는 4.68로 적합도가 많이 높아진 것을 알 수 있습니다. 그림 36은 성능 평가에 대한 내용입니다.

```
1 print('score = ', linear_regression.score(X = pd.DataFrame(X), y = y))
2 print('Mean_Squared_Error = ', mean_squared_error(prediction, y))
3 print('RMSE = ', mean_squared_error(prediction, y)**0.5)
```
```
score =  0.740607742865
Mean_Squared_Error =  21.8977792177
RMSE =  4.67950630064
```

그림 36 성능 평가

트리를 이용한 데이터 분석

CHAPTER 4

트리를 이용한 데이터 분석

4.1 의사결정 트리를 이용한 데이터 분석

4.1.1 의사결정 트리(Decision Tree)란?

- 의사결정 트리 또는 의사결정 나무(Decision Tree)는 기계학습(Machine Learning)에서 지도학습(Supervised Learning)의 알고리즘으로 분류(Classification) 또는 회귀(Regression)분석 목적으로 사용

- 의사결정 규칙(Decision Rule)을 나무구조 표현을 통해 분류와 예측을 수행하는 분석 방법

- 분류 또는 예측 과정이 나무구조로 표현되어 비교적 쉽게 이해

- 목표변수 유형에 따른 의사결정 트리
  - 범주형 목표변수 : 분류 트리(Classification Tree)
    → 목표변수가 이산형인 경우, 각각의 범주에 속하는 빈도에 기초해 분리 발생 – 분류 트리 구성
  - 연속형 목표변수 : 회귀 트리(Regression Tree)
    → 목표변수가 연속형인 경우, 평균과 표준편차에 기초해 분리 발생 – 회귀 트리 구성

의사결정 트리는 기계학습에서, 지도학습 유형의 알고리즘으로 분류 또는 회귀분석 목적으로 사용됩니다. 의사결정 트리를 이용하면 분류와 예측을 해볼 수 있습니다. 목표변수가 범주형일 때, 의사결정 트리는 분류 트리가 됩니다. 각각의 범주에 속하는 빈도에 기초해 분리를 진행하여 분류 트리가 구성됩니다. 반면에 목표변수가 연속형일 때, 의사결정 트리는 회귀 트리가 됩니다. 이 때 이 회귀 트리는 평균과 표준편차에 기초하여 만들게 되죠.

4.1.2 의사결정 트리 구성요소

이런 의사결정 트리는 여러 개의 노드와 그 노드들을 잇는 가지들로 구성됩니다. 그림 1은 의사결정 트리 구성요소의 예를 나타냅니다.

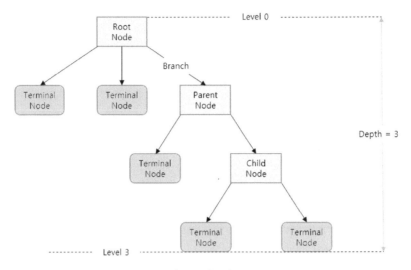

그림 1 트리구성 요소

- 루트 노드 (Root Node): 트리구조가 시작되는 노드, 전체 자료로 구성
- 부모 노드 (Parent Node): 자식 노드의 상위 노드
- 자식 노드 (Child Node): 하나의 노드로부터 분리되어 나간 2개 이상의 노드들을 의미
- 끝 노드 (Terminal Node) 또는 잎노드(Leaf Node): 트리 줄기의 끝에 위치하고 있고 자식 노드가 없는 노드
- 가지 (Branch): 뿌리 노드로부터 끝 노드까지 연결된 노드들
- 깊이 (Depth): 뿌리 노드로부터 끝 노드를 이루는 층의 수

4.1.3 Decision Tree 분석과정

- 성장 (Growing): 분석의 목적에 따라 각 노드에서 적절한 최적의 분리기준(Split Criterion)을 찾아 트리를 성장시키는 과정, 적절한 정지규칙(Stopping Rule)을 통한 의사결정 트리 도출
- 가지치기 (Pruning): 오분류를 크게 할 위험(Risk)이 높거나 부적절한 추론규칙(Induction Rule)을 가지는 불필요한 가지(Branch)를 제거
- 타당성 평가: 이익 도표(Gain Chart), 위험 도표(Risk Chart) 또는 검증용 자료(Test Data)로 의사결정 트리 평가
- 해석 및 예측: 의사결정 트리를 해석하고 예측모형 결정

4.1.4 예제를 이용한 의사결정 트리 동작 과정

이번에는 예제 데이터를 이용해 의사결정 트리가 작동하는 과정에 대해 알아보겠습니다. 우리가 사용할 예제 데이터는 Tennis 데이터입니다. 표 1은 Tennis 예제 데이터입니다.

표 1 Tennis 예제 데이터

Day	Outlook	Temperature	Humidity	Play Tennis
D1	Sunny	Hot	High	No
D2	Overcast	Hot	High	No
D3	Overcast	Mild	Normal	Yes
D4	Rain	Mild	Normal	Yes
D5	Sunny	Mild	High	No
D6	Rain	Hot	High	No
D7	Overcast	Hot	Normal	No

예제 데이터의 속성으로는 Outlook, Temperature, Humidity가 있습니다. Outlook은 흐림, 맑음, 비와 같은 값을 갖습니다. Temperature의 값으로는 Hot, Mild가 있고 Humidity의 값으로는 High, Normal이 있습니다. 예제 데이터의 클래스인 범주를 나타내는 PlayTennis는 No 또는 Yes가 될 수 있습니다. No는 테니스를 치지 못한다는 의미이고, Yes는 테니스를 칠 수 있다는 것을 의미합니다. 즉, Outlook, Temperature, Humidity의 값에 따라 테니스를 할 수 있는지 또는 하지 못하는 날씨인지를 분류하는 것이 목적입니다.

이 의사결정 트리 모델의 뿌리 노드는 Outlook으로 시작됩니다. Outlook에 있는 개체에 의해 왼쪽엔 Sunny, 오른쪽엔 Overcast와 Rain을 배치했습니다. Outlook의 값이 Sunny인 경우 PlayTennis의 값은 'No'만 존재합니다. 따라서 노드 값이 'No'인 말단 노드가 생성되는 거죠. Outlook이 Overcast 또는 Rain인 경우 PlayTennis의 값은 어떻게 될까요?

'No'와 'Yes' 두개 값을 가질 수 있죠? 따라서 다음 하위 노드로 분리가 진행될 수 있는 부모 노드가 만들어집니다. 이렇게 만들어진 부모 노드에서는 Temperature 속성의 값을 테스트해보게 됩니다. Temperature가 가질 수 있는 두 개의 값에 따라 왼쪽엔 Hot, 오른쪽엔 Mild로 분리합니다. Hot과 Mild로 각각 분리된 왼쪽과 오른쪽 노드 위치에, 속성 Humidity인 부모 노드를 만듭니다. 속성 Humidity의 왼쪽 아래는 High, 오른쪽은 Normal로 분리합니다. 그림 2는 예제 데이터에 대한 의사결정 트리 모델입니다.

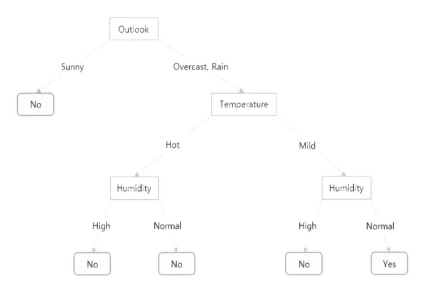

그림 2 예제 데이터에 대한 의사결정 트리 모델

이렇게 훈련 데이터를 통해 만들어진 의사결정 트리 모델에 테스트 데이터의 속성 값을 입력해보겠습니다. 테스트 데이터의 구성은 다음과 같습니다. 속성 Outlook의 개체는 Rain, 속성 Temperature의 개체는 Mild, 속성 Humidity의 개체는 High일 때 PlayTennis 의 값은 무엇이 나오는지 알아보겠습니다. 그림 3은 의사결정 트리 모델에 대한 테스트 에 대한 내용입니다.

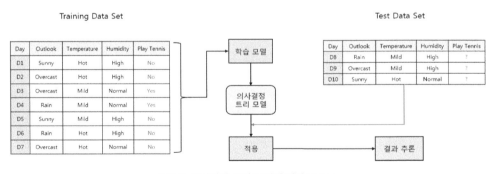

그림 3 의사결정 트리 모델에 대한 테스트

표 2는 Test Data에 대한 내용입니다. Test Data에서 Outlook 속성의 값은 Rain입니다. 이에 따라 Rain이 있는 오른쪽으로 내려갑니다. 그림 4는 Test Data에 있는 Outlook 속 성에 의해 동작되는 의사결정 트리 모델 과정에 대한 내용입니다.

표 2 Test data

Outlook	Temperature	Humidity	Play Tennis
Rain	Mild	High	?

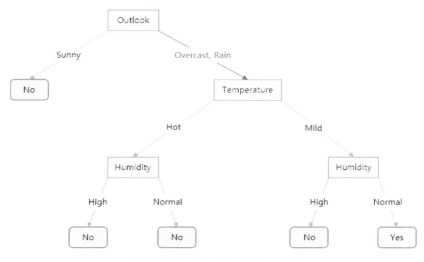

그림 4 의사결정 트리 모델 동작과정 (1)

다음으로 속성 Temperature 노드에서는 Mild가 있는 오른쪽으로 분리됩니다. 그림 5는 Test Data에 있는 Temperature 속성에 의해 동작되는 의사결정 트리 모델 과정에 대한 내용입니다.

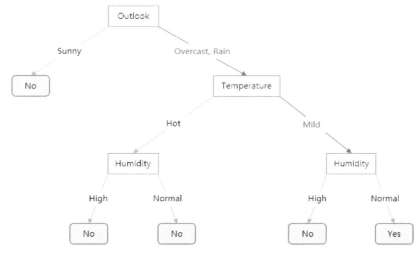

그림 5 의사결정 트리 모델 동작과정 (2)

속성 Humidity 노드에서는 High가 있는 왼쪽으로 분리됩니다. 그림 6은 Test Data에 있는 Humidity 속성에 의해 동작되는 의사결정 트리 모델 과정에 대한 내용입니다.

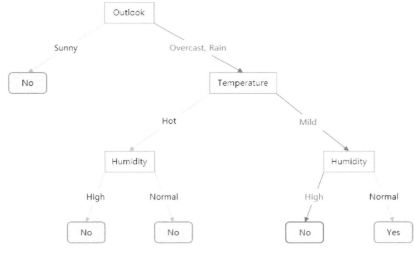

그림 6 의사결정 트리 모델 동작과정 (3)

이렇게 우리가 만든 의사결정 트리 모델에 테스트 데이터의 모든 속성을 입력해 분류한 결과, PlayTennis 클래스의 값은 'No' 라는 것을 알게 되었습니다.

4.1.5 의사결정 트리 분리기준 (Split Criterion)

• 부모 노드로부터 자식 노드들이 형성될 때, 생성된 자식 노드에 속하는 자료의 순수도 (Purity)가 가장 크게 증가하도록 트리를 형성하며 진행

• 입력 변수를 이용해 목표 변수의 분포를 얼마나 잘 구별하는 정도를 파악해 자식 노드 가 형성되는데, 목표 변수의 구별 정도를 불순도(Impurity, 다양한 범주들의 개체들이 포함되어 있는 정도)에 의해 측정

분리 기준은 부모 노드로부터 자식 노드들이 형성될 때, 생성된 자식 노드에 속하는 자료의 순수도가 가장 크게 증가하도록 트리를 형성하면서 진행합니다. 또, 입력 변수를 이용하여 목표 변수의 분포를 얼마나 잘 구별하는가하는 정도를 파악하여 자식 노드를 형성 합니다. 목표 변수의 구별 정도는 불순도에 의해 측정합니다.

불순도는 다양한 범주들의 개체들이 포함되어 있는 정도를 뜻합니다. 의사결정 트리의 분리 기준은 지니 지수, 엔트로피 지수, 정보 이득 등 여러 가지 분리 기준이 있습니다.

■ 지니 지수 (Gini Index)

• 데이터 집합의 불순도를 측정

• 지니 지수는 0~1 사이의 값을 가지며, 어떤 데이터 집합에 속한 개체(레코드)들이 같은 범주(클래스)로 구성되어 있으면 지니 지수는 최솟값이 0을 갖고 해당 데이터 집합은 순수하다고 볼 수 있음

• 즉, 지니 지수가 작을수록 잘 분류된 것으로 볼 수 있음

■ 엔트로피 지수 (Entropy Index)

• 엔트로피는 주어진 데이터 집합의 혼잡도를 의미

• 주어진 데이터 집합에 서로 다른 범주(클래스)의 개체(레코드)들이 많이 섞여 있으면 엔트로피가 높고, 같은 범주의 개체들이 많이 있으면 엔트로피가 낮음

• 엔트로피 지수는 0~1 사이의 값을 가지며, 가장 혼잡도가 높은 상태(서로 다른 범주의 개체들이 섞여있는 상태)는 1, 혼잡도가 가장 낮은 상태(하나의 범주의 개체로 구성된 상태)는 0

■ 정보 이득 (Information Gain)

• 상위 노드의 엔트로피 지수에서 하위 노드의 가중 평균한 엔트로피 지수를 뺀 것을 의미

• 즉, 원래 상위 노드의 엔트로피를 구하고 어떤 속성을 선택한 후의 x개의 하위 노드로 분리된 것에 대한 가중 평균한 엔트로피를 구한 값의 차를 의미(계산되어 값이 클수록 정보 이득이 큰 것을 의미, 선택한 어떤 속성이 분류하기 좋다고 볼 수 있음)

지니 지수는 데이터 집합의 불순도를 측정하는 방법 중 하나입니다. 지니 지수 값의 범위는 0~1 사이인데요, 어떤 데이터 집합에 속한 개체들이 같은 범주로 구성되어 있으면 지니 지수는 최솟값 0을 가지며, 해당 데이터 집합은 순수하다고 볼 수 있습니다. 지니 지수가 작을수록 분류가 잘 된 것으로 볼 수 있습니다.

엔트로피 지수는 주어진 데이터 집합에 대한 혼잡도를 의미합니다. 주어진 데이터 집합에 서로 다른 범주의 개체들이 많이 혼합된 경우 엔트로피 지수가 높고, 같은 범주의 개체들이 많이 있으면 엔트로피 지수가 낮습니다. 엔트로피 지수는 0~1 사이의 값을 가집니다. 서로 다른 범주의 개체들이 혼합되어 있는 상태인 혼잡도가 높은 상태는 엔트로피 지수가 1입니다. 하나의 범주의 개체로 구성된 상태인 혼잡도가 가장 낮은 상태는 엔트로피 지수가 0일 때입니다.

정보 이득은 상위 노드의 엔트로피 지수에서 하위 노드의 가중 평균한 엔트로피 지수를 뺀 것을 의미합니다. 이렇게 의사결정 트리의 분리 기준은 지니 지수, 엔트로피 지수, 정보 이득 등 여러 가지 분리 기준이 있습니다. 여러 분리 기준 중 지니 지수를 이용해 의사결정 트리를 구성하는 방법에 대해서만 살펴보겠습니다. 지니 지수 계산식은 다음과 같습니다.

$$G = 1 - \sum_{j=1}^{c} P(j)^2 = 1 - \sum_{j=1}^{c} \left(\frac{n_j}{n} \right)^2$$

지니 지수 식 $G = 1 - \sum_{j=1}^{c} P(j)^2$에서 c는 범주의 수를 의미하고, P(j)는 j번째 범주에 분류될 확률을 의미합니다.

같은 결과를 갖는 지니 지수 계산 식 $1 - \sum_{j=1}^{c} \left(\frac{n_j}{n} \right)^2$에서 n은 노드에 속하는 개체 수, n_j는 노드에 속하는 수 중 j번째 범주에 속하는 개체의 수를 의미합니다.

4.1.6 예제를 이용한 의사결정 트리 실습

(1) 지니 지수 계산

속성 Outlook, Humidity, Wind와 범주 PlayTennis를 갖는 예제 데이터에서 속성별로 지니 지수를 계산해 보겠습니다. 표 3은 지니 지수 계산에 사용되는 예제 데이터입니다.

표 3 예제 데이터

Outlook	Humidity	Wind	Class (Play Tennis)
Sunny	High	Weak	N
Sunny	High	Strong	N
Overcast	High	Weak	Y
Rain	High	Weak	Y
Rain	Normal	Strong	Y
Rain	Normal	Strong	N
Overcast	Normal	Weak	Y
Sunny	High	Weak	N
Sunny	Normal	Weak	Y
Rain	High	Weak	N
Sunny	Normal	Strong	Y
Overcast	High	Weak	Y
Overcast	Normal	Weak	N
Rain	High	Strong	N

먼저, 속성 Outlook으로 분리하는 경우입니다. 속성 Outlook의 개체 Sunny는 Left, Overcast와 Rain은 Right로 정의합니다. 그리고 범주 PlayTennis에서 첫 번째 범주를 N, 두 번째 범주를 Y로 정의하겠습니다. 속성 Outlook의 총 개체 수는 14입니다.

Outlook 속성으로 분리하는 경우

• Left = {Sunny}, Right = {Overcast, Rain}일 때

	Class = N	Class = Y	
Left	3	2	5
Right	4	5	9
	7	7	14

이 중 Left 노드 즉, Sunny에 속하는 개체 수는 5개입니다. Left 노드에 속하는 수 중 첫 번째 범주 N에 속하는 개체 수는 3개, 그리고 두 번째 범주 Y에 속하는 개체 수는 2개입니다.

Right 노드 즉, Overcast와 Rain에 속하는 개체 수는 9개입니다. Right 노드에 속하는 수 중 첫 번째 범주 N에 속하는 개체 수는 4개, 그리고 두 번째 범주 Y에 속하는 개체 수는 5개입니다.

이제, Left와 Right 각 노드에 대한 지니 지수를 계산해 보겠습니다. 먼저, Left 노드에 대한 지니 지수 계산입니다. Left 노드의 지니 지수 계산식은 다음과 같습니다.

$$1 - \left\{ \left(\frac{3}{5} \right)^2 + \left(\frac{2}{5} \right)^2 \right\}$$

계산식에 있는 분수 $\frac{3}{5}$ 에서 분모 5는 Left 노드에 속하는 개체 수 5개를 의미하고, 분자 3은 Left 노드에 속하는 수 중 첫 번째 범주인 N에 속하는 개체 수 3개를 의미합니다. 분수 $\frac{2}{5}$ 에서 분모 5는 Left 노드에 속하는 개체 수 5개를 의미하고, 분자 2는 Left 노드에 속하는 수 중 두 번째 범주인 Y에 속하는 개체 수 2개를 의미합니다. 중괄호 안에 있는 분수의 제곱 계산을 먼저 하겠습니다.

Left 노드에 속하는 수 중 첫 번째 범주인 N에 속하는 개체 수 / Left 노드에 속하는 개체 수인 $\frac{3}{5}$ 을 제곱한 것과, Left 노드에 속하는 수 중 두 번째 범주인 Y에 속하는 개체 수 / Left 노드에 속하는 개체 수인 $\frac{2}{5}$ 를 제곱한 것을 더합니다. $\frac{3}{5}$ 과 $\frac{2}{5}$ 는 각각 0.6과 0.4로 나타낼 수 있습니다. 0.6을 제곱한 값인 0.36과 0.4를 제곱한 값인 0.16을 더한 값은 0.52가 됩니다.

1에서 중괄호 안에서 계산되어 나온 값인 0.52를 빼주면 Left 노드에 대한 지니 지수가 계산이 됩니다. 계산되어 나온 Left 노드의 지니 지수는 0.48입니다.

다음은 Right 노드에 대한 지니 지수 계산입니다. Right 노드의 지니 지수 계산식은 다음과 같습니다.

$$1 - \left\{ \left(\frac{4}{9} \right)^2 + \left(\frac{5}{9} \right)^2 \right\}$$

계산식에 있는 분수 $\frac{4}{9}$ 에서 분모 9는 Right 노드에 속하는 개체 수 9를 의미하고, 분자 4는 Right 노드에 속하는 수 중 첫 번째 범주인 N에 속하는 개체 수 4를 의미합니다. 분수

$\frac{5}{9}$ 에서 분모 9는 Right 노드에 속하는 개체 수 9를 의미하고, 분자 5는 Right 노드에 속하는 수 중 두 번째 범주인 Y에 속하는 개체 수 5를 의미합니다.

Left 노드의 지니 지수 계산 순서와 같이 중괄호 안에 있는 분수의 제곱 계산을 먼저 하겠습니다.

Left 노드에 속하는 수 중 첫 번째 범주인 N에 속하는 개체 수 / Left 노드에 속하는 개체 수인 $\frac{4}{9}$ 를 제곱한 것과 Left 노드에 속하는 수 중 두 번째 범주인 Y에 속하는 개체 수 / Left 노드에 속하는 개체 수인 $\frac{5}{9}$ 를 제곱한 것을 더합니다.

$\frac{4}{9}$ 와 $\frac{5}{9}$ 는 각각 0.44와 0.56으로 나타낼 수 있습니다. 0.44를 제곱한 값인 0.1936과 0.56을 제곱한 값인 0.3136을 더한 값은 0.5072가 됩니다. 중괄호 안에서 계산되어 나온 값인 0.5072를 1에서 빼주면 Right 노드에 대한 지니 지수가 계산됩니다. 계산되어 나온 Right 노드의 지니 지수는 0.4928입니다.

지니 지수는 작을수록 노드 구성이 잘된 것을 의미합니다. Left 노드의 지니 지수는 0.48, Right 노드의 지니 지수는 0.4928로 Right 노드보다 지니 지수가 더 작은 Left 노드가 더 구성이 잘된 것을 알 수 있습니다. 지금까지 속성 Outlook과 범주 Play Tennis를 이용해 지니 지수 계산에 대해 알아보았습니다.

속성 Humidity와 Wind, 그리고 범주 Play Tennis를 이용한 지니 지수 계산 방법은 앞서 진행된 속성 Outlook에 대한 지니 지수 계산 방법과 동일합니다. 이제부터 예제를 이용한 의사결정 트리 파이썬 코드에 대해 알아보겠습니다.

(2) 예제를 이용한 의사결정 트리 파이썬 코드 실습

■ 패키지 로드

패키지를 불러들이는 부분에 있는 sklearn은 scikit-learn의 약자로 파이썬 프로그래밍 언어용 기계학습 관련 패키지입니다. sklearn.metrics는 scikit-learn 패키지 중 모델평가에 사용되는 모듈입니다. sklearn.metrics 패키지의 모듈 중 classification_report는 주요 분류 측정 항목을 보여주는 보고서 모듈입니다.

confusion_matrix는 분류의 정확성을 평가하기 위한 오차행렬 계산 모듈입니다. sklearn.model_selection은 scikit-learn 패키지 중 클래스를 나눌 때, 그리고 함수를 통해 train/test셋을 나눌 때, 아울러 모델 검증에 사용되는 서브 패키지입니다. sklearn.model_selection 패키지의 모듈 중 train_test_split은 배열 또는 행렬을 임의의 훈련(train) 및 테스트(test) 셋으로 분할하는 모듈입니다. sklearn.tree는 scikit-learn 패키지 중 분류 및 회귀를 위한 의사결정 트리 기반 모델이 있는 서브 패키지입니다.

sklearn.tree 패키지의 모듈 중 DecisionTreeClassifier는 의사결정 트리 분류 모듈입니다. IPython.display는 Ipython 내에 정보를 보여주는 도구용도의 공용 API입니다. IPython.display API의 모듈 중 Image는 원시(raw)데이터가 있는 png나 jpeg등의 이미지 객체를 만드는 모듈입니다.

Pandas는 데이터를 구조화된 형식으로 가공 및 분석할 수 있도록 자료구조를 제공하는 패키지입니다. 여기서 as pd는 pandas를 약칭 pd로 사용한다는 의미입니다. Numpy는 Numerical Python으로 고성능 계산이나 데이터 분석에 유용한 패키지입니다. as np는 numpy를 약칭 np로 사용한다는 의미입니다.

pydotplus는 그래프를 생성하는 graphviz의 dot 언어를 파이썬 인터페이스 제공하는 모듈입니다. os는 운영체제(Operating System)와 상호작용하기 위한 기본적인 기능(경로 생성, 변경 등)이 제공되는 모듈입니다. 그림 7은 Decision Tree 실습에 사용되는 패키지들을 로드하는 내용입니다.

```
1  from sklearn.metrics import classification_report, confusion_matrix
2  from sklearn.model_selection import train_test_split
3  from sklearn.tree import DecisionTreeClassifier
4  from sklearn import tree
5
6  from IPython.display import Image
7
8  import pandas as pd
9  import numpy as np
10 import pydotplus
11 import os
```

그림 7 패키지 로드

■ 데이터 로드

1번째 줄의 코드는 예제 데이터인 playtennis의 csv 파일을 pandas의 read_csv 함수를 이용해 로드하고, pandas의 자료구조 중 하나인 dataframe 형식으로 변수 tennis_data에 저장합니다. 2번째 줄의 코드는 변수 tennis_data를 확인하는 코드입니다. 그림 8은 예제 데이터를 dataframe 형식으로 로드하는 내용입니다. 그림 9는 dataframe 형식으로 예제 데이터를 보여줍니다.

```
1 tennis_data = pd.read_csv('playtennis.csv')
2 tennis_data
```

그림 8 dataframe 형식으로 예제 데이터 로드

	Outlook	Temperature	Humidity	Wind	PlayTennis
0	Sunny	Hot	High	Weak	No
1	Sunny	Hot	High	Strong	No
2	Overcast	Hot	High	Weak	Yes
3	Rain	Mild	High	Weak	Yes
4	Rain	Cool	Normal	Weak	Yes
5	Rain	Cool	Normal	Strong	No
6	Overcast	Cool	Normal	Strong	Yes
7	Sunny	Mild	High	Weak	No
8	Sunny	Cool	Normal	Weak	Yes
9	Rain	Mild	Normal	Weak	Yes
10	Sunny	Mild	Normal	Strong	Yes
11	Overcast	Mild	High	Strong	Yes
12	Overcast	Hot	Normal	Weak	Yes
13	Rain	Mild	High	Strong	No

그림 9 dataframe 결과

■ 데이터 전처리

1번부터 16번째 줄까지의 코드는 변수 tennis_data의 각 컬럼(Outlook, Temperature, Humidity, Wind, PlayTennis)의 값(Sunny, Overcast, … 등)을 문자열(String) 타입에서 숫자(int) 타입으로 대치(replace)해 변수 tennis_data에 저장합니다. 18번째 줄은 전처리 과정(문자열 타입에서 숫자 타입으로 대치)이 된 변수 tennis_data를 확인하는 코드입니다. 그림 10은 예제 데이터를 전처리 하는 과정이고 그림 11은 전처리 된 예제 데이터를 보여줍니다.

```
1  tennis_data.Outlook = tennis_data.Outlook.replace('Sunny', 0)
2  tennis_data.Outlook = tennis_data.Outlook.replace('Overcast', 1)
3  tennis_data.Outlook = tennis_data.Outlook.replace('Rain', 2)
4
5  tennis_data.Temperature = tennis_data.Temperature.replace('Hot', 3)
6  tennis_data.Temperature = tennis_data.Temperature.replace('Mild', 4)
7  tennis_data.Temperature = tennis_data.Temperature.replace('Cool', 5)
8
9  tennis_data.Humidity = tennis_data.Humidity.replace('High', 6)
10 tennis_data.Humidity = tennis_data.Humidity.replace('Normal', 7)
11
12 tennis_data.Wind = tennis_data.Wind.replace('Weak', 8)
13 tennis_data.Wind = tennis_data.Wind.replace('Strong', 9)
14
15 tennis_data.PlayTennis = tennis_data.PlayTennis.replace('No', 10)
16 tennis_data.PlayTennis = tennis_data.PlayTennis.replace('Yes', 11)
17
18 tennis_data
```

그림 10 예제 데이터 전처리

	Outlook	Temperature	Humidity	Wind	Play Tennis
0	0	3	6	8	10
1	0	3	6	9	10
2	1	3	6	8	11
3	2	4	6	8	11
4	2	5	7	8	11
5	2	5	7	9	10
6	1	5	7	9	11
7	0	4	6	8	10
8	0	5	7	8	11
9	2	4	6	8	11
10	0	4	7	9	11
11	1	4	6	9	11
12	1	3	7	8	11
13	2	4	6	9	10

그림 11 전처리 된 예제 데이터

■ 속성과 클래스 분리

1번째 줄 코드는 변수 tennis_data의 컬럼(Outlook, Temperature, Humidity, Wind) 값들을 데이터프레임 형태로 추출하고 np.array 함수를 이용해 추출한 데이터를 배열형태로 변환한 후 변수 X에 저장합니다. 2번째 줄 코드는 변수 tennis_data의 컬럼(PlayTennis) 값을 데이터프레임 형태로 추출하고 np.array 함수를 이용해 추출한 데이터를 배열형태로 변환한 후 변수 y에 저장합니다. 그림 12는 속성 컬럼인 Outlook, Temperature, Humidity, Wind와 클래스 PlayTennis를 분리해 각각 다른 변수로 저장하는 내용입니다.

그림 13은 데이터의 속성과 클래스를 분리한 결과입니다. 왼쪽 결과가 속성, 오른쪽 결과가 클래스입니다.

```
1  X = np.array(pd.DataFrame(tennis_data, columns = ['Outlook', 'Temperature', 'Humidity', 'Wind']))
2  y = np.array(pd.DataFrame(tennis_data, columns = ['PlayTennis']))
```

그림 12 데이터의 속성과 클래스 분리

```
array([[0, 3, 6, 8],                    array([[10],
       [0, 3, 6, 9],                           [10],
       [1, 3, 6, 8],                           [11],
       [2, 4, 6, 8],                           [11],
       [2, 5, 7, 8],                           [11],
       [2, 5, 7, 9],                           [10],
       [1, 5, 7, 9],                           [11],
       [0, 4, 6, 8],                           [10],
       [0, 5, 7, 8],                           [11],
       [2, 4, 7, 8],                           [11],
       [0, 4, 7, 9],                           [11],
       [1, 4, 6, 9],                           [11],
       [1, 3, 7, 8],                           [11],
       [2, 4, 6, 9]], dtype=int64)             [10]], dtype=int64)
```

그림 13 속성과 클래스 분리한 결과

1번째 줄 코드는 로드(load)된 train_test_split 모듈을 이용해 변수 X에 입력 4개 컬럼의 데이터와 변수 y에 입력한 playtennis 컬럼의 데이터를, train(훈련)과 test(테스트)로 구분해, 임의의 개수로 각각 변수 X_train, X_test, y_train, y_test에 저장합니다. 그림 14는 데이터를 Train Set과 Test Set 분리한 내용입니다.

```
1  X_train, X_test, y_train, y_test = train_test_split(X, y)
```

그림 14 Train Set과 Test Set 분리

■ 데이터 학습

1번째 줄 코드는 로드된 의사결정 트리 분류 모듈을 변수 dt_clf에 저장합니다. 2번째 줄 코드는 의사결정 트리 분류 모듈이 저장된 변수 dt_clf의 함수 fit()에 변수 X_train, y_train을 입력해 의사결정 트리 분류 모델을 생성합니다. 그런 다음 생성한 모델을 다시 변수 dt_clf에 저장합니다. 그림 15는 의사결정 트리 모델 생성에 대한 내용입니다.

```
1  dt_clf = DecisionTreeClassifier()
2  dt_clf = dt_clf.fit(X_train, y_train)
```

그림 15 의사결정 트리 모델 생성

1번째 줄 코드는 변수 dt_clf의 함수 predict()에 변수 X_test를 입력합니다. 그리고 입력한 X_test에 대한 클래스 예측 값을 변수 dt_prediction에 저장합니다. 그림 16은 의사결정 트리 모델에 test 값을 넣어 예측 값을 저장하는 내용입니다.

```
dt_prediction = dt_clf.predict(X_test)
```

그림 16 test 값에 대한 예측 값 저장

■ 성능 평가

1번째 줄 코드는 오차행렬을 계산하는 모듈 confusion_matrix()에 변수 y_test와 dt_prediction을 입력합니다. 입력한 두 변수(y_test, dt_prediction)의 오차행렬을 print 문으로 출력합니다. 그림 17은 예측 값에 대한 confusion_matrix 결과입니다.

```
print(confusion_matrix(y_test, dt_prediction))
[[1 1]
 [0 2]]
```

그림 17 confusion matrix 결과

1번째 줄 코드는 분류 측정 항목을 보여주는 모듈인 classification_report()에 변수 y_test와 dt_prediction을 입력합니다. 입력한 두 변수(y_test, dt_prediction)에 대한 분류 측정 항목을 print 문으로 출력합니다. 그림 18은 Precision, Recall, f-measure 값을 나타내는 classification_report에 대한 내용입니다.

```
print(classification_report(y_test, dt_prediction))
             precision    recall  f1-score   support

        10       1.00      0.50      0.67         2
        11       0.67      1.00      0.80         2

avg / total       0.83      0.75      0.73         4
```

그림 18 classification_report 결과

■ 의사결정 트리 그래프 표현

이제 Ipython 내에서 그래프를 표현하는 소프트웨어인 graphviz 설치과정에 대해 알아보겠습니다. Window 환경의 최신버전인 graphviz-2.38을 설치하는데요.

다운로드 파일이 있는 사이트 http://www.graphviz.org/Download_window.php에 가

면 다운로드가 가능한 2개의 파일이 있습니다. 2개의 파일은 확장자명이 msi와 zip입니다. 2개의 파일 중 확장자가 msi인 graphviz-2.38.msi 파일을 다운로드 합니다. 그림 19는 graphviz-2.38.msi 파일 다운로드에 대한 내용입니다.

graphviz
Windows

current stable release
graphviz-2.38.msi
graphviz-2.38.zip

그림 19 graphviz-2.38.msi 파일 다운로드

그런 다음 다운로드 한 graphviz-2.38.msi 파일을 실행합니다. 실행과정에서 옵션변경 없이 next 버튼을 선택해 설치를 진행하시면 됩니다. 설치가 완료된 graphviz-2.38 소프트웨어의 기본 경로는 C:/Program Files (x86)가 됩니다.

1번째 줄 코드는 ipython 내에서 그래프를 생성할 수 있는 인터페이스 경로를 추가 설정하는 부분입니다. Graphviz2.38 소프트웨어의 bin 폴더가 있는 경로인 C:₩Program Files (x86)/Graphviz2.38/bin/를 os 모듈 중 경로 구분 기호를 반환하는 함수인 os.pathsep을 이용해, 환경변수들을 나타내는 사전함수인 s.environ['PATH']에 동적으로 할당해 저장합니다. 그림 20은 graphviz 동적 할당에 대한 내용입니다.

```
1  os.environ["PATH"] += os.pathsep + 'C:/Program Files (x86)/Graphviz2.38/bin/'
```

그림 20 graphviz 동적 할당

1번째 줄 코드는 트리표현 함수에 입력되는 파라미터 중 하나인 feature_names에 값을 입력하기 위해, 변수 tennis_data의 각 컬럼명을 list형태로 변환한 후 변수 feature_names에 저장합니다. 2번째 줄 코드는 저장된 변수 feature_names를 슬라이싱([0:4])해 Outlook, Temperature, Humidity, Wind의 컬럼명을 추출한 다음 다시 변수 feature_names에 저장합니다. 그림 21은 컬럼명 추출에 대한 내용입니다.

```
1  feature_names = tennis_data.columns.tolist()
2  feature_names = feature_names[0:4]
```

그림 21 컬럼명 추출

1번째 줄 코드는 트리표현 함수에 입력되는 파라미터 중 하나인 class_names에 값을 입력하기 위해, Target_class 값인 'Play No'와 'Play Yes'를 배열형태로 변수 target_name에 저장합니다. 그림 22는 target class 값 저장에 대한 내용입니다.

```
1  target_name = np.array(['Play No', 'Play Yes'])
```

그림 22 target class 값 저장

1번째 줄 코드는 Tree 패키지 중 의사결정 트리를 dot 형식으로 내보내는 함수인 export_graphviz()를 이용해 트리 표현을 변수 dt_dot_data에 저장합니다. dt_clf는 의사결정 트리 분류기, out_file은 의사결정 트리를 파일 또는 문자열로 반환(기본 : tree.dot, None일 경우 문자열로 반환)입니다.

feature_names는 각 features의 이름, class_names는 각 대상 class의 이름을 오름차순으로 정렬, filled는 True일 경우 분류를 위한 다수 클래스, 회귀 값의 극한 또는 다중 출력의 노드 순도를 나타내기 위해 노드를 색칠합니다.

rounded는 True일 경우 둥근 모서리가 있는 노드 상자를 그리고 Times-Roman 대신 Helvetica 글꼴을 사용합니다. 마지막으로 special_characters는 True일 경우 특수 문자 표시를 합니다. 그림 23은 의사결정 트리 표현을 저장하는 내용입니다.

```
1  dt_dot_data = tree.export_graphviz(dt_clf, out_file = None,
2                                     feature_names = feature_names,
3                                     class_names = target_name,
4                                     filled = True, rounded = True,
5                                     special_characters = True)
```

그림 23 의사결정 트리 표현 저장

1번째 줄 코드는 Pydotplus 모듈 중 dot 형식의 데이터로 정의된 그래프를 로드(load)하는 함수인 graph_from_dot_data()에 변수 dt_dot_data를 입력한 후 다시 변수 dt_graph에 저장합니다. 그림 24는 그래프를 로드하는 내용입니다.

```
1  dt_graph = pydotplus.graph_from_dot_data(dt_dot_data)
```

그림 24 그래프 로드

다음의 1번째 줄 코드는 변수 dt_graph에 대한 정보를 png 파일로 생성하는 함수 create_png()를 사용한 후, 이미지 객체를 만드는 Image 모듈을 통해 ipython 내에서 그래프를 표현합니다. 그림 25는 로드한 그래프를 png 파일로 표현에 대한 내용이고 그림 26은 그래프 결과입니다.

```
| Image(dt_graph.create_png())
```

그림 25 그래프를 png 파일로 표현

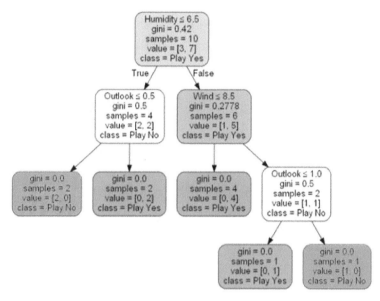

그림 26 그래프 결과

지금까지 의사결정 트리의 개념과 예제 데이터를 이용한 의사결정 트리 구현 방법에 대해 학습했습니다.

4.2 랜덤 포레스트(Random Forest)를 이용한 데이터 분석

4.2.1 랜덤 포레스트 소개

- Random forest는 2001년에 Leo Breiman에 의해 처음으로 소개

- Decision Tree의 단점을 개선하기 위한 알고리즘 중 하나

- Decision Tree의 확장

- Random Forest는 훌륭한 데이터 분석 알고리즘 중 하나
  - 데이터 분류(Classification)
  - 데이터 군집(Clustering)

　-Feature의 중요성 확인

　-데이터 예측

Random Forest는 의사결정트리의 확장된 알고리즘이라고 생각하시면 편합니다. Random Forest는 말 그대로 여러 개의 나무가 모여 하나의 숲을 형성한다는 의미인데요. 이러한 Random Forest는 데이터 분류, 데이터 예측, 데이터에서 특징의 중요성 확인 및 비지도 학습 등 분야에서 많이 사용됩니다.

4.2.2 랜덤 포레스트 이론

본 장에서는 Random Forest 분류 및 예측 모듈에 대해 설명하고자 합니다. Random Forest 를 이용한 예측은 데이터의 분류와 같은 말입니다. Random Forest 예측 모듈을 생성하는 과정은 아래에 있는 그림과 같습니다. 그림 27은 Random Forest 예측 모듈 생성과정에 대한 내용입니다.

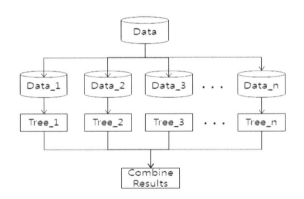

그림 27 Random Forest 예측 모듈 생성과정

(1) 랜덤 포레스트 예측 모듈

① Dataset에서 샘플 데이터를 선택 (Bagging, Bootstrap Aggregation)

② 샘플 데이터를 이용해 Decision Tree를 생성

③ ①, ②를 n번 반복

④ ③을 통해 생성한 n개의 Decision Tree를 이용해 예측

⑤ 예측 결과에서 가장 많이 등장하는 결과를 선택하여 최종 결과로 선택

과정 1은 우선 데이터 셋에서 x개의 데이터를 추출해 새로운 샘플 데이터 셋을 생성합니다. 그런 다음 과정 2에서 새로 생성된 샘플 데이터 셋을 이용해 새로운 의사결정트리를 생성합니다. 위와 같은 과정 1, 2를 n번 반복합니다. 여기서 n은 새로 생성한 샘플 데이터 셋의 개수 및 의사결정트리의 총 개수 입니다. 이렇게 생성된 나무를 하나로 묶으면 Random Forest의 데이터 예측 모듈이 생성됩니다. 테스트 데이터가 입력되면 각 의사결정트리에 입력해 결과를 구하고 가장 많이 나온 결과를 선택해 최종 결과로 합니다.

(2) 랜덤 포레스트 예측 예

① Test Data의 target은 A or B

② Test Data의 target을 예측

③ 4개의 Tree에서 예측 결과가 'A'

④ 최종 결과가 Test Data를 A로 예측

목표 값이 A 또는 B인 테스트 데이터를 입력하였을 때 결과를 예측하는 예(example)입니다. 그림에 있는 Random Forest 예측 모듈은 5개의 트리로 이루어졌습니다. 트리_1부터 트리_5는 각자 동일한 테스트 데이터를 입력 받고 결과를 예측합니다. 예제에서 세 번째 트리를 빼고 예측한 결과는 모두 A입니다. 4개의 트리에서 입력 데이터를 A라고 판단하고 하나만 B라고 판단 하였습니다. 예측 결과를 통합한 결과 A=4는 B=1보다 크므로 Random Forest 예측 모듈은 테스트 데이터를 A로 예측합니다. 그림 28은 Random Forest 예측의 예입니다.

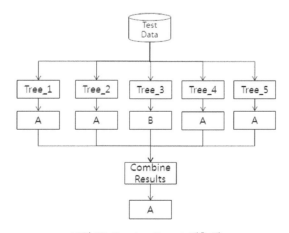

그림 28 Random Forest 예측 예

(3) 랜덤 포레스트 특징

• 여러 개의 Decision Tree를 결합함으로써 단일 Decision Tree의 결점을 극복

• Over-Fitting 문제가 적음

• 구현이 간단함

• 병렬계산이 간단함

위에서 설명한 간단한 예제에서 알 수 있는 바 Random Forest는 여러 개 의사결정트리들의 결합입니다. 이런 방법을 통해 단일 의사결정트리를 사용하는데서 나타나는 결점들을 극복합니다. 단일 의사결정트리는 과최적화 문제가 있지만 Random Forest는 무작위로 많은 의사결정트리를 생성하고 결과를 통합함으로써 과최적화 문제를 해결하였습니다. 그리고 Random Forest는 구현이 간단하고 병렬 계산으로 전환하기 간편한 장점이 있습니다. Random Forest에는 두 가지의 무작위 처리 방식이 있습니다.

(4) 랜덤 포레스트에서의 2가지 Random

• Data set에서 샘플 데이터를 random으로 선택

• 샘플 데이터에서 feature를 random으로 선택해 Decision Tree를 생성

첫 번째 방법은 샘플 데이터를 무작위로 선택하는 것이고 두 번째 방법은 샘플 데이터로부터 특징 값을 무작위로 선택해 의사결정트리를 생성하는 방법입니다. 이러한 두 가지 무작위 방식으로 인해 Random Forest는 의사결정트리의 단점을 극복하는 우수한 알고리즘이 되는 것입니다.

(5) 샘플 데이터 선택 예

• random으로 n개의 데이터 선택

• 선택한 n개의 데이터는 중복이 가능

• 선택한 t개의 샘플 데이터 사이 데이터 중복 가능

• 선택한 샘플 데이터로 Decision Tree 생성

데이터 셋에서 샘플 데이터를 선택하는 과정에 대해 알아보겠습니다. 그림에 있는 훈련 데이터 셋은 전체 데이터 셋에서 학습 데이터와 훈련 데이터를 분리한 후의 훈련 데이터만을 의미합니다. 샘플 데이터를 선택할 때 훈련 데이터 셋에서 무작위로 n개 데이터를 선택하는데 이 n개 데이터의 선택은 박스에서 꺼낸 데이터를 다시 박스 안에 넣는 방법으로 진행합니다.

그러므로 선택한 n개의 데이터는 중복 선택이 가능합니다. 그리고 선택한 t개의 샘플 데이터로 각자 의사결정트리를 생성합니다. 즉 총 t개의 의사결정트리가 생성되는 것입니다. 그림 29는 샘플 데이터 선택에 대한 내용입니다.

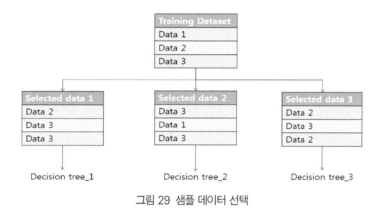

그림 29 샘플 데이터 선택

⑹ 선택한 샘플 데이터에서 random으로 f개의 feature를 선택

• 선택한 feature의 개수는 sqrt(전체 feature 수), log2(전체 feature 수)등 방법으로 계산

선택한 샘플 데이터로 의사결정트리를 생성하려면 특징 값을 선택하고 특징의 순서를 정해야 합니다. 특징의 선택 및 트리에서 특징의 순서 역시 무작위로 진행됩니다. 이렇게 하는 이유는 우수한 특징 값을 찾고 색다른 트리를 생성해 Random Forest의 다양성을 확보하기 위해서입니다. 선택하는 특징의 개수는 흔히 제곱근(sqrt), 로그(log2) 방정식 등 방법으로 계산됩니다.

이번에는 Random Forest의 성능평가 방법에 대해 알아보겠습니다. Random Forest의 성능평가 방법은 여러 가지가 있는데 여기서는 Bagging과 Out-of-Bag(OOB)에 대해 간단히 알아보도록 하겠습니다.

(7) 자기 성능 평가

■ Bagging

• 63%의 데이터를 이용해 각각의 트리를 생성

• 나머지 37%의 데이터를 이용해 각각의 트리의 성능을 평가

• 각각의 트리에 입력하는 데이터는 다름

■ Out-of-Bag (OOB)

• OOB 데이터를 이용해 tree의 성능을 교정

• OOB는 성능 통계에서 많이 사용됨

Bagging은 63%의 (샘플)데이터를 이용해 각각의 트리들을 생성하고 나머지 37%의 데이터를 이용해 성능을 평가하는 방법입니다. 여기서 각각의 트리들에 입력하는 데이터는 다를 수도 있습니다. Out-Of-Bag(OOB)은 성능 통계에서 많이 사용되는 방법입니다. OOB 데이터를 이용해 트리의 성능 교정을 진행합니다.

이제부터 python에서 Random Forest를 구현하는 방법에 대해 알아보겠습니다. 이번에 사용하는 데이터는 기계학습에서 예제로 많이 사용되는 Iris 데이터입니다. 우선 Iris 데이터에 대해 간단히 알아보겠습니다.

4.2.3 Iris 데이터를 이용해 간단한 랜덤 포레스트 구현

(1) Iris Data 소개

Iris 데이터는 붓꽃의 3가지 종류를 기록한 데이터입니다. Iris 데이터에는 붓꽃 줄기의 길이, 너비 그리고 붓꽃 잎의 길이와 너비 등 4개의 특징이 있습니다. 그리고 목표 데이터, 즉 붓꽃의 종류인 target은 0, 1, 2로 되어 있는데 이는 각각 setosa, versicolor, virginica를 나타냅니다. 전체 데이터의 크기는 150개(line)입니다. 표 4는 Iris 예제 데이터에 대한 내용입니다.

표 4 Iris 예제 데이터

	sepal length (cm)	sepal width (cm)	petal length (cm)	petal width (cm)	target
0	5.1	3.5	1.4	0.2	0
1	4.9	3.0	1.4	0.2	0
2	4.7	3.2	1.3	0.2	0
3	4.6	3.1	1.5	0.2	0
...	...	...	...	...	...
148	6.2	3.4	5.4	2.3	2
149	5.9	3.0	5.1	1.8	2

(2) 필요한 패키지 및 라이브러리 로드

먼저 이번 강의에서 사용되는 패키지들에 대해 알아보겠습니다. 첫 번째 line에서 Iris 데이터를 사용하기 위해 sklearn.DataSets 패키지에서 load_iris모듈을 import합니다. sklearn.datasets 서브 패키지는 scikit-learn 패키지 중 일반적인 참조 데이터 셋을 load 하는 모듈로 많은 샘플 데이터 셋을 무료로 간편하게 다운로드할 수 있게 도와줍니다.

두 번째 line에서 Random Forest 예측 모듈의 성능을 평가하기 위해 sklearn.metrics 패키지에서 accuracy_score 모듈을 import 합니다. sklearn.metrics는 성능 평가를 제공하는 패키지이고 accuracy_score는 예측 결과의 Accuracy를 계산하는 모듈입니다.

세 번째 line에서 numpy 패키지를 import하고 np라고 따로 명명하였습니다. numpy는 파이썬 언어를 위한 행렬, 벡터 등의 수학 계산을 위한 자료구조와 계산 함수를 제공하는 패키지입니다. 네 번째 line에서 Pandas 패키지를 import 하고 pd라고 따로 명명하였습니다. Pandas는 데이터 분석, 가공, 처리 등을 쉽게 하기 위한 자료구조와 처리 함수들을 제공하는 패키지입니다. 그림 30은 필요한 패키지 및 라이브러리 로드에 대한 내용입니다.

```
1 from sklearn.datasets import load_iris
2 from sklearn.metrics import accuracy_score
3 import numpy as np
4 import pandas as pd
```

그림 30 필요한 패키지 및 라이브러리 로드

(3) Training data와 Test data 설정

Iris 데이터를 로드하고 훈련 데이터와 테스트 데이터를 분리하는 과정입니다. 두 번째 Line에서 load_iris() 함수를 사용해 iris 데이터를 로드하고 iris라는 변수에 저장합니다. 변수 iris에는 feature와 target이 같이 있는데 예측 모듈을 학습시키려면 이를 구분해야 합니다. iris.data 함수를 사용하면 iris에서 feature 데이터만 호출하게 됩니다. 그리고 iris.target은 iris에서 target 데이터만 호출합니다. 이 두 함수를 사용하면 iris에서 feature 와 target을 쉽게 분리할 수 있습니다.

그리고 훈련 데이터와 테스트 데이터를 분리할 때 우리는 전체 데이터에서 80%를 훈련 에 사용하고 나머지 20% 데이터로 성능을 테스트 하려고 합니다. 즉 150개 iris 데이터에 서 120개 데이터를 훈련 set으로 하고 나머지 30개 데이터를 테스트 set으로 하는 것입니 다. 다섯 번째 Line에서 iris.data 함수를 호출해 iris feature 데이터에서 앞쪽 120개 특징 데이터를 x_train이라는 변수에 저장합니다. 여기서 iris.data 함수 뒤 중괄호 안에 ':' -30 은 결과 값에서 처음부터 마지막 30번째 값까지만 선택한다는 뜻입니다.

여기서 -30은 데이터를 뒤로부터 count할 때 30번째 위치를 의미합니다. 전체 iris 데이 터는 150개이고 여기서 마지막 30개를 제외하면 120개가 됩니다.

여섯 번째 Line에서 iris.target으로 iris target 데이터에서 위와 같이 처음부터 마지막 30 번째 데이터까지 선택해 변수 y_train에 저장합니다. X_train, y_train은 훈련 데이터입니 다. 여덟 번째 Line에서 iris feature 데이터 중 뒤로부터 30개 데이터를 x_test라는 변수 에 저장합니다. 아홉 번째 Line 에서 iris target 데이터에서 마지막 30개 데이터를 y_test 는 변수에 저장합니다. 그림 31은 Train과 Test Data 설정에 대한 내용입니다.

```
1 #loading the iris dataset
2 iris = load_iris()
3
4 #training data 설정
5 x_train = iris.data[:-30]
6 y_train = iris.target[:-30]
7 #test data 설정
8 x_test = iris.data[-30:] # test feature data
9 y_test = iris.target[-30:] # test target data
```

그림 31 Train, Test Data 설정

(4) Training data의 target 출력

훈련 데이터와 테스트 데이터의 분리를 완료한 다음 훈련 데이터의 목표 값과 테스트 데이터의 목표 값을 각각 출력해 보았습니다. 그림 32는 Train Data의 target을 출력하고, 그림 33은 Test Data의 target을 출력하는 내용입니다.

```
1 print  y_train

[0 0 0 0 0 0 0 0 0 0 0 0 0 0 0 0 0 0 0 0 0 0 0 0 0 0 0 0 0 0 0 0 0 0 0 0
 0 0 0 0 0 0 0 0 0 0 0 0 1 1 1 1 1 1 1 1 1 1 1 1 1 1 1 1 1 1 1 1 1 1 1 1
 1 1 1 1 1 1 1 1 1 1 1 1 1 1 1 1 1 1 1 1 1 1 1 1 1 1 2 2 2 2 2 2 2 2 2 2
 2 2 2 2 2 2 2 2]
```

그림 32 Train Data의 target

(5) Test Data의 target 출력

```
1 print (y_test)

[2 2 2 2 2 2 2 2 2 2 2 2 2 2 2 2 2 2 2 2 2 2 2 2 2 2 2 2 2 2 2 2 2 2 2]
```

그림 33 Test Data의 target

위에 출력한 훈련 데이터에는 "0, 1, 2" 세 가지 목표 값이 있습니다. 그런데 목표 값 2는 상대적으로 양이 적은 편입니다. 그리고 테스트 데이터의 목표 값을 보면 전부 2입니다. 이는 훈련 데이터와 테스트 데이터의 분리가 합리적이지 않다는 것을 의미합니다. 하지만 우리는 먼저 이 데이터로 간단한 예측 모듈을 생성해 보겠습니다.

(6) 랜덤 포레스트 분류기 생성

Random Forest 예측 모듈을 생성하기 위해 RandomForestClassifier 모듈을 import해야 합니다. RandomForestClassifier는 sklearn.ensemble 모듈에 속하는데 sklearn.ensemble 모듈에는 분류, 회귀 및 이상 탐지를 위한 앙상블 기반의 방법을 포함하고 있습니다. RandomForestClassifier는 Random Forest 분류기를 포함한 모듈이라고 위에서 설명하였습니다. 그림 34는 RandomForestClassifier 로드한 내용입니다.

```
1 #RandomForestClassifier 클래스를 import
2 from sklearn.ensemble import RandomForestClassifier
```

그림 34 RandomForestClassifier 로드

RandomForestClassifier 함수에 n_estimators=10을 주어 트리의 개수 10인 Random Forest 분류 모델을 생성하고 변수 rfc에 저장합니다. 생성한 Random Forest 분류/예측 모듈을 출력해보면 RandomForestClassifier에는 많은 parameter가 있고 default 값도 정해져 있습니다. 여기서 많이 사용되는 몇 개의 파라미터만 설명하고 상세한 내용은 아래 참조 url에서 확인할 수 있습니다. 파라미터 n_estimators는 의사결정트리의 개수를 나타내며 기본 값은 10입니다. 그림 35는 10개의 트리를 가진 Random Forest를 생성하는 내용입니다.

```
1  #RandomForestClassifier libary를 import
2  from sklearn.ensemble import RandomForestClassifier
3  #tree 의 개수 Random Forest 분류 모듈 생성
4  rfc = RandomForestClassifier(n_estimators=10)
5  rfc

RandomForestClassifier(bootstrap=True, class_weight=None, criterion='gini',
            max_depth=None, max_features='auto', max_leaf_nodes=None,
            min_impurity_split=1e-07, min_samples_leaf=1,
            min_samples_split=2, min_weight_fraction_leaf=0.0,
            n_estimators=10, n_jobs=1, oob_score=False, random_state=None,
            verbose=0, warm_start=False)
```

그림 35 10개 tree를 가진 random forest 생성

max_features는 random forest에서 단일 트리를 생성할 때 고려하는 최대 특징의 개수를 의미합니다. 기본 값은 auto로 되어 있습니다. oob_score는 Out-Of-Bag(OOB) 사용 여부를 의미하는데 기본 값은 False입니다.

(7) 랜덤 포레스트 분류 학습

첫 번째 Line은 Random Forest 분류 모듈에 있는 내부 함수 rfc.fit()에 훈련 데이터를 입력해 Random Forest 모듈을 학습시킵니다. 여기서 x_train은 훈련 데이터의 특징 값이고 y_train은 훈련 데이터 목표 값입니다. rfc.fit()는 입력 데이터를 이용해 분류기를 학습시키는 함수입니다. 세 번째 Line은 학습시킨 Random Forest 분류 모델에 테스트 데이터를 입력해 목표 값을 예측하고 예측 결과를 변수 prediction에 저장합니다.

rfc.predict() 함수는 입력 데이터의 분류 결과를 예측하는 함수입니다. 다섯 번째 Line은 분류 결과를 예측한 목표 값 prediction과 실제 목표 값 y_테스트를 비교해 값이 같으면 True 다르면 False로 출력한 결과입니다. 결과를 보면 30개의 테스트 데이터에서 7개를 잘못 예측하였습니다. 그림 36은 예측한 target 값과 실제 target 값을 비교한 내용입니다.

```
1 rfc.fit(x_train, y_train)
2 #Test data를 입력해 target data를 예측
3 prediction = rfc.predict(x_test)
4 #예측 결과 precision과 실제 test data의 target 을 비교
5 print (prediction==y_test)
```

```
[ True  True  True False  True  True False False  True False  True  True
  True False False  True  True  True False  True  True  True  True  True
  True  True  True  True  True  True]
```

그림 36 예측 target 값과 실제 target 값 비교

(8) 랜덤 포레스트 분류 예측 결과

rfc.score()는 RandomForestClassifier 클래스 안에 있는 분류 결과의 정확도(Accuracy) 를 계산하는 함수입니다. 입력 데이터는 Test Data의 feature와 target 값입니다. 테스트 데이터에 대한 예측 결과의 정확도는 0.7667입니다. 그림 37은 예측 결과에 대한 내용 입니다.

```
1 #Random forest 정확도 측정
2 rfc.score(x_test, y_test)
```

```
0.76666666666666672
```

그림 37 예측 결과

(9) 랜덤 포레스트 분류 성능 평가

분류 예측 모듈의 평가에는 Accuracy뿐만 아니라 Precision, Recall도 많이 사용됩니다. sklearn.metrics 모듈은 scikit-learn 패키지 중 모델의 성능 평가 방법을 모아 놓은 모듈 입니다. 이 모듈에서 accuracy_score와 classification_report를 import 해 모델의 성능을 다시 평가해 보려고 합니다. 함수 accuracy_score()는 분류 결과의 Accuracy를 계산하 고, 함수 classification_report()는 분류 결과의 Precision, Recall을 계산합니다. 다섯 번 째 Line은 Accuracy를 계산하는 코드이고 일곱 번째 Line은 Precision과 Recall을 계산하 는 코드입니다.

여기서 입력 데이터는 예측 결과 값인 prediction과 실제 테스트 데이터의 목표 값인 y_test입니다. 결과를 살펴보면 Precision과 Recall은 낮은 것을 알 수 있습니다. 그림 38 은 성능평가에 대한 내용입니다.

```
1 from sklearn.metrics import accuracy_score
2 from sklearn.metrics import classification_report
3
4
5 print ("Accuracy is : ",accuracy_score(prediction, y_test))
6 print ("=========================================================")
7 print (classification_report(prediction, y_test))

Accuracy is :  0.766666666667
=========================================================
              precision    recall   f1-score    support

           1      0.00       0.00      0.00          7
           2      0.77       1.00      0.87         23

avg / total       0.59       0.77      0.67         30
```

그림 38 성능 평가

이것은 우리가 위에서 훈련 데이터와 테스트 데이터를 잘 분리하지 못한 이유로 분류 성능이 낮게 나온 것입니다. 데이터 셋에서 훈련 데이터 셋과 테스트 데이터 셋을 분리하는 방법에는 여러 가지가 있습니다.

⑽ Training, Test data 재생성

함수 train_test_split은 데이터를 무작위로 혼합한 후 Training Data Set과 Test Data Set을 일정한 비율에 따라 분리해줍니다. 네 번째 Line은 데이터를 무작위로 혼합한 후 x의 80%를 X_train, x의 20%를 X_test, y의 80%를 Y_train, y의 20%를 Y_test에 저장합니다.

여기서 x는 iris feature data, y는 iris target data입니다. 네 번째 Line에서 마지막 파라미터 test_size = 0.2는 훈련 셋을 전체 데이터의 80%, 테스트 셋을 전체 데이터의 20%로 선택하겠다는 뜻입니다.

다섯 번째 Line은 위에서 마지막 30개 데이터를 선택한 테스트 데이터의 목표 값을 출력하고 여섯 번째 Line은 데이터를 무작위로 혼합한 후 선택한 150개 데이터의 20%인 30개 테스트 데이터의 목표 값을 출력합니다.

출력 결과를 보시면 데이터를 혼합한 결과 Y_test에는 목표 데이터의 종류가 이전과는 다르게 동일하지 않다는 것을 알 수 있습니다. 그림 39는 train_test_split 함수를 사용해 Training Data와 Test Data를 생성하는 내용입니다.

```
1 from sklearn.model_selection import train_test_split
2 x = iris.data
3 y = iris.target
4 X_train, X_test, Y_train, Y_test = train_test_split(x, y, test_size=0.2)
5 print (y_test)
6 print (Y_test)

[2 2 2 2 2 2 2 2 2 2 2 2 2 2 2 2 2 2 2 2 2 2 2 2 2 2 2 2 2 2]
[1 2 1 2 2 2 1 0 1 1 1 2 2 0 1 2 1 0 1 2 1 2 1 2 2 2 1 0 1]
```

그림 39 train_test_split 함수를 사용한 Training, Test Data Set

⑾ 랜덤 포레스트 분류 성능 평가

새로 생성한 훈련 셋과 테스트 셋을 이용해 새로운 Random Forest 분류 예측 모델을 생성하고 성능을 다시 측정해 보겠습니다. 첫 번째 Line에서 Tree의 개수가 10인 Random Forest를 생성하고 clf에 저장합니다. 두 번째 Line에서 데이터를 혼합하고 선택한 훈련 데이터 X_train과 Y_train을 입력해 모듈을 학습 시킵니다. 세 번째 Line은 predict 함수를 이용해 X_test 의 목표를 분류 예측하고 결과를 prediction_1에 저장합니다.

그런 다음 accuracy_score 함수와 classification_report 함수로 Accuracy, Precision, Recall을 계산하고 출력합니다. 출력 결과를 보시면 분류기의 성능인 Accuracy는 0.9667로 높아지고 Precision, Recall의 값도 0.97로 모두 향상 되었습니다. 그림 40은 train_test_split 함수를 이용해 생성한 Training Data와 Test Data로 실험한 성능에 대한 내용입니다.

```
1 clf = RandomForestClassifier (n_estimators=10)
2 clf.fit(X_train, Y_train)
3 prediction_1 = rfc.predict(X_test)
4 #print (prediction_1 == Y_test)
5 print ("Accuracy is : ",accuracy_score(prediction_1, Y_test))
6 print ("=====================================================")
7 print (classification_report(prediction_1, Y_test))

Accuracy is :  0.966666666667
=====================================================
              precision    recall  f1-score   support

           0       1.00      1.00      1.00        12
           1       1.00      0.89      0.94         9
           2       0.90      1.00      0.95         9

avg / total       0.97      0.97      0.97        30
```

그림 40 성능평가

이처럼 분류 예측 모듈을 만들 때 훈련 데이터를 제대로 선택해 모듈을 학습시키고 테스트 데이터를 합리적으로 선택하는 것은 매우 중요하다는 것을 알 수 있겠죠?

⑿ 랜덤 포레스트 분류 성능 높이는 방법

Random Forest 분류 예측 모듈의 성능을 높이는 방법은 아주 많습니다. 그중 제일 간단한 방법은 Random Forest를 생성할 때 트리의 개수를 적당히 확장하는 것입니다. 간단하지만 실전에서 많이 사용되는 효율적인 방법 중 하나입니다. 하지만 주의할 것은 트리의 개수가 많을수록 random forest의 성능이 높아지는 것은 아니라는 것입니다.

트리의 개수가 일정 개수를 넘어가면 오히려 성능이 낮아질 수도 있습니다. 그리고 또하나의 간단한 방법은 max_features의 값을 수정하는 것입니다.

하지만 여기서는 iris 데이터 셋의 사이즈가 작고 데이터가 간단하기 때문에 성능 차이가 크지 않습니다. 코드에서 두 번째 Line에서 Tree가 200개인 Random Forest를 생성하였습니다. max_features의 값은 4로 설정하고 oob_score의 값은 True로 선택해 Out-Of-Bag을 사용한다고 설정하였습니다. 그리고 위에서와 같이 모듈을 학습시키고 테스트 데이터의 목표를 예측한 결과를 보면 성능의 차이가 보이지 않습니다. 그림 41은 Tree가 200개인 Random Forest의 성능평가입니다.

```
1  # Initialize the model
2  clf_2 = RandomForestClassifier(n_estimators=200,  # Number of trees
3                                 max_features=4,     # Num features considered
4                                 oob_score=True)     # Use OOB scoring*
5  clf_2.fit(X_train, Y_train)
6  prediction_2 = clf_2.predict(X_test)
7  print (prediction_2 == Y_test)
8  print ("Accuracy is : ",accuracy_score(prediction_2, Y_test))
9  print ("=======================================================")
10 print (classification_report(prediction_2, Y_test))

[ True  True  True  True  True  True  True  True  True  True False  True
  True  True  True  True  True  True  True  True  True  True  True  True
  True  True  True  True  True  True]
Accuracy is :  0.966666666667
=======================================================
             precision    recall  f1-score   support

          0       1.00      1.00      1.00        12
          1       1.00      0.89      0.94         9
          2       0.90      1.00      0.95         9

avg / total       0.97      0.97      0.97        30
```

그림 41 tree가 200개인 random forest의 성능평가

이것은 iris 데이터가 간단하고 size가 작기 때문입니다. 여기서 oob_score의 값을 True로 선택하였는데 이렇게 하면 특징들의 중요도를 볼 수 있습니다.

⒀ 각 feature의 중요도 확인

코드에서 첫 번째 Line은 분류 모듈에서 특징의 이름에 따라 중요도를 가저와 두 번째 Line에서 출력합니다. 결과를 보면 feature (벗꽃 잎의 너비) petal width의 중요도가 가장 높습니다. 그림 42는 feature 중요도에 대한 내용입니다.

```
1  for feature, imp in zip(iris.feature_names, clf_2.feature_importances_):
2      print(feature, imp)
sepal length (cm) 0.0142678005207
sepal width (cm) 0.0179653187533
petal length (cm) 0.386870282196
petal width (cm) 0.58089659853
```

그림 42 각 feature 중요도

Random Forest는 여러 개의 의사결정트리를 결합해 하나의 모형을 생성합니다. Random Forest에서 트리의 개수가 많을수록 좋은 것은 아닙니다. 분류 예측 모듈에서 훈련 데이터와 테스트 데이터의 선택은 매우 중요합니다.

인공신경망을 이용한
데이터분석

CHAPTER 5

인공신경망을 이용한 데이터분석

5.1 인공신경망(Artificial Neural Network : ANN)

5.1.1 인공신경망 개념

(1) 인간의 신경망과 뉴런

• 인간의 뇌는 약 1,000억개의 뉴런(Neuron)으로 구성

• 뉴런은 시냅스라는 구조를 통해 전기, 화학적 신호를 주고 받음으로써 다양한 정보를 받아들이고 저장

• 하나의 뉴런은 가지돌기(Dendrites), 신경세포체(Cell Body), 축색(Axon) 등으로 구성

• 1943년 Warren S. McCulloch과 논리학자인 Walter Pitts는 사람의 뇌신경세포 작동원리를 다음과 같이 모델링함
  - 가지돌기는 다른 뉴런으로부터의 입력을 받음
  - 신경세포체는 가지돌기로 부터 입력 받은 값을 하나의 신호로 통합하고, 통합된 신호값이 어떤 임계값을 넘으면 하나의 신호가 생성
  - 축색은 앞에서 만들어진 신호를 다른 신경세포로 전달

먼저 인간의 신경망과 뉴런에 대해 알아보겠습니다. 인간의 뇌는 신경망 구조를 가지며 가지돌기, 신경세포체, 축색 등으로 구성되어 있습니다. 1943년 Warren S. McCulloch과 논리학자인 Walter Pitts는 사람의 뇌신경세포 작동원리를 다음과 모델링을 했습니다.

가지돌기는 다른 뉴런으로부터 여러 개의 입력을 받는 역할을 하고, 세포체는 가지돌기로 부터 입력 받은 값을 통합합니다. 여기서 통합한 정보가 임계값을 넘게 되면 하나의 신호가 형성된 것으로 가정합니다. 그리고 축색은 이렇게 만들어진 신호를 다른 뉴런으로 전달하는 역할을 합니다.

즉, 각 뉴런은 가지돌기를 통해 수많은 다른 뉴런으로부터 입력을 받아, 필요한 처리를 수행하고 계산 후 다른 뉴런으로 처리한 데이터를 전송하게 되는 거죠. 그림 1은 사람의 신경망에 대한 내용입니다.

그림 1 사람의 신경망

- 인공신경망은 인간의 신경망 구조를 모방해 만든 알고리즘

- 인공신경망의 각 노드는 사람의 신경망에서는 뉴런을 모방한 것임

- 입력층은 하나 또는 다수의 노드로 구성

- 입력층의 각 노드에 입력데이터가 들어옴

- 입력층은 n개의 노드로 구성, x_i로 표시

- $w_0, w_1, \cdots$는 각 입력 값을 다음 노드에 전달하는 과정에 사용하는 가중치

- 이 데이터는 가중치를 곱하여 합산이 된 후 출력층으로 전달

- 합산된 값은 활성화 함수 $f(x)$를 통해 연산결과가 출력

그림 2는 사람의 신경망 구조를 모방해 만든 알고리즘에 대한 내용입니다.

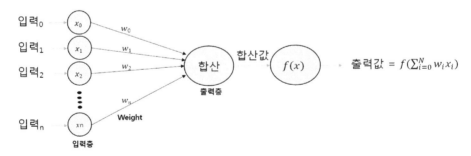

그림 2 사람의 신경망 구조를 모방한 알고리즘

(2) 구조 및 파라미터의 종류

- 단일계층신경망은 입력층(Input Layer), 출력층(Output Layer)으로 구성

- 다층신경망은 입력층, 은닉층(Hidden Layer), 출력층으로 구성

인공신경망의 각 노드는 사람의 신경망에서 뉴런에 해당하는 역할을 합니다. 입력층은 하나 또는 다수의 노드로 구성됩니다. 여기서는 x로 표시하겠습니다. 이 각 노드에 데이터가 입력됩니다. 이렇게 입력된 데이터는 각 입력층의 노드와 출력층 노드 사이에 존재하는 가중치를 곱해 합산 후 출력층의 노드에 전달됩니다.

가중치는 w로 표시하겠습니다. 출력층에 도착한 데이터는 활성화함수 f(x)의 연산을 거쳐 출력 값으로 배출되어 나오게 됩니다.

(3) 활성화 함수

- 활성화 함수는 출력 값을 내보낼 때 사용하는 함수이며 f로 나타냄
- 활성화 함수 종류는 선형함수, 계단함수, 임계논리함수, 시그모이드 함수 등이 사용
- 어떤 활성화 함수를 선택하느냐 따라 출력 값이 달라질 수 있음

$$출력값 = f\left(\sum_{i=0}^{n} w_i x_i\right)$$

활성화 함수란, 출력 값을 내보낼 때 사용하는 함수로 정의할 수 있는데요. 활성화 함수는 f로 표기합니다. 활성화 함수로는 선형함수, 계단함수, 임계논리함수, 시그모이드 함수 등을 사용할 수 있는데요. 데이터와 활성화 함수에 따라 출력 값이 달라질 수 있습니다.

5.1.2 인공신경망 종류 – 단일계층신경망

(1) 단일계층신경망 (Single Neural Network)

- Hidden Layer 없이 Input Layer와 Output Layer로만 구성된 신경망
- Input Layer의 노드와 Weight값들의 연산을 통해 활성화 함수로 전달
- 전달받은 값들을 활성화 함수를 이용해 계산 후 값을 출력하는 구조

인공신경망은 단일신경망과 다층신경망으로 구분할 수 있습니다. 앞에서는 단일 신경망의 구조를 보셨습니다. 즉, 단일 신경망은 입력층과 출력층으로만 구성되어 있는 신경망을 의미합니다. 반면에 다층신경망은 입력층과 출력층 사이에 은닉층이라는 것을 추가하여 구성하게 됩니다. 그림 3은 단일계층신경망 구조입니다.

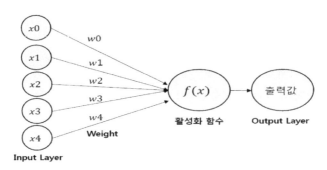

그림 3 단일계층신경망 구조

• OR, AND, NOT 연산을 통해 단일계층신경망 작동 원리 학습

• OR, AND, NOT 연산은 0과 1로만 이루어짐

• 단일계층신경망은 OR, AND, NOT 연산은 가능하지만 XOR 연산은 불가능한 것이 문제점

앞에서 본 단일신경망의 작동원리를 AND, OR, NOT 등의 연산 예를 통해 살펴보도록 하겠습니다. OR, AND, NOT 연산은 바이너리 즉 0과 1로만 계산할 수 있는데요. 단일 신경망에서는 OR, AND, NOT 연산은 가능하지만 XOR 연산은 불가능하다는 문제점이 있습니다.

먼저 AND연산입니다. 우리가 공부할 신경망은 앞에서 살펴본 단일 신경망의 입력 노드에 편차 노드라고 하는 것을 추가한 신경망을 이용하여 학습하도록 하겠습니다.

(2) AND 연산

• 모든 입력이 1인 경우에만 1이 됨

• $f = x \geq 1$ 출력 : 1
  $f = x < 1$ 출력 : 0

  −예제에 사용한 활성화 함수는 계단 활성화 함수로 양수일 때 1을 출력하며, 0이나 음수일 때 0을 출력하는 함수를 사용

즉, x0는 편차노드가 되는데요, 편차노드는 전체 값을 계산 시 오차를 줄이는 역할을 합니다. 다음에 x0로부터 출력단으로 이어지는 과정에서의 가중치는 초기값 −1.5로 설정

했습니다.

이 값은 임의로 설정한 것입니다. x1과 x2에서 출력단으로 전달되는 과정에서의 가중치는 각각 1, 1을 초기 값으로 설정했습니다. 그리고 우리의 활성화 함수 f(x)에서 x가 0이나 음수이면 0을 출력하고 1이상이면 1을 출력하는 함수를 이용하기로 합니다. 자, 이렇게 기본 환경을 설정한 뒤 AND 연산을 했을 때, 이 신경망은 올바른 값을 출력하는지 살펴보겠습니다.

AND연산은 x1과 x2 모두가 1인 경우 1을 출력하며 그렇지 않은 경우 0을 출력하는 연산을 합니다. 그림을 보면 입력노드 x1 과 x2 노드가 있고 편차 노드 x0이 있습니다. 편차 노드에는 +1이라는 값이 부여되어 있습니다. 그림 4는 AND 연산 단일계층신경망 구조입니다.

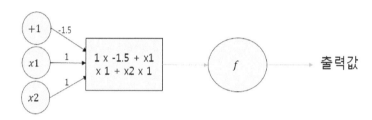

그림 4 AND 연산 단일계층신경망 구조

첫 번째 경우입니다. 즉, x1, x2노드에 입력된 값이 각각 0인 경우 x0, x1, x2의 입력 값과 각각의 가중치를 곱하면 1 x -1.5 + 0 x 1 + 0 x 1과 같이 중간 합산이 이루어집니다. 즉, 합산값은 -1.5입니다.

이 -1.5를 활성화 함수 f(x)에 입력합니다. 활성화 함수는 들어오는 값이 0보다 작거나 같으면 0을 출력하고, 1 이상이면 1을 출력하는 성질을 갖고 있다고 했습니다. 입력된 -1.5는 0보다 작으므로 결과 값은 0이 출력됩니다. 즉, 0과 0이 입력으로 들어오면 0이 출력되는 신경망이 하나 만들어졌습니다.

다음은 두 번째 경우입니다. 즉, x1, x2노드에 입력된 값이 각각 0과 1인 경우, x0, x1, x2의 입력 값과 각각의 가중치를 곱하면 1 x -1.5 + 0 x 1 + 1 x 1과 같이 중간 합산이 이루어집니다. 즉, 합산 값은 -0.5가 됩니다. 이 -0.5를 활성함수 f(x)에 입력합니다.

활성화 함수는 들어오는 값이 0보다 작거나 같으면 0을 출력하고, 1 이상이면 1을 출력하는 성질을 갖고 있다고 했습니다. 입력된 -0.5는 0보다 작으므로 결과 값은 0이 출력됩니다.

다음은 세 번째 경우입니다. 즉, x1, x2노드에 입력된 값이 각각 1과 0인 경우, x0, x1, x2의 입력 값과 각각의 가중치를 곱하면 1 x -1.5 + 1 x 1 + 0 x 1과 같이 중간 합산이 이루어집니다. 즉, 합산값은 -0.5가 됩니다.

이 -0.5를 활성함수 f(x)에 입력합니다. 입력된 -0.5는 0보다 작으므로 결과 값은 0이 출력됩니다. 즉, 0과 0이, 0과 1이, 1과 0이 입력으로 들어오는 경우 모두 0이 출력되는 신경망이 만들어졌습니다.

그러면 이 신경망은 입력으로 1과 1이 들어오면 1을 출력을 할까요? 확인해 보겠습니다. 자, x1, x2노드에 입력된 값이 각각 1과 1인 경우는 어떻게 될까요? x0, x1, x2의 입력값과 각각의 가중치를 곱하면 1 x -1.5 + 1 x 1 + 1 x 1과 같이 중간 합산이 이루어집니다. 즉, 합산값은 0.5가 됩니다.

이 0.5를 활성화 함수 f(x)에 입력합니다. 입력된 0.5는 0보다 크므로 결과 값은 1이 출력됩니다. 이렇게 해서 보니 이 신경망은 AND 연산을 잘 실행하는 모델이 되는 것을 확인했습니다. 표 1은 AND 연산의 각 경우의 결과에 대한 내용입니다. 다음은 OR 연산입니다.

표 1 AND 연산 결과

x_1	x_2	x_1 and x_2	$((1*-1.5)+x_1*1+x_2*1)$	**출력 값**
0	0	0	-1.5	0
0	1	0	-0.5	0
1	0	0	-0.5	0
1	1	1	0.5	1

(3) OR 연산

- 모든 입력이 0이 아닌 경우에 1이 되는 연산

- $f = x \geq 1$ 출력 : 1

  $f = x < 1$ 출력 : 0

  – 예제에 사용한 활성화 함수는 계단 활성화 함수로 양수일 때 1을 출력하며, 0이나 음수일 때 0을 출력하는 함수를 사용

앞의 AND 예제에서 살펴본 것과 같이 단일 신경망의 입력 노드에 편차 노드라고 하는 것을 추가한 신경망을 이용하여 학습하도록 하겠습니다. 즉, x0은 편차노드가 되는데요, 편차노드는 전체 값을 계산할 때 오차를 줄이는 역할을 한다고 했습니다. 다음에 x0로부터 출력단으로 이어지는 과정에서의 가중치는 초기값 -0.5로 설정했습니다. 이 값 역시 앞의 AND 연산 시 사용한 신경망에서와 같이 임의로 설정한 것입니다.

x1과 x2에서 출력단으로 전달되는 과정에서의 가중치는 각각 1, 1을 초기 값으로 설정했습니다. 그리고 우리의 활성화 함수 f(x)는 앞의 AND 연산 신경망과 동일하게 x가 음수이거나 0이면 0을 출력하고 1이상이면 1을 출력하는 함수를 이용하기로 합니다.

자, 이렇게 기본 환경을 설정한 뒤 OR 연산을 했을 때 이 신경망은 올바른 값을 출력하는지 살펴보겠습니다. OR 연산은 x1과 x2 모두가 0인 경우만 0을 출력하며 그렇지 않은 경우 1을 출력하게 되죠. 그림을 보면 입력노드 x1 과 x2 노드가 있고 편차 노드 x0이 있습니다. 편차노드에는 +1이라는 값이 부여되어 있습니다. 그림 5는 OR 연산 단일계층신경망 구조입니다.

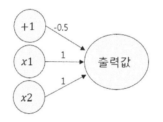

그림 5 OR 연산 단일계층신경망 구조

첫 번째 경우입니다. 즉, x1, x2노드에 입력된 값이 각각 0인 경우 x0, x1, x2의 입력 값과 각각의 가중치를 곱하면 1 x -0.5 + 0 x 1 + 0 x 1과 같이 중간 합산이 이루어집니다. 즉, 합산 값은 -0.5입니다.

이 -0.5를 활성화 함수 f(x)에 입력합니다. 활성화 함수는 들어오는 값이 1보다 작으면 0을 출력하고, 1보다 크거나 같으면 1을 출력하는 성질을 갖고 있다고 했습니다. 입력된 -0.5는 0보다 작으므로 결과 값은 0이 출력됩니다. 즉, 0과 0이 입력으로 들어오면 0이 출력되는 신경망이 하나 만들어졌습니다.

다음은 두 번째 경우입니다. 즉, x1, x2노드에 입력된 값이 각각 0과 1인 경우, x0, x1, x2의 입력 값과 각각의 가중치를 곱하면 1 x -0.5 + 0 x 1 + 1 x 1과 같이 중간 합산이 이루어집니다. 즉, 합산 값은 0.5가 됩니다. 이 0.5를 활성화 함수 f(x)에 입력합니다.

활성화 함수는 들어오는 값이 1보다 크거나 같으면 1을 출력하는 성질을 갖고 있다고 했습니다. 입력된 0.5는 0보다 크므로 결과 값은 1이 출력됩니다.

다음은 세 번째 경우입니다. 즉, x1, x2노드에 입력된 값이 각각 1과 0인 경우, x0, x1, x2의 입력 값과 각각의 가중치를 곱하면, 1 x -0.5 + 1 x 1 + 0 x 1과 같이 중간 합산이 이루어집니다. 즉, 합산 값은 0.5가 됩니다.

이 0.5를 활성화 함수 f(x)에 입력합니다. 입력된 0.5는 0보다 크므로 결과 값은 0이 출력됩니다. 즉, 0과 0이, 0과 1이, 1과 0이 입력으로 들어오는 경우 각각 0, 1, 1이 출력되는 신경망이 만들어졌습니다.

그러면 이 신경망은 입력으로 1과 1이 들어오면 1을 출력을 할까요? 확인해보겠습니다. 자, x1, x2노드에 입력된 값이 각각 1과 1인 경우는 어떻게 될까요? x0, x1, x2의 입력 값과 각각의 가중치를 곱하면 1 x -0.5 + 1 x 1 + 1 x 1과 같이 중간 합산이 이루어집니다. 즉, 합산 값은 1.5가 됩니다.

이 1.5를 활성화 함수 f(x)에 입력합니다. 입력된 1.5는 1보다 크므로 결과 값은 1이 출력됩니다. 이렇게 해서 보니 이 신경망은 OR 연산을 잘 실행하는 모델이 되는 것을 확인했습니다. 표 2는 OR 연산의 각 경우의 결과에 대한 내용입니다. 다음은 NOT 연산입니다.

표 2 OR 연산 결과

x_1	x_2	x_1 and x_2	$((1*-1.5)+x_1*1+x_2*1)$	**출력 값**
0	0	0	-0.5	0
0	1	1	0.5	1
1	0	1	0.5	1
1	1	1	1.5	1

⑷ NOT 연산

• 모든 입력과 반대 값이 나오는 연산

• $f = x \geq 1$　　출력 : 1

　$f = x < 1$　　출력 : 0

　- 예제에서 사용한 활성화 함수는 계단 활성화 함수로 1 이상이면 1을 출력하며, 0이거나 음수일 때 0을 출력하는 함수를 사용

NOT연산은 모든 입력의 반대 값이 나오는 연산을 말합니다. 예를 들어 1을 입력했을 때 반대 값으로 0이 나오게 되는데요, x1 값이 0일 때 Not x1의 값은 1이 나오며 x1 값이 1일 때 Not x1의 값은 0이 나오는 것을 볼 수 있습니다. 그림 6은 NOT 연산 단일계층신경망 구조입니다.

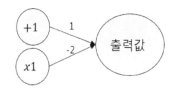

그림 6 NOT 연산 단일계층신경망 구조

AND연산, OR연산과 달리 NOT연산은 x1노드 한 개로 연산이 되는데요. x1과 가중치 값 -2를 곱해서 편차 유닛 값인 1을 더해 1 또는 -1이 나옵니다. 결과 값을 우리가 다루는 활성화함수에 넣으면 1의 경우 1, -1의 경우 0이 나옵니다. 표 3은 NOT 연산의 각 경우의 결과에 대한 내용입니다.

표 3 NOT 연산 결과

x_1	NOTx_1	$(1-2*x_1)$	출력 값
0	1	1	1
1	0	−1	0

5.2 인공신경망을 이용한 데이터 분석

5.2.1 인공신경망의 종류 – 다층신경망

(1) 다층신경망 (Multi-layer Neural Network)

• 다층신경망은 입력, 은닉, 출력층으로 구분

• 다층신경망은 하나 혹은 그 이상의 은닉층이 있는 신경망

• 입력층에서 입력신호(데이터)를 받아들여 이 신호를 은닉층의 모든 뉴런으로 재분배

- 입력층 데이터를 받은 은닉층 뉴런은 데이터의 특성을 파악하는 역할

- 은닉층 하나를 추가할 때마다 계산량은 지수적으로 증가

- 출력층은 은닉층의 신호를 전달 받아 전체 신경망의 출력패턴을 정하는 역할

다층신경망은 단일 신경망이 입력층과 출력층만으로 구성되는 것에 대해 은닉층이 추가됩니다. 즉, 입력층과 출력층, 그리고 하나 이상의 은닉층으로 구성된 신경망을 다층신경망이라고 합니다. 다층신경망은 입력층에서 입력신호를 받아들여 은닉층의 모든 뉴런으로 재분배해 계산하는데요.

입력층에서 데이터를 받은 은닉층의 뉴런은 데이터의 특성을 파악하는 역할을 합니다. 그리고 은닉층 하나를 추가할 때마다 계산량은 지수적으로 늘어날 수 있습니다. 출력층은 은닉층의 신호를 전달 받아 전체 신경망의 출력패턴을 정하는 역할을 합니다.

이번에는 은닉층이 두개가 있는 다층신경망의 구조에 대해 알아보겠습니다. 다층신경망은 앞에서 말씀드린 것과 같이 입력층, 은닉층, 출력층의 구조로 이루어지는데요, 다층신경망은 먼저 입력층에 들어온 데이터 값에 가중치를 곱하고 더해서 은닉층 1로 가며 은닉층 1에서 나오는 값에 가중치를 곱하고 더해서 은닉층 2로 가게 됩니다.

최종적으로 가중치를 통해 출력층으로 가게 되는데요. 이와 같이 이루어진 구조를 순방향 신경망이라 합니다. 그림 7은 은닉층이 2개인 다층신경망 구조입니다.

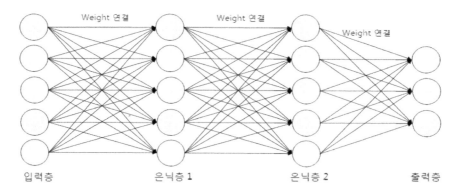

그림 7 은닉층이 2개인 다층신경망 구조

(2) 역전파 알고리즘 (Backpropagation Neural Network)

- 역전파 알고리즘은 오차 값들을 조절해 오차가 최소가 되게 하는 방법

- 역방향으로 가중치 오차를 전파해 최적의 학습 결과를 찾아가는 것을 말함

- 가중치의 오차가 최소가 되거나 정해진 오차 범위 내에 들어가는 경우 알고리즘은 종료

이번에는 역전파 알고리즘에 대해 알아보겠는데요. 역전파 알고리즘은 역방향 가중치의 오차를 반복적으로 계산 한다는 뜻입니다. 순방향 신경망은 좌측부터 우측으로 데이터를 계산하는데 비해, 역전파 알고리즘은 출력 값에 대한 결과물과 비교해 최소한의 또는 정해진 오차범위까지 오차가 줄어들 때까지 반복적으로 학습합니다.

(3) 역전파 다층신경망을 이용한 XOR 문제

- 다음과 같은 신경망이 있다고 가정하고 예제를 통해 역전파 기능이 있는 다층신경망의 동작 원리에 대해 살펴보겠습니다. 그림 8은 존재한다고 가정한 다층신경망의 구조입니다.

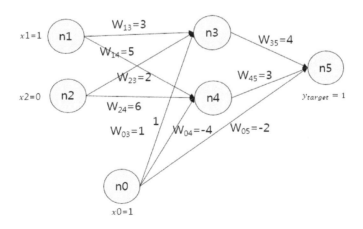

그림 8 예제 다층신경망 구조

이 예제에서 1번 뉴런과 3번 뉴런 사이의 가중치는 3, 3번 뉴런과 5번 뉴런 사이의 가중치는 4, 2번 뉴런과 4번 뉴런 사이의 가중치는 6입니다. 이 신경망은 편차 조정 노드 n0이 존재합니다. n0에서 n4로 사이의 가중치는 -4입니다.

이 신경망 구조를 이용하여 XOR 문제를 풀 수 있는지 확인해보는 것이 숙제입니다. 즉, 입력 값에 0과 1이 들어갈 때 출력 값이 1이 나와야 하는 거죠. 지도학습 문제이므로 입력층 노드 n1에 입력되는 값은 1, n2에 입력되는 값은 0이라고 설정하겠습니다. 편차 조정 노드 입력 값은 1이며 최종 출력 값은 1이 되어야 합니다.

여기서 출력 값을 도출하는데 사용하는 함수는 시그모이드 함수를 사용하겠습니다. 노드 aj에 도달하는 값은 a_j라고 표시하겠습니다.

이 때 우리가 사용하는 시그모이드 함수는 $\dfrac{1}{1+e^{-a_j}}$ 라고 하는 식을 사용하게 됩니다.. 값을 대입해서 먼저 계산을 해볼까요? 먼저 노드 3에 입력되는 값을 계산을 해보겠습니다. n3에 들어오는 값 a3는 어떻게 될까요?

이렇게 계산합니다. x1으로 부터 들어오는 값 곱하기 1번 노드와 3번 노드 사이의 가중치 w_{13} 더하기 x2에 들어오는 값 x2 곱하기 2번 노드와 3번 노드 사이의 가중치 w_{23} + 편차 노드, 편차 유닛에서 들어오는 값 x0 곱하기 편차 유닛과 노드 3번 사이의 가중치 w_{03}의 식으로 구하게 됩니다. 그림에서 X1은 뭐였죠? 1이고요. w_{13}은 3, x2는 0, w_{23}은 2, x0는 1, w_{03}은 1입니다.

자 그래서 앞의 식은 어떻게 되겠습니까? 1×1+1×3+2×0으로 나타낼 수가 있습니다. 결국 A3의 값은 4가 되는 거죠. 자, 여기서 a3는 4라는 값이 나왔으니까 이것을 시그모이드 활성화 함수에 대입을 해보는 거죠.

자, 그러면 $\dfrac{1}{1+e^{-a_j}}$ 이라고 했는데, 여기서 a_j는 a3이 되고요. 앞에서 a3는 4라는 값이 나왔으니까, 이 시그모이드 함수는 $\dfrac{1}{1+e^{-4}}$ 이라고 하는 것이 됩니다. 계산을 하면 0.982라는 값이 나오게 됩니다.

즉 노드 n3에서 출력되는 값은 0.982가 바깥으로 나온다는 거죠. 같은 방법으로 각 노드 4와 5로부터 출력하는 값을 구하면 0.269와 0.51이 됩니다. 표 4는 노드 3, 4, 5에 대한 출력 값입니다.

표 4 노드 3, 4, 5에 대한 출력 값

노드 (j)	각 노드의 입력 값 a_j	출력 값 (y_j)
n3	4.00	0.982
n4	−1.00	0.269
n5	0.04	0.51

최종목표인 y_{target}은 1이어야 하므로 노드 5로부터 출력된 값은 1-0.51 = 0.49만큼의 오차가 있습니다. 자, 이제 어떻게 하면 될까요?

즉, 우리의 신경망을 어떻게 수정하면 좋을까요? 결론은 목표치에서 본 오차를 줄이기 위해 가중치를 조정하는 것입니다. 이때 역전파 방법을 사용합니다. 여기에 간단한 예를 살펴보겠습니다. 앞쪽에서 y_{target}, n5와 결과 값의 오차를 구했는데요, 다시 이것을 역으로 전파해 가중치를 조정해보겠습니다.

이를 위해 먼저 delta 값을 구하기 시작합니다. 노드5에 해당하는 delta 5는 $y_5(1 - y_5)(y_{target} - y_5)$와 같은 식으로 구합니다. 우리의 예제에서 y_5는 0.51, y_{target}은 1입니다. 따라서 위 식은, 0.51 * (1-0.51) * (1-0.51)과 같이 되고, 계산하면 0.122라는 값이 나오는걸 알 수 있습니다.

$\delta_4 = y_4(1 - y_4)w_{45}\delta_5 = 0.269(1 - 0.26)*4*0.122$와 같이 하여 0.096이라는 값이 구해집니다. 유사한 방법으로 $\delta_3 = y_3(1 - y_3)w_{32}\delta_5 = 0.982(1 - 0.982)*2*0.122$와 같이 하여 0.004라는 값이 구해집니다.

이제 각 구간별로 조정할 가중치 값을 구해봅니다. 만약 Learning Rate가 η라고 할 경우 조정할 가중치는 $\Delta w_{ij} = \eta\delta_j y_i$와 같은 식으로 구합니다. n0에서 n3로 가는 가중치를 조정할 경우 $\Delta w_{03} = \eta * \delta_3 * y_0 (= x_0)$의 수식으로 계산할 수 있습니다.

이를 계산하면 $\Delta w_{03} = 0.1 * \delta_3 * y_0 (= x_0) = 0.1 * 0.004 * 1 = 0.0004$와 같이하여 Δw_{03}의 값은 0.0004가 됩니다. 그러면 조정된 w_{03}은 어떻게 계산할까요?

w_{03}의 새로운 값은 $w_{03}(Old) + \Delta w_{03} = 1 + 0.004 = 1.004$와 같이 계산됩니다. 같은 방식으로 Δw_{13}은 $\Delta w_{13} = 0.1 * \delta_3 * y_1 (= x_1) = 0.1 * 0.004 * 1 = 0.0004$가 되고 w_{13}값을 조정합니다.

이렇게 해서 구한 delta 값과 새로운 w_{ij} 값을 다음 표에 정리하였습니다. w_{03}는 1.000에서 1.0004로 변경되었음을 알 수 있습니다. 동일한 방법으로 w_{14}는 5에서 5.0096으로 변경된 것을 볼 수 있습니다.

변경한 가중치를 기반으로 학습을 다시 진행합니다. 3번 노드로 들어오는 값의 합은 4.0009, 3번 노드에서 출력되는 값은 0.98203. 4번 노드로 들어오는 값의 합은 −0.9807, 4번 노드에서 출력되는 값은 0.27275. 5번 노드로 들어오는 값의 합은 1.0649, 5번 노드에서 출력되는 값은 0.74363과 같습니다. 그림 9는 역전파 오차를 반영한 새로운 w_{ij}값에 대한 내용입니다.

i	j	w_{ij}	y_i	δ_j	New w_{ij}
0	3	1	1	0.004	1.0004
1	3	3	1	0.004	3.0004
2	3	2	0	0.004	2.0000
0	4	−6	1	0.096	−5.9904
1	4	5	1	0.096	5.0096
2	4	6	0	0.096	6.0000
0	5	−2	1	0.122	−1.9878
3	5	2	0.982	0.122	2.0120
4	5	4	0.269	0.122	4.0033

그림 9 역전파 오차를 반영한 새로운 w_{ij}값

그러므로 다시 목표 값 y_{target}에서 노드 5의 출력 값 y_5를 빼면 0.2564라는 값을 얻습니다. 결과적으로 첫 번째 과정에서 발생한 오차 0.49에서 0.2564로 감소한 것을 볼 수 있습니다.

이후 이러한 과정을 연속적으로 반복해 학습 가중치의 오차를 미리 정해진 오차 범위 안으로 들어갈 때까지 진행합니다. 이상으로 다층신경망의 작동 원리까지 알아보았습니다.

5.2.2 예제를 이용한 인공신경망 실습

Iris data를 사용해 실습을 진행해보겠습니다. 여기서는 iris 중 setosa, versicolor, virginica라는 품종의 데이터에 대해 살펴보겠습니다. 데이터는 먼저 Training Data Set과 Test Data Set으로 구분해 보겠습니다.

(1) iris data set 로드

예제 코드 2번째 줄을 보시면 sklearn라이브러리의 datasets라는 모듈에서 load_iris를 import합니다. 이 코드는 sklearn.datasets의 모듈에 있는 아이리스 데이터를 불러오는 부분인데요. 4번째 줄의 load_iris() 함수는 아이리스 dataset을 불러오는 기능을 수행합니다. iris = load_iris()는 불러온 아이리스 데이터를 iris라는 변수에 할당합니다. 그림 10은 iris data set 로드한 내용입니다.

```
1 # sklearn의 datasets에서 load_iris를 로드
2 from sklearn.datasets import load_iris
3 # iris데이터셋을 iris라는 변수에 저장
4 iris = load_iris()
```

그림 10 iris data set 로드

(2) Iris data set의 key 값 확인

다음은 아이리스 데이터가 iris변수에 잘 저장되었는지 확인해봅니다. iris.keys()는 iris data set의 컬럼 값을 출력하는 함수입니다. Iris data set의 컬럼 값으로 data, feature_names, target, target_names, DESCR 등이 있는 것을 볼 수 있습니다. 그림 11은 iris data set의 컬럼 확인에 대한 내용입니다.

```
1 # iris에 있는 keys를 나타냄
  iris.keys()
```
```
dict_keys(['data', 'feature_names', 'target', 'target_names', 'DESCR'])
```

그림 11 Iris data set 컬럼 확인

먼저, data 컬럼은 아이리스 데이터가 있는 부분이며, feature_names는 iris data set의 특징을 기술하는 부분입니다. Target과 target_names는 다층신경망을 이용해 분석하려는 목적변수이며 target에는 setosa, verginia, virginica 등이 있습니다. 마지막으로 DESCR은 iris data에 대한 설명을 포함하고 있습니다.

(3) shape을 이용한 데이터의 전체 크기 확인

그럼 데이터를 확인해보겠는데요. 먼저 예제 코드를 통해 iris data 0번째부터 9번째까지를 슬라이싱 해보겠습니다. 10개의 배열이 출력되는데요, 이 값들은 아이리스 데이터

를 분류하는 특징 값을 의미합니다. 그림 12는 iris data set을 슬라이싱한 결과를 보여줍니다.

```
# Iris데이터셋의 0번째부터 9번째까지를 슬라이싱해서 나타냄
iris['data'][0:10]

array([[ 5.1,  3.5,  1.4,  0.2],
       [ 4.9,  3. ,  1.4,  0.2],
       [ 4.7,  3.2,  1.3,  0.2],
       [ 4.6,  3.1,  1.5,  0.2],
       [ 5. ,  3.6,  1.4,  0.2],
       [ 5.4,  3.9,  1.7,  0.4],
       [ 4.6,  3.4,  1.4,  0.3],
       [ 5. ,  3.4,  1.5,  0.2],
       [ 4.4,  2.9,  1.4,  0.2],
       [ 4.9,  3.1,  1.5,  0.1]])
```

그림 12 iris data set 슬라이싱

(4) 데이터 셋 분리

이번에는 Iris의 target변수를 기반으로 다층신경망을 학습하겠습니다. Iris data set의 data를 X변수에 할당하며 분류하고자 하는 target 변수는 y변수에 할당하는데요. 즉, y변수에는 iris 종, 즉 setosa, versicolor, virginica 등이 들어있으며, X에는 해당 종에 대한 특징 값들이 들어 있습니다. 그림 13은 iris data set을 data와 target을 분리해 각 변수에 저장한 내용입니다.

```
1 # X에는 iris데이터라 값 150x4의 크기를 입력
2 # y에는 분류하고자 하는 target변수를 입력
3 # target변수는 데이터가 무엇인지에 대해 판별하는 값
4 # iris target의 경우 0, 1, 2로 구분됨
5 X = iris['data']
6 y = iris['target']
```

그림 13 iris data set을 data와 target으로 분리

(5) Train, Test 데이터 셋 구분

이번에는 다층신경망을 학습하기 전에 Training Data Set과 Test Data Set으로 데이터를 분리하는 방법에 대해 알아보겠습니다. sklearn.model_selection 라이브러리 안에 있는 train_test_split 모듈을 이용합니다. sklearn.model_selection의 train_test_split모듈을 import하여, train_test_split모듈을 이용해 Training Data Set은 75%, Test Data Set은 25%로 분할합니다. 그림 14는 Training, Test Data Set으로 구분한 내용입니다.

```
1  # 위의 데이터를 train과 test로 구분
2  # sklearn의 model_selection 내에 train_test_split를 로드
3  # train_test_split를 이용해 위의 x변수에 선언한 data값과 y변수에 선언한 target
4  from sklearn.model_selection import train_test_split
5  X_train, X_test, y_train, y_test = train_test_split(X, y)
```

그림 14 Training, Test Data Set으로 구분

분할된 훈련 데이터셋과 테스트 데이터셋은 각각 X_train, X_test, y_train, y_test에 할당
됩니다. 이번에는 아이리스 데이터를 정제해 보겠습니다.

(6) StandardScaler 라이브러리 로드

Sklearn라이브러리의 preprocessing 모듈에 있는 StandardScaler 함수를 import하고,
StandardScaler 함수의 결과 값을 scaler라는 변수에 저장합니다. 이 StandardScaler 함수
는 데이터의 범위를 평균 0, 표준편차 1의 범위로 바꿔주는 모듈입니다. 결과적으로
scaler 변수에는 StandardScaler 함수를 통해 정규화된 데이터가 저장됩니다. 그림 15는
StandardScaler 라이브러리를 로드하는 내용입니다.

```
1  # sklearn 내에 preprocessing의 StandardScaler를 로드
2  # StandardScaler는 정규화를 시키는 함수
3  # StandardScaler는 데이터의 범위를 평균 0, 표준편차 1의 범위로 바꿔주는 함수
4  # 그리고 StandardScaler는 scaler라는 변수에 저장하여 사용
5  from sklearn.preprocessing import StandardScaler
6  scaler = StandardScaler()
```

그림 15 StandardScaler 라이브러리 로드

(7) X_train 데이터 정규화

X_train에 대한 데이터를 scaler.fit()을 이용해 평균과 표준편차를 계산합니다. 예제 코드
2번째와 3번째 줄을 보시면 transform이라는 모듈을 보실 수 있습니다. transform모듈은
데이터를 정규화형식으로 변환합니다. 그림 16은 StandardScaler를 이용한 데이터 정규
화에 대한 내용입니다.

```
1  # StandardScaler를 담은 변수에 X_train을 학습해 데이터를 정규화
2  scaler.fit(X_train)
```
StandardScaler(copy=True, with_mean=True, with_std=True)

그림 16 StandardScaler를 이용한 데이터 정규화

⑻ X_train, X_test 데이터 정규화 및 변환

예를 들어 10, 50, 40, 20, 100, 70, 60, 100 등의 값을 scaler.transform 모듈을 사용할 경우 0, 0.5, 0.4, 0.2, 1, 0.7, 0.6, 1로 정규화 됩니다. 이렇게 해서 X_train과 X_test 두 개의 값을 정규화 합니다. 그림 17은 X_train과 X_test를 정규화한 내용입니다.

```
1 # X_train과 X_test를 StandardScaler를 이용해 정규화
2 X_train = scaler.transform(X_train)
3 X_test = scaler.transform(X_test)
```

그림 17 X_train, X_test data 정규화

⑼ MLP 알고리즘 로드 및 Hidden Layer를 할당

다음 코드는 다층신경망 분류알고리즘을 불러와서 은닉층를 설정하는 부분인데요. 먼저 sklearn.neural_network 라이브러리의 MLPClassifier라는 모듈을 import합니다. MLPClassifier는 다중신경망 분류 알고리즘을 저장하고 있는 모듈인데요, mlp라는 변수에 MLPClassifier() 함수를 실행한 결과를 저장합니다.

함수의 파라미터로 hidden_layer_sizes=(10,10,10) 과 같이 설정했는데, 이것은 3개의 은닉층을 만들고 각 계층별로 10개의 노드씩 할당하라는 명령어입니다. 그림 18은 다층신경망 분류 알고리즘을 로드하고 Hidden Layer를 할당하는 내용입니다.

```
1 # 다중인공신경망(MLP) 분류 알고리즘을 sklearn의 neural_network에서 로드
2 from sklearn.neural_network import MLPClassifier
3
4 # MLP 알고리즘의 히든레이어를 3개층(10, 10, 10)으로 할당
5 mlp = MLPClassifier(hidden_layer_sizes=(10,10,10))
```

그림 18 다층신경망 분류 알고리즘 로드 및 Hidden Layer 할당

⑽ X_train, y_train 데이터 학습

MlP(X_train, y_train) 함수는 설정한 은닉층 3계층의 신경망에 X_train과 y_train 데이터를 활용하여 학습시킵니다. 이번에는 학습한 인공신경망 결과의 파라미터에 대해 알아보겠는데요. 그림 19는 X_train과 y_train을 학습한 내용입니다.

• Activation: 다층 신경망에서 사용하는 활성화 함수

• Alpha: 신경망 내의 정규화 파라미터

- Batch_size: 최적화를 시키기 위한 학습 최소 크기

- Epsilon: 수치 안정성을 위한 오차 값

- Learning_rate_init: 가중치를 업데이트 할 때 크기를 제어

- Max_iter: 최대 반복 횟수

- Hidden_layer_sizes: 히든 레이어의 크기

- Learning_rate: 단계별로 움직이는 학습 속도

- Shuffle: 데이터를 학습 시 데이터들의 위치를 임의적으로 변경하는 지의 여부

- Solver: 가중치 최적화를 위해 사용하는 함수

- Validation_fraction: training data를 학습 시 validation의 비율

- Validation: training data를 학습 시 데이터가 유의미한지를 검증하는 데이터

```
# 위에서 준비한 X_train과 y_train을 MLP를 이용해 학습
mlp.fit X_train, y_train
C:\Users\Administrator\Anaconda2\envs\py34\lib\site-packages\sklearn\neural_network\multilayer_perceptron.py:563: ConvergenceWarning: Stocha
stic Optimizer: Maximum iterations reached and the optimization hasn't converged yet.
  % (), ConvergenceWarning)
MLPClassifier(activation='relu', alpha=0.0001, batch_size='auto', beta_1=0.9,
       beta_2=0.999, early_stopping=False, epsilon=1e-08,
       hidden_layer_sizes=(10, 10, 10), learning_rate='constant',
       learning_rate_init=0.001, max_iter=200, momentum=0.9,
       nesterovs_momentum=True, power_t=0.5, random_state=None,
       shuffle=True, solver='adam', tol=0.0001, validation_fraction=0.1,
       verbose=False, warm_start=False)
```

그림 19 MLP를 이용해 X_train과 y_train 학습

(11) 예측한 X_test를 변수 predictions에 저장

이전에 X_train과 y_train을 이용하여 학습한 결과 모델을 mlp에 넣었었는데 기억하시나요? 이번에는 이 mlp를 기반으로 X_test를 예측해 predictions라는 변수에 저장해 보겠습니다. 그림 20은 X_test에 대한 예측 결과를 저장하는 내용입니다.

```
1 # 3번로 학습한 내용을 X_test에 대해 예측하면 predictions변수에 저장
2 predictions = mlp.predict(X_test)
```

그림 20 X_test에 대한 예측 결과를 저장

⑿ 학습 성능 평가

이 테스트 결과를 이용하여 우리가 학습한 모델의 성능을 평가해 보겠습니다. 평가를 위해 classification_report와 confusion_matrix 모듈을 사용합니다. 먼저 sklearn.metrics 라이브러리에서 classification_report와 confusion_matrix모듈을 import합니다. confusion_matrix모듈을 이용해 실제 값 y_test와 예측 값을 비교합니다. 결과 값으로 [11, 0, 0]이라는 값을 볼 수 있는데요, 이는 11개가 제대로 분류되었다는 의미입니다.

실제 값 setosa에 대해 예측 값이 setosa가 나온 경우이지요. 두 번째 배열 [0, 10, 2]의 경우 versicolor라는 클래스는 10개를 분류했지만 2개의 경우 예측 값이 잘못되어 versicolor를 virginica로 분류한 경우입니다. 그림 21은 학습에 대한 성능평가 입니다. 그림 22는 confusion_matrix 모듈을 이용했을 때 출력 값에 대한 설명입니다.

```
1 # sklearn.metrics의 confusion_matrix와 classification_report를 로드
2 # confusion_matrix의 데이터가 늘어지도 균형을 판단
3 # classification_report는 precisional recall 그리고 f1_score값을 분석의 정확함에 의거 분석
4 from sklearn.metrics import classification_report, confusion_matrix
5
6 # confusion_matrix를 이용해 실제와 y_test와 예측값에 대해 비교
7 print(confusion_matrix(y_test, predictions))

[[11  0  0]
 [ 0 10  2]
 [ 0  0 15]]
```

그림 21 학습에 대한 성능평가

	setosa(0)	versicolor(1)	virginica(2)
setosa(0)	Setosa를 정확하게 분류 한 개수	Setosa인데 Versicolor로 분류한 개수	Setosa인데 Virginica로 분류한 경우
versicolor(1)	Versicolor인데 Setosa로 분류한 개수	Versicolor를 정확하게 분류한 개수	Versicolor인데 Virginica로 분류한 경우
virginica(2)	Virginica인데 Setosa로 분류한 개수	Virginica를 Versicolor로 분류한 개수	Virginica를 정확하게 분류한 경우

그림 22 confusion_matrix 모듈 사용에 대한 출력 값 설명

⒀ Precision, Recall, F1-Score를 이용한 평가

Classification_report모듈에서는 Precision(정확률), Recall(재현율), f1-score를 계산해줍니다. 실제 결과와 예측 결과를 비교했을 때 둘 다 참인 경우를 TP(True Positive)라고 하며 실제 결과는 참이지만 예측 결과가 거짓인 경우를 FN(False Negative)라 합니다.

또한 실제 결과는 거짓인데 예측 결과에서 참인 경우를 FP(False Positive)라하며, 둘 다

거짓인 경우를 TN 즉, True Negative라 합니다. 그림 23은 TP, FN, FP, TN에 대한 설명입니다.

		예측 결과	
		참	거짓
실제 결과	참	TP(True Positive)	FN(False Negative)
	거짓	FP(False Positive)	TN(True Negative)

그림 23 TP, FN, FP, TN에 대한 설명

예시를 들어 설명해 보겠습니다. Iris data를 이용했을 때 테스트 데이터를 setosa로 제대로 판별한 경우가 정확률이 됩니다. 또한 테스트 데이터 중 아이리스 데이터의 setosa가 10개인 경우 분류 결과 8이라는 숫자가 나왔다면 재현율은 0.8이 됩니다. 마지막으로 F1-score는 정확률과 재현율을 둘 다 이용해 계산합니다.

이제 classification_report를 이용해 정확률, 재현율, f1-score의 값으로 평가를 해보도록 하겠습니다. 예제 코드에서는 classification_report를 통해 예측 값 prediction 의 정확률, 재현율, f1-score를 구합니다.

⒁ Precision, Recall, F1-Score 평가 결과 확인

예제에서 평가결과 0.95, 즉 95%이상의 높은 정확성을 확인할 수 있습니다. 그림 24는 Iris test data에 대한 정확률, 재현율, f1-score에 대한 내용입니다.

```
# classification_report를 이용해 정확률, 재현율, f1-score를 확인
print(classification_report(y_test, predictions))

             precision    recall  f1-score   support

          0       1.00      1.00      1.00        11
          1       1.00      0.83      0.91        12
          2       0.88      1.00      0.94        15

avg / total       0.95      0.95      0.95        38
```

그림 24 Iris tesat data에 대한 정확률, 재현율, f1-score

Support Vector Machine

CHAPTER 6

Support Vector Machine

6.1 Support Vector Machine (SVM) 개요

6.1.1 SVM개념

- Support Vector Machine (SVM)은 분류 또는 회귀에 사용할 수 있는 기계 학습 알고리즘

- 대부분 분류 문제에 사용

- SVM 알고리즘에서는 각 데이터 항목을 n 차원 공간 상 하나의 점으로 표시

- 이질적인 두 개 또는 그 이상의 데이터 집단을 잘 구분하는 최적의 초평면 (Optimal Hyper Plane)을 찾는 방법을 제공

SVM은 분류 또는 회귀 문제에 사용할 수 있는 기계 학습 알고리즘 입니다. 보통 분류 문제에 많이 사용하는데, 회귀문제에 활용하기 위해서는 Support Vector Regression이라고 하는 알고리즘을 사용합니다. SVM 알고리즘의 핵심은 n차원 공간에 있는 각 데이터를, 가장 잘 구분하는 초평면, 경계선 또는 경계면을 찾는 것입니다.

예를 들어, 다음의 그림과 같이 하늘색 동그라미와 빨강색 네모가 있는 2차원 평면을 생각해보겠습니다. 이 두 집단을 분류하는 분류선을 찾으려면 어떻게 해야 할까요? 하지만 이 두 집단을 구분할 수 있는 선은 무수히 많습니다. 우리는 이 중 최상의 분류선을 찾아내는 것이 문제라고 하겠습니다.

SVM 알고리즘은 주어진 두 집단의 데이터로부터 두 집단 사이의 중심을 구한 후, 그 중간에서 최적의 초평면을 구하도록 설계되어 있습니다. 그림 1은 SVM의 초평면 예시에 대한 내용입니다.

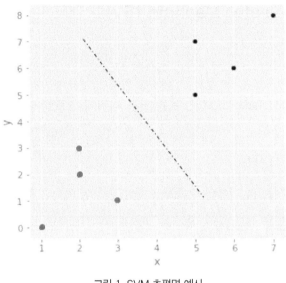

그림 1 SVM 초평면 예시

(1) SVM 개념

이번에는 몇 가지 예시를 통해 SVM의 개념에 대해 살펴보겠습니다. 그림에서와 같이 빨간 원과 하늘색 사각형을 구분 한다면 어떤 선으로 구분해야 할까요? 답은 바로 Line 2입니다. 그 이유는 바로 Margin 때문입니다. 여기서 Margin이란 초평면에서 가장 가까이에 있는 점과 초평면 사이의 거리를 뜻합니다. 그림 2는 SVM의 예 (1)에 대한 내용입니다.

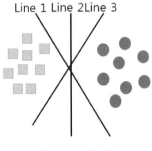

그림 2 SVM의 예 (1)

또 다른 예제를 살펴보겠습니다. 이번엔 Line1과 Line2 중 어떤 선이 데이터를 분류하는데 적합할까요? 답은 바로 Line 1입니다. 앞에서 설명한 것처럼 Margin 관점에서 보았을 때 Line 2인데 왜 Line 1이지? 라고 의문이 드실 겁니다. Margin 관점에서 보면 Line 2가 맞습니다. 하지만 SVM은 분류를 더 잘하는 것을 Margin에 우선해 선택한다는 특징이 있습니다. 이러한 이유로 Line 1이 답인 것입니다. 그림 3은 SVM의 예 (2)에 대한 내용입니다.

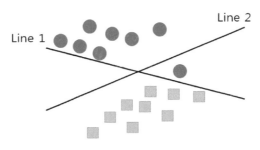

그림 3 SVM의 예 (2)

다음 예제를 살펴보도록 하겠습니다. 이번 예제에서는 Line1과 Line2 모두 정확히 두 그룹으로 나눌 수가 없습니다. 과연 어떤 선으로 분류를 해야 할까요? 답은 Line 1입니다. 이유는 선형 SVM은 Outlier를 어느 정도 무시하면서 최선의 선택을 하기 때문입니다. 그림 4는 SVM의 예 (3)에 대한 내용입니다.

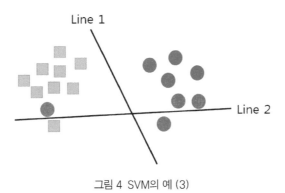

그림 4 SVM의 예 (3)

자 이번에는 SVM을 사용해 선형분류가 아닌 비선형 분류를 하는 방법에 대해 알아보도록 하겠습니다.

(2) 비선형 분류

- SVM은 선형분류와 더불어 비선형 분류에서도 사용

- 비선형 분류를 하기 위해서는 주어진 데이터를 고차원 특징 공간으로 사상하는 작업이 필요

- 효율적으로 실행하기 위해 커널트릭을 사용

- 이러한 커널을 이용하여 차원을 변경하게 되면, 흩어져 있는 데이터에 대해서도 차원을 변경하여 간단하게 나눌 수 있다는 장점을 가짐

- 주요 커널은 Linear Kernel, Polynomial Kernel, Radial Basis Function (RBF)이 있음

SVM은 선형분류와 더불어 비선형 분류에서도 많이 사용됩니다. 그림과 같이 데이터가 주어졌을 때, 선형으로 분류를 할 수 없죠. SVM에서는 차원을 변경하여 이 문제를 해결합니다. 차원을 변경할 때 사용하는 데에 커널이라고 하는 것을 사용합니다. 이런 SVM에 대표적인 커널 함수는 Linear Kernel, Polynomial Kernel, RBF 등이 있습니다. 각각의 커널 함수에는 그룹을 더 잘 분류할 수 있게 최적화된 초평면을 구하는 파라미터들이 따로 존재합니다. 그림 5는 데이터의 차원 변경에 대한 내용입니다.

그림 5 데이터의 차원 변경

그럼 어떤 파라미터를 조정해야 분류를 더 잘할 수 있을까요?

- 각각의 커널에서는 최적화를 도와주는 파라미터들이 따로 존재

- 일반적으로 각 문제에 대해서 어떠한 커널의 파라미터를 선택하는 것이 가장 좋은지를 자동적으로 알려주는 방법은 없음

- 실험을 통해 모든 조건을 바꾸면서 SVM의 학습과 예측을 반복해서 최적의 예측률을 보여주는 조건을 찾아야 함

일반적으로 각 문제에 대해서 어떠한 커널의 파라미터를 변경해야 가장 좋은지를 자동적으로 정해주는 방법은 없습니다. 각 그룹을 잘 분류하기 위해선 여러 번의 시도를 통해 파라미터를 조정해가면서, SVM의 학습과 예측을 반복하여 최적의 분류를 해주는 조건을 찾게 됩니다. 그림 6은 비선형 분류에 대한 내용입니다.

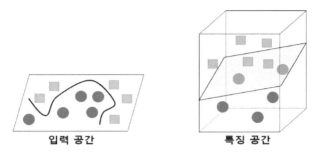

그림 6 비선형 분류의 예

다음은 n 차원 공간에서 초평면을 어떻게 구하는지에 대해 알아보겠습니다. 이를 위해 우리가 배웠던 벡터 개념에 대해 먼저 복습해 보겠습니다. 예시로 어떤 사람이 나이와 혈압 두 가지 특징을 가지고 있다고 가정해 보겠습니다. 그림 7은 벡터 이론의 예제에 대한 내용입니다.

(3) 벡터 이론 복습 – 초평면을 구하기 위한 기초 이론

- n개의 특징 (특징, 변수)으로 사람이 기술함

- 어떤 사람의 특징 값은 그림과 같이 화살표로 표시할 수 있음

  예) 2가지 특징으로 설명되는 사람 : 혈압 = 100, 나이 = 30

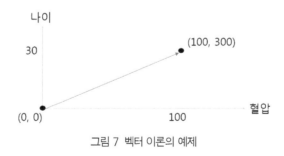

그림 7 벡터 이론의 예제

2차원 그래프에서 사람의 데이터는 그림 7처럼 (0,0) 좌표 값에서 특징 값의 좌표 값까지 화살표 모양으로 표현됩니다.

다음 그림에서는 3차원 공간에서 데이터를 표현하는 방법에 대해 알아 보겠습니다. 표와 같이 네 명의 데이터는 콜레스테롤, 혈압, 나이 세 가지의 특징 값을 각각 다르게 갖고 있습니다. 그리고 이를 3차원 평면에 나타내기 위하여 3개의 좌표 값을 갖는 벡터 값으로 시작점과 끝점을 나타내었습니다. 표 1은 3차원 공간에 표현할 예제 데이터입니다.

표 1 3차원 공간에 표현할 예제 데이터

사람	콜레스테롤(mg/dl)	혈압(mmHg)	나이(years)	벡터 시작점	벡터 끝점
1	140	100	30	(0, 0, 0)	(140, 100, 30)
2	230	115	25	(0, 0, 0)	(230, 115, 25)
3	120	150	60	(0, 0, 0)	(120, 150, 60)
4	280	160	40	(0, 0, 0)	(280, 160, 40)

결과적으로 위의 3차원 평면처럼 네 명의 환자 데이터를 점으로 나타낼 수 있습니다. 그림 8은 예제 데이터의 3차원 공간 표현에 대한 내용입니다.

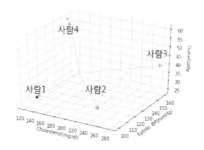

그림 8 예제 데이터의 3차원 공간 표현

(4) 벡터 이론 복습 - 벡터 표시의 단순화

• 모든 벡터는 시작점이 0이므로 편의상 끝점만을 표시할 수 있음

• 왼쪽의 예제 벡터는 오른쪽 그림과 같이 점만 표시하기로 함

그림 9는 예제 벡터를 점으로 표현한 내용입니다.

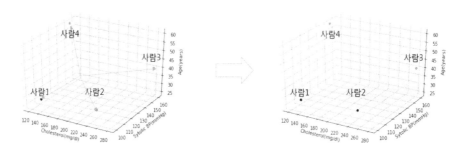

그림 9 예제 벡터를 점으로 표현

이렇게 데이터를 벡터로 표현하고 이를 두 그룹으로 분류하는 초평면을 구해봅시다.

(5) 초평면의 개념

2차원 공간(R^2)에서 초평면은 왼쪽 그림과 같이 나타낼 수 있고, 3차원 공간(R^3)에서 초평면은 아래 오른쪽 그림과 같이 나타낼 수 있습니다. 그림 10은 2차원과 3차원 초평면에 대한 예입니다.

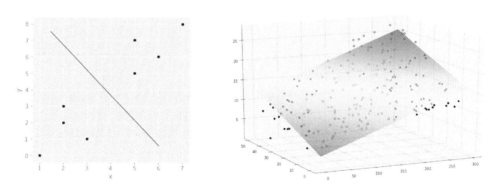

그림 10 2차원 초평면(왼쪽)과 3차원 초평면(오른쪽)에 대한 예

이를 위해 벡터의 기본 연산에 대해 알아보겠습니다. 먼저 스칼라 값과의 곱셈에 대해 살펴보겠습니다.

(6) 벡터에 대한 기본연산

- 스칼라와 벡터의 곱셈
- 벡터 $\vec{a} = (a_1, a_2, ..., a_n)$와 스칼라 c를 생각해보자
- $\vec{ca} = (ca_1, ca_2, ..., ca_n)$
- 벡터에 스칼라를 곱하면 스칼라가 양수인지 음수인지에 따라 방향이 같은 방향이나 반대 방향으로 벡터를 늘릴 수 있음

벡터(Vector)는 수식으로 나타낼 때 $\vec{a}$와 같이 방향과 크기를 함께 표현합니다. 그리고 이와 비교되는 개념으로 크기만 있고 방향 값은 가지지 않는 양을 스칼라(Scalar) 값이라고 부릅니다. 이 벡터 값과 스칼라 값을 곱해보겠습니다. 예제와 같이 벡터 $\vec{a}$와 스칼라

값 c를 곱하면 벡터 값의 방향에 따라, 같은 방향이나 반대 방향으로 벡터 값이 변하게 됩니다.

예제를 통해 vector 값과 scalar 값을 곱해보겠습니다. 벡터 $\vec{a}$값 4와 2, 스칼라 c값 2 가 주어졌을 때 $c\vec{a}$값은 4×2와 2×2같이 각 벡터좌표에 스칼라 값을 곱해주어 결과 값 8 과 4로 계산됩니다. 그림 11은 벡터와 스칼라의 곱셈 예제에 대한 내용입니다.

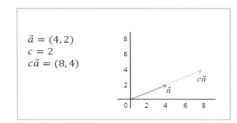
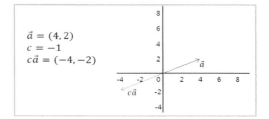

그림 11 벡터와 스칼라 곱셈의 예

이번에는 벡터간의 사칙 연산에 대해 살펴보겠습니다. 먼저 덧셈과 뺄셈입니다.

- 벡터와 벡터의 덧셈과 뺄셈
- 벡터 $\vec{a} = (a_1, a_2, ..., a_n)$와 $\vec{b} = (b_1, b_2, ..., b_n)$를 생각해보자
- $\vec{a} + \vec{b} = (a_1 + b_1, a_2 + b_2, ..., a_n + b_n)$
- $\vec{a} - \vec{b} = (a_1 - b_1, a_2 - b_2, ..., a_n - b_n)$

예제처럼 벡터 간의 덧셈과 뺄셈은 벡터 안의 요소 각각을 계산하여 이루어집니다. 예제를 통해 벡터 간의 덧셈과 뺄셈을 해보겠습니다. 먼저 덧셈 예제부터 살펴보겠습니다. 벡터 $\vec{a}$값 4와 2, 벡터 $\vec{b}$값 4와 4가 주어졌을 때 $\vec{a} + \vec{b}$은 같은 위치에 있는 벡터들 끼리 더해주어 4+4와 2+4와 같이 일반 덧셈처럼 8과 6 값으로 계산됩니다.

다음으로 뺄셈 예제를 살펴보겠습니다. 벡터 $\vec{a}$값 4와 2, 벡터 $\vec{b}$값 8과 0이 주어졌을 때 $\vec{a} - \vec{b}$값은 같은 위치에 있는 벡터들 끼리 빼주어, 4-8과 2-0 같이 일반 뺄셈처럼 -4와 2값 으로 계산됩니다. 그림 12는 벡터간의 덧셈과 뺄셈 예제에 대한 내용입니다.

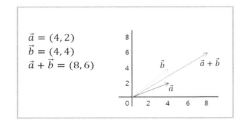 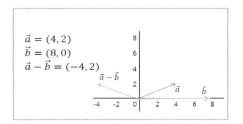

그림 12 벡터간의 덧셈과 뺄셈 예제

물론 곱셈도 가능합니다. $\vec{a}$와 $\vec{b}$를 곱하면 일반 곱셈과 같은 값이 나오는 것을 확인할 수 있습니다.

- 벡터와 벡터의 곱셈
- 벡터 $\vec{a} = (a_1, a_2, ..., a_n)$와 $\vec{b} = (b_1, b_2, ..., b_n)$를 생각해보자
- 원점과 해당 벡터의 가장 가까운 거리를 계산
- $\vec{a} \cdot \vec{b} = (a_1 b_1, a_2 b_2, ..., a_n b_n) = \sum_{i=1}^{n} a_i b_i$
- $\vec{a} \cdot \vec{b} = \| \vec{a} \|_2 \| \vec{b} \|_2 \cos\theta$ 공식으로도 구할 수 있음
- $\cos\theta$에서 θ는 $\vec{a}$와 $\vec{b}$ 사이에 각도
- 벡터가 수직일 때, $\vec{a} \cdot \vec{b} = 0$

곱셈은 $\| \vec{a} \|_2 \| \vec{b} \|_2 \cos\theta$ 공식으로도 구할 수 있습니다. 이때, $\| \vec{a} \|$ 이 뜻하는 것은 0,0 좌표와 벡터 사이의 거리를 뜻합니다. 여기서 $\cos\theta$에서 θ는 $\vec{a}$와 $\vec{b}$ 사이에 각도입니다. 이때 두 벡터가 수직 값 일 때, $\vec{a} \cdot \vec{b}$ 값은 0이 됩니다.

예제를 통해 벡터 간의 곱셈을 해보겠습니다. 먼저 곱셈 예제부터 살펴보겠습니다.

벡터 $\vec{a}$ 값 4와 2, 벡터 $\vec{b}$ 값 2와 0이 주어졌을 때 $\vec{a} \cdot \vec{b}$ 값은 같은 위치에 있는 벡터들 끼리 곱해주어 4×2와 2×0과 같이 일반 곱셈처럼 8과 0값으로 계산됩니다.

다음 곱셈 예제를 살펴보겠습니다. 벡터 $\vec{a}$ 값 0과 4, 벡터 $\vec{b}$ 값 8과 0이 주어졌을 때 $\vec{a} \cdot \vec{b}$ 값은 같은 위치에 있는 벡터들 끼리 곱해주어, 0×4와 8×0과 같이 계산되어 결과 값 0이 됩니다. 이 때 앞에서 말씀드렸듯이 두 벡터가 수직이기 때문에 a.b는 0이 됩니다. 하지만 유일하게 나눗셈은 가능하지 않습니다. 이유는 나눗셈의 정의에는 역원이

필요한데 항등원이 있어야 성립됩니다. 하지만 벡터 연산은 항등원이 없기 때문에 나눗셈이 불가능합니다. 그림 13은 벡터간의 곱셈 예제에 대한 내용입니다.

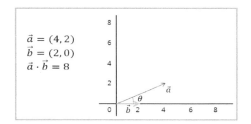 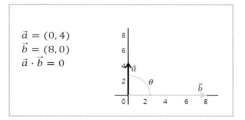

그림 13 벡터간의 곱셈 예제

다음은 Euclidean length or L2-norm에 대해 알아보도록 하겠습니다.

- 유클리드 거리(Euclidean Length) or L2-norm
- 벡터 $\vec{a} = (a_1, a_2, ..., a_n)$를 생각해보자
- $L2 - norm = \| \vec{a} \|_2 = \sqrt{a_1^2 + a_2^2 + ... + a_n^2}$
- 각각의 요소를 제곱한 값을 합하고 루트를 취해주면 됨
- 원점과 해당 벡터의 가장 가까운 거리를 계산함

$L2 - norm$은 원점과 해당 벡터의 가장 가까운 거리를 계산합니다. $\| \vec{a} \|_2$과 같이 표현하며 $\sqrt{a_1^2 + a_2^2 + ... + a_n^2}$ 과 같이 수식으로 풀이 됩니다. 식과 같이 각각의 요소를 제곱한 값을 모두 합하고 루트를 취해줌으로써 원점과 해당 벡터간의 유클리드 거리를 계산합니다. 그림 14는 유클리드 거리 or L2-norm의 예제에 대한 내용입니다.

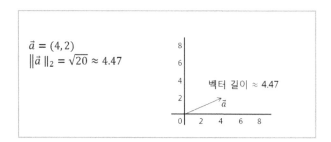

그림 14 유클리드 거리 or L2-norm의 예제

자 이제 그룹들을 분리하는 초평면을 구하는 방법을 알아보도록 하겠습니다.

(7) 초평면을 구하는 식

- 점 P_0과 P_0을 통과하는 벡터 $\vec{w}$를 정의

- P_0을 포함하고 벡터 $\vec{w}$에 수직인 평면을 초평면(Hyperplane)으로 정의

- $\vec{x_0} = \overrightarrow{OP_0}$, $\vec{x} = \overrightarrow{OP}$ (P = 초평면에서 임의의 점)

- 평면상의 P에 대한 조건은 벡터 $\vec{x} - \vec{x_0}$가 $\vec{w}$에 수직이어야 함

- $\vec{w} \cdot (\vec{w} - \vec{w_0}) = 0$ 또는 $\vec{w} \cdot \vec{x} - \vec{w} \cdot \vec{x_0} = 0$, $b = -\vec{w} \cdot \vec{x_0}$

- $\vec{w} \cdot \vec{x} + b = 0$

- 구하는 식은 $n > 3$인 R^n에 대해서도 적용

초평면을 구하는 식은 점 P_0와 평면에 수직인 벡터 $(\vec{w})$로 정의할 수 있습니다. 여기서 $\vec{x_0}$은 $\overrightarrow{OP_0}$와 같고 $\vec{x}$는 $\overrightarrow{OP}$와 같습니다. P는 초평면에서 임의의 점입니다. 초평면상의 P는 벡터 $\vec{x} - \vec{x_0}$가 $\vec{w}$에 수직이어야 한다는 조건을 갖습니다.

다음 식을 쉽게 이해하기 위해선 직각삼각형을 구하는 수식과 같은 방법이라고 생각하시면 됩니다. 두 변이 $\vec{x}$와 $\vec{x_0}$라고 생각하시면 나머지 변은 빼서 구할 수 있기 때문입니다. 최종적으로 초평면을 구하는 식은 $\vec{w} \cdot \vec{x} + b = 0$와 같습니다. 여기서 b는 계수(높이)를 뜻합니다. 구하는 식은 3차원이 아닌 더 높은 차원에서도 똑같이 적용 됩니다. 그림 15는 초평면 정의에 대한 내용입니다. 다음으로 예시를 통해 접근해 보도록 하겠습니다.

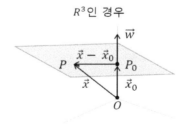

그림 15 초평면 정의

(8) 초평면 구하는 식 (예시)

- $\vec{w} = (2, -4, 7)$

- $P_0 = (-2, 0, -4)$

- $b = -\vec{w} \cdot \vec{x_0} = -(-4, 0, -28) = 32$

  $-\vec{w} \cdot \vec{x} + 32 = 0$

  $-(2, -4, 7) \cdot \vec{x} = 0$

  $-(2, -4, 7) \cdot \vec{x} + 32 = 0$

  $-(2, -4, 7) \cdot (x_{(1)}, x_{(2)}, x_{(3)}) + 32 = 0$

  $-2x_{(1)} - 4x_{(2)} + 7x_{(3)} + 32 = 0$

$\vec{w} = (2, -4, 7)$과 $P_0 = (-2, 0, -4)$ 값이 주어졌을 때 b를 구하는 수식 $-\vec{w} \cdot \vec{x_0}$에 대입해보겠습니다. $-(-4, 0, -28) = 32$와 같이 값이 나오는 것을 확인할 수 있습니다. 초평면을 구하는 $\vec{w} \cdot \vec{x} + 32 = 0$ 식에 대입하면 최종적으로 $2x_{(1)} - 4x_{(2)} + 7x_{(3)} + 32 = 0$을 얻을 수 있습니다. 계수가 바뀌면 초평면은 방향을 따라 움직이고 제시된 그림과 같이 병렬로 된 초평면들을 얻을 수 있습니다. 그림 16은 초평면을 구하는 예에 대한 내용입니다. 다음은 선형 SVM 분류에 대해 알아보도록 하겠습니다.

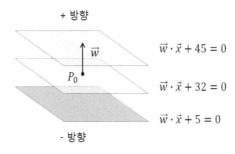

그림 16 초평면을 구하는 예

(9) 선형 SVM 분류(Linear SVM Classifier)

- 데이터
  - $\vec{x_1}, \vec{x_2}, ..., \vec{x_N} \in R^n$
  - $\vec{y_1}, \vec{y_2}, ..., \vec{y_N} \in -1, +1$

- 부정적인 예와 긍정적인 예를 분류할 수 있는 초평면을 찾을 때 다음과 같이 초평면이 무한히 존재함

- SVM은 경계에 있는 서포트 벡터 사이의 간격을 최대화하는 초평면을 찾음

- 경계상의 서포트 벡터들이 잡음으로 인해 정확하지 않은 경우, SVM은 잘 분리하지 못함

데이터는 $\vec{x}$와 $\vec{y}$ 벡터입니다. $\vec{y}$가 나타내는 것은 음양을 나타냅니다. 해당 벡터를 점으로 표시하고 두 그룹을 나눌 수 있는 선, 즉 초평면을 찾을 때 다음의 그림과 같이 무한히 많은 초평면이 존재합니다. 그림 17은 서포트 벡터 사이의 초평면들의 대한 내용입니다.

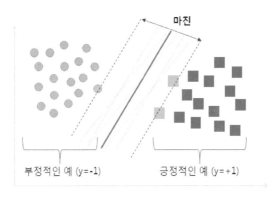

그림 17 서포트 벡터 사이의 초평면

- 마진 (Margin)은 초평면 사이의 거리를 뜻함

- 평행한 두 초평면
  $$-\vec{w} \cdot \vec{x} + b = -1, \ \vec{w} \cdot \vec{x} + b = +1$$

- 평행한 두 초평면에 마진을 구하는 식은 다음과 같음
  $$-\vec{w} \cdot \vec{x} + (b+1) = 0, \ \vec{w} \cdot \vec{x} + (b-1) = 0$$

  - 두 초평면 사이의 거리의 식은 $D = \dfrac{|b_1 - b_2|}{\|\vec{w}\|}$ 과 같음

  - 결과적으로 $D = \dfrac{2}{\|\vec{w}\|}$

- 우리는 마진을 극대화하기를 원하기 때문에, $\|\vec{w}\|$ 를 최소화하거나 $\dfrac{1}{2}\|\vec{w}\|^2$ 를 최소화해야함

이때 SVM은 경계에 있는 서포트 벡터 사이의 간격을 최대화 하는 초평면을 찾습니다. 해당 초평면은 오른쪽에 있는 빨간색 선과 같습니다. 해당 식을 간결하게 나타내면 $D = \dfrac{2}{\parallel \vec{w} \parallel}$ 이 성립됩니다.

다음은 평행한 초평면 $\vec{w} \cdot \vec{x} + b = -1$, $\vec{w} \cdot \vec{x} + b = +1$ 식이 주어졌을 때 Margin을 구해보도록 하겠습니다. 두 초평면 사이의 거리 식은 $D = \dfrac{\mid b_1 - b_2 \mid}{\parallel \vec{w} \parallel}$ 과 같습니다. 여기서 b1, b2는 평행한 초평면의 b값입니다. 결과적으로 Margin을 극대화하기 위해선 $\parallel \vec{w} \parallel$ 값을 최소화하거나 $\dfrac{1}{2} \parallel \vec{w} \parallel^2$ 을 최소화해야 하는 겁니다. 그림 18은 초평면 사이의 마진에 대한 내용입니다.

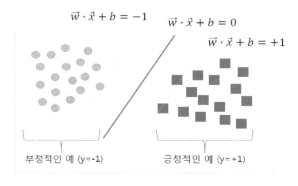

그림 18 초평면 사이의 마진

다음은 SVM 중 Soft Margin Linear SVM에 대해 알아보도록 하겠습니다.

⑽ 소프트 마진 선형 SVM 분류(Soft Margin Linear SVM)

- 선형으로 분리할 수 없는 데이터일 때 사용(잡음이 있는 측정값이 있거나, 데이터가 비선형)
- 잘못 분류 된 경우, 초평면에서 거리를 생각할 수 있는 여유 변수(Slack Variable)를 각 요소에 할당하고, 그렇지 않은 경우 0을 지정

Soft Margin SVM이란 Hard Margin 방식을 보완해서 나온 방식입니다. Hard Margin이란 매우 엄격하게 두 개의 그룹으로 분리하는 초평면을 구하는 방법으로, 모든 입력 벡

터들을 초평면을 사이에 두고 무조건 한 그룹에 속하게 분류해야 합니다. 이렇게 되면 몇 개의 노이즈로 인해 두 그룹을 구별하는 초평면을 잘못 구할 수도 있습니다.

이를 해결하기 위해 Soft Margin 방식이 개발되었습니다. Soft Margin은 Hard Margin 방법을 기반으로 하지만, 서포트 벡터가 위치한 경계선에 약간의 여유 변수를 두어 차이가 있습니다. 즉, 다음의 예제 그림을 살펴보면 두 그룹을 분류한 초평면의 Slack Variable 즉, 여유 변수가 입력된 노이즈들을 무시하고 초평면을 그린 것을 확인할 수 있습니다. 그림 19는 초평면에서의 여유 변수에 대한 내용입니다.

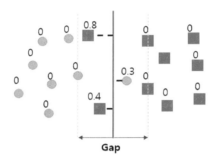

그림 19 초평면에서의 여유 변수

Soft Margin Linear SVM의 두 가지 공식은 아래와 같습니다.

- i = 1, … ,N
- Primal 공식
  - 조건 = $y_i(\vec{w} \cdot \vec{x_i} + b \geq 1 - \xi_i)$
  - 최소화하기 위한 목적 함수 = $\dfrac{1}{2}\displaystyle\sum_{i=1}^{n} w_i^2 + C\displaystyle\sum_{i=1}^{n} \xi_i$
- Dual 공식
  - 조건 = $0 \leq a_i \leq C$와 $\displaystyle\sum_{i=1}^{N} a_i y_i = 0$
  - 최소화하기 위한 목적 함수 = $\displaystyle\sum_{i=1}^{n} a_i - \dfrac{1}{2}\displaystyle\sum_{i=1}^{n} a_i a_j y_i y_j \vec{x_i} \cdot \vec{x_j}$

Soft Margin Linear SVM을 구하는 공식은 다음과 같이 Primal 공식과 Dual 공식으로 나뉩니다. 두 공식은 오류를 최소화하기 위한 목적함수 입니다. 먼저, 첫 번째의 Primal 공식을 사용하기 위한 조건은 $\vec{w} \cdot \vec{x_i} + b \geq 1 - \xi_i$와 같습니다. 이 조건을 만족하기 위해선 ξ_i값은 음수가 아니어야 합니다. 식은 $\frac{1}{2}\sum_{i=1}^{n} w_i^2 + C\sum_{i=1}^{n}\xi_i$와 같습니다.

두 번째 Dual 공식을 사용하기 위한 조건은 $0 \leq a_i \leq C$와 $\sum_{i=1}^{N} a_i y_i = 0$입니다. 여기서 C 값이 의미하는 것은 얼마만큼의 여유를 가지고 오류를 인정할 건지에 대한 값입니다. 만약 C값이 매우 커지면, Soft Margin SVM은 Hard Margin SVM과 같아집니다. 그리고 C값이 매우 작아지면 그림처럼 훈련 데이터에서 잘못된 분류를 하는 것을 볼 수 있습니다. 그림 20은 C값 변화에 따른 Soft Margin SVM에 대한 내용입니다.

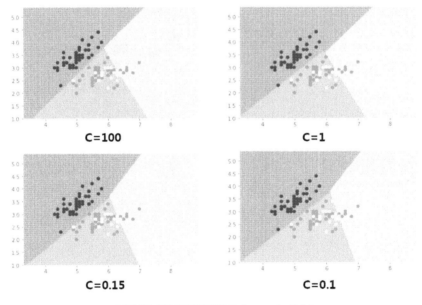

그림 20 C값 변화에 따른 Soft margin SVM

예를 들어서 C값이 100일 때 그림을 확인하면 노랑색원과 초록색 원 경계가 매우 잘 구분되어있는 것을 확인할 수 있습니다. 그렇지만 C값이 0.1값일 때 그림을 확인하면 노랑색원과 초록색 원 경계에 기존 100일 때와 비교해서 상당부분 잘못된 분류를 하는 것을 확인할 수 있습니다. 다음으로 선형으로 분리할 수 없는 데이터일 때 사용하는 커널트릭에 대해 알아보겠습니다.

⑾ 커널트릭

• 선형으로 분리할 수 있는 데이터가 아닐 때 사용

예를 들어 그림과 같이 데이터가 입력 공간에서 선형으로 분리가 되지 않을 때에는, 커널을 사용하여 다음의 그림과 같이 분리 가능한 공간을 생성해 선형으로 분리합니다. 그림 21은 커널트릭에 대한 내용입니다.

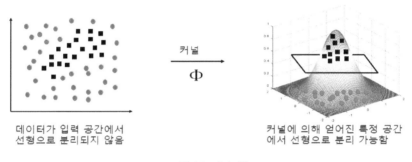

그림 21 커널트릭

• Φ에 대해서 자세히 알기보단 $K(\,\cdot\,,\,\cdot\,) : R^N \times R^N \rightarrow R$함수에 대해서 알아야 함

• 모든 유효한 커널일 수 없음

커널트릭을 사용할 때 어떻게 수식이 변경되는지 알아보도록 하겠습니다. 왼쪽은 선형으로 분리되지 않는 입력 식이고 오른쪽은 고차원 공간으로 커널트릭을 사용해 구한 식입니다. 커널트릭 수식에서 $K(\vec{x_i}, \vec{x})$은 커널을 의미하는데, 이를 계산하는 값은 커널 마다 다른 방식으로 구해집니다. 그림 22는 커널트릭 수식에 대한 내용입니다.

$$\boxed{\begin{array}{l} \text{원본 데이터 } \vec{x}(\text{입력공간}) \\[4pt] f(x) = sign(\vec{w} \cdot \vec{x} + b) \\[4pt] \vec{w} = \sum_{i=1}^{N} \alpha_i y_i \vec{x_i} \end{array}} \qquad \boxed{\begin{array}{l} \text{고차원 공간에서의 데이터 } \Phi(\vec{x}) \\[4pt] f(x) = sign(\vec{w} \cdot \vec{x} + b) \\[4pt] \vec{w} = \sum_{i=1}^{N} \alpha_i y_i \Phi(\vec{x_i}) \end{array}}$$

$$f(x) = sign(\sum_{i=1}^{N} \alpha_i y_i \Phi(\vec{x_i}) \cdot \Phi(\vec{x}) + b)$$

$$f(x) = sign(\sum_{i=1}^{N} \alpha_i y_i K(\vec{x_i}, \vec{x}) + b)$$

그림 22 커널트릭 수식

(12) 많이 사용하는 커널

• 커널은 일부 공간에서 점으로 표현 됨

$$K(\vec{x_i}, \vec{x_j}) = \Phi(\vec{x_i}) \cdot \Phi(\vec{x_j})$$

대표적으로 사용하는 커널 함수를 살펴보겠습니다. 커널 함수에도 여러 가지 종류가 있는데, 여기서 대표적으로 가장 많이 사용되는 함수는 Linear Kernel, Polynomial Kernel 입니다. 커널 함수를 선택할 때는 실험을 통해 해당 데이터에 맞는 커널을 찾아 선택할 수 있습니다. 표 2는 각 커널함수에 대한 커널함수 식에 대한 내용입니다.

표 2 각 커널함수 별 커널함수 식

Linear Kernel	$K(\vec{x_i}, \vec{x_j}) = \vec{x_i} \cdot \vec{x_j}$
Gaussian Kernel	$K(\vec{x_i}, \vec{x_j}) = \exp(-r \parallel \vec{x_i} - \vec{x_j} \parallel^2)$
Exponential Kernel	$K(\vec{x_i}, \vec{x_j}) = \exp(-r \parallel \vec{x_i} - \vec{x_j} \parallel)$
Polynomial Kernel	$K(\vec{x_i}, \vec{x_j}) = (p + \vec{x_i} \cdot \vec{x_j})^q$
Hybrid Kernel	$K(\vec{x_i}, \vec{x_j}) = (p + \vec{x_i} \cdot \vec{x_j})^q \exp(-r \parallel \vec{x_i} - \vec{x_j} \parallel^2)$
Sigmoidal	$K(\vec{x_i}, \vec{x_j}) = \tanh(k\vec{x_i} \cdot \vec{x_j} - \delta)$

다음은 파이썬 Sklearn 라이브러리에서 SVM Parameter 세팅에 대해서 알아보도록 하겠습니다.

⒀ 파이썬 Sklearn SVM Parameter

• SVM에서 사용되는 파라미터는 Kernel, C, Gamma가 대표적으로 많이 사용

• Kernel
 - 기본값으로 rbf를 설정 (값은 특정 중심에서 거리에 의존하는 함수 값)
 - 커널 파라미터 값에는 3가지가 있다.(Radial Basis Function, Linear, Polynomial)
• C
 - 기본값으로 1.0 설정
 - C값을 낮추면 초평면이 매끄러워지고, 값을 높이면 서포트 벡터들을 더 잘 분류함
• Gamma
 - 기본값으로 auto 설정
 - Gamma 값을 낮추면 초평면에서 멀리 떨어진 서포트 벡터들의 영향이 낮고, 값을 높이면 멀리 떨어진 요소들의 값이 영향이 큼
 - 값을 높일 경우 초평면에 인접한 서포트 벡터들의 영향(Weight)가 커지기 때문에 초평면이 울퉁불퉁 (Uneven)하게 됨

파이썬에서 머신러닝 학습을 도와주는 패키지 Sklearn은 SVM 모델을 이용할 수 있게 해줍니다. SVM 모델 함수에는 많은 Parameter들이 있지만 대표적으로 많이 사용하는 총 세가지 Kernel, C, gamma가 있습니다.

먼저 Kernel 파라미터 값에는 rbf, linear, polynominal 총 세 가지를 사용할 수 있는데, 디폴트 값은 rbf입니다. 다음 C 파라미터 값은 얼마 만큼의 여유를 가지고 오류를 인정할 건지에 대한 값으로, 디폴트로 1.0 값을 갖습니다. 만약, C값을 낮추면 초평면이 매끄러워지고, 값을 높이면 서포트 벡터들을 더 잘 분류합니다.

Gamma 파라미터는 값을 낮추면 초평면에서 멀리 떨어진 서포트 벡터들의 영향을 작게 만들고, 값을 높이면 멀리 떨어진 서포트 벡터들의 값들의 영향을 크게 만드는 역할을 합니다. 또한 값을 높일 경우 초평면에 인접한 서포트 벡터들의 영향이 커지기 때문에 초평면이 울퉁불퉁하게 됩니다. 앞에서는 SVM 모델의 Parameter의 개념에 대해서 익혔습니다. 하지만 Parameter를 너무 과도하게 세팅한다면 Overfitting 문제가 발생할 수 있습니다.

⑭ SVM Overfitting

그림 23은 Overfitting 즉, 과최적화 문제가 발생된 대표적인 그림입니다. 여기서 과최적화란 무엇이고 그림이 왜 과최적화 되었다는 것인지에 대해 알아보도록 하겠습니다.

과최적화란 문자 그대로 너무 과도하게 데이터에 대해 모델을 학습한 경우를 의미합니다. 과도하게 학습된 모델은 학습한 데이터에 대해서는 분류를 비교적 정확하게 해내지만, 이 학습 데이터의 패턴을 벗어나는 새로운 데이터에 대해선 분류를 제대로 하지 못하는 문제가 있습니다. 즉, 학습데이터에만 최적화되어 있는 것이지요. 이때 현재에 대해 잘 설명하는 것만으로 충분하지 않을까? 라고 생각할 수 있습니다. 하지만 우리가 사실 원하는 정보는 기존에 알고 있는 데이터에 대한 것들이 아닙니다.

우리가 알고자 하는 것은 새로운 데이터에 대한 것들에 대한 정보입니다. 정작 새로운 데이터에 대해서 제대로 맞추지 못하는 문제가 발생하기 때문에 과최적화 문제는 피해줘야 할 문제입니다. 자, 그럼 그림에 대해서 살펴보도록 하겠습니다. 해당 그림은 과최적화 문제가 발생된 대표적인 그림입니다. 여기서 그림이 왜 과최적화일 까요?

해당 그림은 빨간 원과 하늘색 네모가 정확히 분류되어 있습니다. 이때 새로운 데이터 X축과 Y축이 겹치는 0, 0 좌표에 하늘색 네모가 입력된다고 가정하도록 하겠습니다. 가정한 데이터를 그림에서 확인하시면 빨간 원으로 분류되는 것을 확인할 수 있습니다. 이렇게 과최적화 된 모델은 분류하고자 하는 데이터가 학습된 데이터와 조금이라도 차이가 난다면 오분류를 하는 문제점이 있습니다.

그림과 같은 과최적화가 일어나지 않도록 하려면 영향을 주는 SVM parameter들의 값을 적절히 조정을 해주는 것이 중요합니다. 그림 23은 SVM Overfitting에 대한 내용입니다.

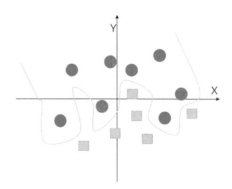

그림 23 SVM Overfitting

6.2 Support Vector Machine 실습

학습한 내용을 실습하는 예제 코드를 살펴보도록 하겠습니다. 실습은 먼저 실제 데이터를 SVM 모델을 이용해 분류를 해보고, 모델의 Parameter를 조정하는 순으로 진행하도록 하겠습니다.

6.2.1 Python package 로드

우선 사용할 패키지들을 가져오도록 하겠습니다. 첫 번째 줄에서는 numpy 패키지를 np라는 이름으로 가져옵니다. Numpy 라이브러리는 행렬, 벡터 등의 수학 계산을 위한 자료구조와 계산 함수를 제공하는 패키지입니다. 두 번째 줄에서는 Pandas 패키지를 pd라는 이름으로 가져옵니다.

Pandas패키지는 CSV파일 또는 데이터베이스에서 데이터를 읽고 쓸 수 있고 또한 데이터를 쉽게 조작할 수 있어 데이터 분석, 가공, 처리에 자주 사용되는 패키지입니다. 세 번째 줄은 Matplotlib의 서브패키지인 pyplot을 "plt"라는 이름으로 가져오는 코드입니다. Matplotlib은 막대그래프, 히스토그램, 파이차트, 산점도 등 다양한 그림을 그리는데 사용되는 파이썬의 시각화 패키지입니다.

네 번째 줄은 sklearn 패키지에서 제공하는 svm과 datasets 모듈을 가져옵니다. sklearn 패키지는 분류, 회귀, 군집 등의 문제에 대한 다양한 알고리즘을 제공하고 있습니다. 여기서 SVM은 Support Vector Machine 모델을 생성하고 분류, 예측, 성능평가를 진행하게 도와주는 모듈입니다.

Datasets은 sklearn 패키지의 open dataset을 로드할 때 사용하는 모듈입니다. 대표적인 Open Dataset은 Iris, Tennis, Titanic, Boston 데이터들이 있습니다. 다섯 번째 줄은 matplotlib의 결과를 ipython notebook 안에서 출력하기 위해 사용하는 명령어입니다. 그림 그림 24 필요한 package 로드는 필요한 package 로드에 대한 내용입니다.

```
1 import numpy as np
2 import pandas as pd
3 import matplotlib.pyplot as plt
4 from sklearn import svm, datasets
5 %matplotlib inline
```

그림 24 필요한 package 로드

6.2.2 Iris data set 로드

이제 사용할 데이터를 불러오도록 하겠습니다. 첫 번째 줄에서는 datasets 모듈을 통해 붓꽃 데이터를 가져와 iris 변수에 저장합니다. 이 때 붓꽃 데이터는 dictionary 자료형으로 이루어져 있습니다. 두 번째 줄에서는 dictionary 자료형을 갖는 붓꽃 데이터의 key값들을 출력합니다.

세 번째 줄은 붓꽃 데이터 중 data의 전체 행과 열의 길이를 출력합니다. 출력 결과를 보면 붓꽃 데이터는 150개의 row와 4개의 column으로 구성되어 있는 것을 알 수 있습니다. 네 번째 줄은 붓꽃 데이터 중 feature_names 값들을 출력합니다. 그림 그림 25 Iris data set 로드는 iris data set 로드하는 내용입니다.

```
1 iris = datasets.load_iris()
2 print(iris.keys())
3 print(iris.data.shape)
4 print(iris.feature_names)
dict_keys(['data', 'target', 'target_names', 'DESCR', 'feature_names'])
(150, 4)
['sepal length (cm)', 'sepal width (cm)', 'petal length (cm)', 'petal width (cm)']
```

그림 25 Iris data set 로드

6.2.3 Iris data set 정보 확인

이번에는 붓꽃 데이터 셋에 대한 정보를 출력해 보도록 하겠습니다. Sklearn에서 제공하는 Open Dataset은 DESCR() 함수를 통해 데이터 셋에 대한 정보를 같이 제공합니다. 출력된 결과물을 확인해보면 각 feature들에 대한 설명과 길이가 적힌 것을 확인할 수 있습니다. 그림 26 Iris data set 정보 확인은 iris data set 정보 확인에 대한 내용입니다.

```
1  print(iris.DESCR)

Iris Plants Database
====================

Notes
-----
Data Set Characteristics:
    :Number of Instances: 150 (50 in each of three classes)
    :Number of Attributes: 4 numeric, predictive attributes and the class
    :Attribute Information:
        - sepal length in cm
        - sepal width in cm
        - petal length in cm
        - petal width in cm
        - class:
                - Iris-Setosa
                - Iris-Versicolour
                - Iris-Virginica
```

그림 26 Iris data set 정보 확인

6.2.4 데이터 학습

다음은 SVM모델을 만들어 데이터를 학습시켜보도록 하겠습니다. 첫 번째 줄에서는 iris 변수에 전체 데이터 중 data에 해당하는 값 중 2개 열에 전체 행 값을 x 변수에 저장합니다. 두 번째 줄은 iris 변수의 target에 해당하는 값을 y 변수에 저장합니다. 여기서 y값은 예측하고자 하는 값입니다.

세 번째 줄은 svm.SVC() 함수를 통해 Kernel Parameter를 linear로 지정하고 C 값을 1로 지정한 SVM모델을 만들고, fit() 함수를 통해 x와 y값을 학습한 후 SVM 변수 안에 저장합니다. 그림 27은 데이터 학습에 대한 내용입니다.

```
1  x = iris.data[:, :2]
2  y = iris.target
3  SVM = svm.SVC(kernel='linear', C=1).fit(x, y)
```

그림 27 데이터 학습

6.2.5 데이터 시각화 전처리

다음은 학습된 SVM 모델을 그래프로 출력하기 위해 전처리를 해보도록 하겠습니다. 첫 번째 줄은 x변수에 저장된 첫 번째 컬럼 값에 최솟값과 최댓값을 구한 후 -1, +1을 해주어 plot의 처음과 끝 값을 구한 후 x_min, x_max 변수에 저장합니다. 해당 변수 값들은

X축의 범위를 설정할 때 사용합니다.

두 번째 줄은 y변수에 저장된 두 번째 컬럼 값에 최솟값과 최댓값을 구한 후, -1, +1을 해 주어 plot의 처음과 끝 값을 구한 후 y_min, y_max 변수에 저장합니다. 마찬가지로 해당 변수 값들은 y축의 범위를 지정할 때 사용합니다.

그리고 세 번째 줄에서는 x_max 값을 x_min 값으로 나눈 후 100으로 다시 나누어 나온 0.025 값을 plot_unit 변수에 저장합니다. 해당 값은 축의 단위를 설정해주는 변수로, 축 의 단위는 plot을 그릴 때 배경에 세밀한 정도를 나타내기 때문에 그 수치를 낮게 잡아서 세밀하게 확인합니다.

네 번째 줄에서는 np.arange() 함수를 통해 x_min, y_min 값에서 x_max, y_max 값까지 plot_unit 값만큼 균등하게 간격을 둔 1차원 배열형태의 데이터를 만듭니다. 만들어진 1 차원 배열형태의 데이터를 np.meshgrid 함수를 통해 2차원 배열형태로 교체한 후 xx, yy 변수에 저장해줍니다. xx 변수는 x가 y차원 크기의 행의 개수만큼 반복된 값을 갖고, yy 변수는 y가 x차원 크기의 열의 개수만큼 반복된 값을 가지고 있습니다. 그림 28은 데 이터 시각화 전처리에 대한 내용입니다.

```
1  x_min, x_max = x[:, 0].min()-1, x[:, 0].max()+1
2  y_min, y_max = x[:, 1].min()-1, x[:, 1].max()+1
3  plot_unit = 0.025
4  xx, yy = np.meshgrid(np.arange(x_min, x_max, plot_unit), np.arange(y_min, y_max, plot_unit))
```

그림 28 데이터 시각화 전처리

6.2.6 데이터 시각화 및 성능 측정

이제 데이터를 시각화 하고 성능을 측정 해보도록 하겠습니다. 첫 번째 줄에서는 numpy.ravel 함수를 통해 xx와 yy 변수에 저장된 행렬의 1행부터 순차적으로 값을 불러 와서 1차원 배열을 만듭니다. 이렇게 만든 배열을 np.c_[]함수를 통해 배열에 열을 추가 한 후, 학습된 SVM 모델에 데이터를 입력해 입력된 데이터가 어떤 class 값인지 분류한 값을 z 변수에 저장합니다.

두 번째 줄에서는 Z 변수의 차원을 xx 변수의 차원과 같은 차원으로 재형성한 후 다시 Z 변수에 저장해줍니다. 해당 차원을 같게 만들어주는 이유는 plot을 할 때 같은 차원의 데 이터를 사용해야하기 때문입니다. 세 번째 줄은 pcolormesh()함수를 통해 xx, yy와 z 값을 입력한 후, 입력 받은 3개의 데이터를 그래프로 나타냅니다.

네 번째 줄은 x변수 첫 번째 컬럼에 저장된 데이터를 x축 두 번째 컬럼을 y축으로 하여 산점도를 그립니다. 다섯 번째 줄에서는 x축의 이름을 설정해 주고, 여섯 번째 줄에서는 y축의 이름을 설정합니다. 일곱 번째 줄은 plot으로 보여줄 x축의 범위를 xx.min()값에 서 xx.max()값을 지정해서 보여줍니다.

그리고 여덟 번째 줄은 plot에 제목을 설정하고, 아홉 번째 줄은 입력된 plot을 화면에 출력합니다. 열 번째 줄에서는 학습된 SVM 모델을 통해 입력된 데이터를 분류한 후 실제 값과 비교해 분류 정확도를 출력하였습니다. 다음의 그림처럼 결과적으로 커널 Parameter를 Linear로 주었기 때문에 선으로 데이터를 분류한 결과를 확인할 수 있습니다. 그림 29는 데이터 시각화 및 성능 측정에 대한 내용입니다.

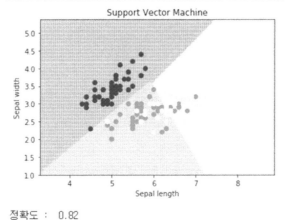

```
 1  z = SVM.predict(np.c_[xx.ravel(), yy.ravel()])
 2  z = z.reshape(xx.shape)
 3  plt.pcolormesh(xx, yy, z, alpha=0.1)
 4  plt.scatter(x[:, 0],x[:, 1],c=y)
 5  plt.xlabel('Sepal length')
 6  plt.ylabel('Sepal width')
 7  plt.xlim(xx.min(), xx.max())
 8  plt.title('Support Vector Machine')
 9  plt.show()
10  print('정확도 : ',SVM.score(X = x, y = y))
```

정확도 : 0.82

그림 29 데이터 시각화 및 성능 측정

이번에는 svm.SVC()함수의 파라미터 값을 조정한 후 성능 측정 결과와 plot의 변화를 확인해 보겠습니다.

6.3 SVM의 Parameter 조정하는 방법 실습

(1) 데이터 파라미터 조정 및 성능 측정(kernel=rbf, C=1)

코드설명은 앞과 동일하기 때문에 생략하도록 하겠습니다. 자 그럼 첫 번째 매개변수 조정을 해보도록 하겠습니다. 먼저 커널 파라미터를 linear에서 rbf kernel로 교체했습니다. 결과를 확인하시면 선형이 아닌 비선형으로 분류된 것을 확인할 수 있습니다. 그림 30은 kernel 파라미터를 linear에서 rbf로 조정한 후 성능 측정에 대한 결과입니다.

```
1  SVM = svm.SVC(kernel='rbf', C=1).fit(x, y)
2  z = SVM.predict(np.c_[xx.ravel(), yy.ravel()])
3  z = z.reshape(xx.shape)
4  plt.pcolormesh(xx, yy, z,alpha=0.1)
5  plt.scatter(x[:, 0],x[:, 1],c=y)
6  plt.xlabel('Sepal length')
7  plt.ylabel('Sepal width')
8  plt.xlim(xx.min(), xx.max())
9  plt.title('Support Vector Machine')
10 plt.show()
11 print('정확도 : ',SVM.score(X = x, y = y))
```

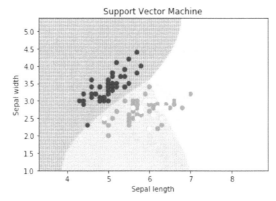

정확도 : 0.826666666667

그림 30 kernel 파라미터를 조정한 후 성능 측정 결과

(2) 데이터 파라미터 조정 및 성능 측정(kernel=rbf, C=1, gamma=10)

다음은 gamma 값을 변경해보도록 하겠습니다. Gamma 값은 값을 낮추면 멀리 떨어진 서포트 벡터들의 영향이 낮고, 값을 높이면 멀리 떨어진 벡터들의 값이 영향을 크게 하는 역할을 하는 파라미터입니다. gamma 값을 10을 줘보도록 하겠습니다. 결과를 확인해 보시면 Margin이 작아진 것을 확인할 수 있습니다. 그림 31은 gamma 파라미터를 10으로 조정한 후 성능 측정에 대한 결과입니다.

```
1  SVM = svm.SVC(kernel='rbf', C=1, gamma=10).fit(x, y)
2  z = SVM.predict(np.c_[xx.ravel(), yy.ravel()])
3  z = z.reshape(xx.shape)
4  plt.pcolormesh(xx, yy, z, alpha=0.1)
5  plt.scatter(x[:, 0],x[:, 1],c=y)
6  plt.xlabel('Sepal length')
7  plt.ylabel('Sepal width')
8  plt.xlim(xx.min(), xx.max())
9  plt.title('Support Vector Machine')
10 plt.show()
11 print('정확도 : ',SVM.score(X = x, y = y))
```

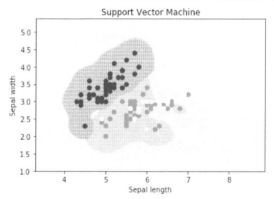

정확도 : 0.84

그림 31 gamma 파라미터를 조정한 후 성능 측정 결과 (1)

(3) 데이터 파라미터 조정 및 성능 측정(kernel=rbf, C=1, gamma=100)

Gamma 값을 100을 줘보도록 하겠습니다. 결과를 확인해 보시면 Margin이 매우 많이 작아진 것을 확인할 수 있습니다. 또한 앞에서 배운 Overfitting문제가 있는 것을 확인할 수 있습니다. 적당한 값 10을 줬을 때는 성능이 향상 되었지만 과도하게 100이란 수치를 주면 물론 성능이 훨씬 좋아졌지만 Overfittig문제가 발생된 것을 확인했습니다. 이 문제가 중요한 이유는 새로운 값을 분류할 때 살짝 벗어나도 다른 것으로 오분류 하기 때문입니다. 그림 32는 gamma 파라미터를 100으로 조정한 후 성능 측정에 대한 결과입니다.

```python
SVM = svm.SVC(kernel='rbf', C=1, gamma=100).fit(x, y)
z = SVM.predict(np.c_[xx.ravel(), yy.ravel()])
z = z.reshape(xx.shape)
plt.pcolormesh(xx, yy, z,alpha=0.1)
plt.scatter(x[:, 0],x[:, 1],c=y)
plt.xlabel('Sepal length')
plt.ylabel('Sepal width')
plt.xlim(xx.min(), xx.max())
plt.title('Support Vector Machine')
plt.show()
print('정확도 : ',SVM.score(X = x, y = y))
```

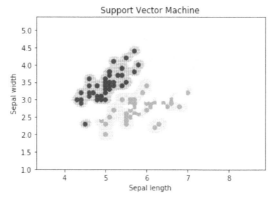

정확도 : 0.92

그림 32 gamma 파라미터를 조정한 후 성능 측정 결과 (2)

(4) 데이터 파라미터 조정 및 성능 측정(kernel=rbf, C=1, gamma=auto)

다음으로 C 파라미터 값을 조절해서 결과를 확인해보도록 하겠습니다. C 값은 디폴트로 1.0 값을 갖는데, 이 값을 낮추면 초평면이 매끄러워지지만 값을 높이면 서포트 벡터들을 더욱 세밀하게 분류하게 됩니다. C값을 1로 설정해 보겠습니다. 다음과 같이 초평면이 매끄럽게 분류하는 것을 확인할 수 있습니다. 그림 33은 C 파라미터를 1로 조정한 후 성능 측정에 대한 결과입니다.

```
1  SVM = svm.SVC(kernel='rbf', C=1).fit(x, y)
2  z = SVM.predict(np.c_[xx.ravel(), yy.ravel()])
3  z = z.reshape(xx.shape)
4  plt.pcolormesh(xx, yy, z,alpha=0.1)
5  plt.scatter(x[:, 0],x[:, 1],c=y)
6  plt.xlabel('Sepal length')
7  plt.ylabel('Sepal width')
8  plt.xlim(xx.min(), xx.max())
9  plt.title('Support Vector Machine')
10 plt.show()
11 print('정확도 : ',SVM.score(X = x, y = y))
```

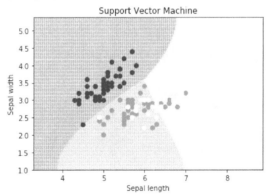

정확도 : 0.826666666667

그림 33 C 파라미터를 조정한 후 성능 측정 결과 (1)

(5) 데이터 파라미터 조정 및 성능 측정(kernel=rbf, C=100, gamma=auto)

C값을 100으로 설정하면 초평면이 더욱 작아지면서 마진이 작아진 것을 확인할 수 있습니다. 이유는 C값을 조절하면 멀리 있는 벡터도 서포트 벡터로 설정을 해주기 때문입니다. 그림 34는 C 파라미터를 100으로 조정한 후 성능 측정에 대한 결과입니다.

```
1 SVM = svm.SVC(kernel='rbf', C=100).fit(x, y)
2 z = SVM.predict(np.c_[xx.ravel(), yy.ravel()])
3 z = z.reshape(xx.shape)
4 plt.pcolormesh(xx, yy, z,alpha=0.1)
5 plt.scatter(x[:, 0],x[:, 1],c=y)
6 plt.xlabel('Sepal length')
7 plt.ylabel('Sepal width')
8 plt.xlim(xx.min(), xx.max())
9 plt.title('Support Vector Machine')
10 plt.show()
11 print('정확도 : ',SVM.score(X = x, y = y))
```

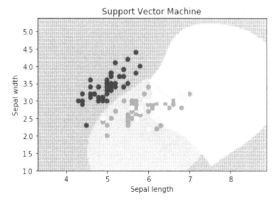

정확도 : 0.82

그림 34 C 파라미터를 조정한 후 성능 측정 결과 (2)

⑹ 데이터 파라미터 조정 및 성능 측정(kernel=rbf, C=1000, gamma=auto)

이번에는 C값을 1000으로 설정해보도록 하겠습니다. 결과를 확인해 보시면 C값을 100으로 줬을 때와 유사한 결과를 확인할 수 있습니다. 이렇게 Parameter를 조정하는 실습을 통해 Parameter를 높게 한다면 성능을 높일 수 있지만 과도하게 높게 한다면 Overfitting 문제가 발생하는 것을 확인했습니다. 그림 35는 C 파라미터를 1000으로 조정한 후 성능 측정에 대한 결과입니다.

```
1  SVM = svm.SVC(kernel='rbf', C=1000).fit(x, y)
2  z = SVM.predict(np.c_[xx.ravel(), yy.ravel()])
3  z = z.reshape(xx.shape)
4  plt.pcolormesh(xx, yy, z,alpha=0.1)
5  plt.scatter(x[:, 0],x[:, 1],c=y)
6  plt.xlabel('Sepal length')
7  plt.ylabel('Sepal width')
8  plt.xlim(xx.min(), xx.max())
9  plt.title('Support Vector Machine')
10 plt.show()
11 print('정확도 : ',SVM.score(X = x, y = y))
```

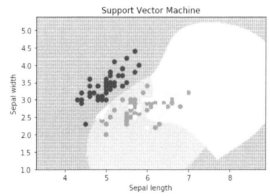

정확도 : 0.813333333333

그림 35 C 파라미터를 조정한 후 성능 측정 결과 (3)

Naive Bayes

CHAPTER 7

Naive Bayes

7.1 Naive Bayes 개념

7.1.1 Naive Bayes란?

- 나이브 베이즈(Naive Bayes)는 기계학습(Machine Learning) 분야에서 사용하는 지도학습(Supervised Learning) 알고리즘으로써 주로 분류(Classifiaction)의 목적으로 사용

- 속성들 사이의 독립을 가정하는 베이즈 정리(Bayes theorem)

나이브 베이즈는 기계학습 분야에서 사용하는 지도학습 알고리즘으로써 주로 분류의 목적으로 사용합니다. 또, 나이브 베이즈는 특정 자료가 여러 가지 속성을 가지고 있을 때 그 속성들 사이의 독립을 가정하는 베이즈 정리를 기반으로 합니다.

7.1.2 베이즈 정리(Bayes theorem)

- 1740년대 토마스 베이즈(Thomas Bayes)가 정립한 조건부 확률에 대한 수학적 정리
  - 베이즈 정리는 베이즈 룰(Bayes Rule), 베이즈 법칙(Bayes Law)으로도 불림

- 두 확률 변수의 사전 확률과 사후 확률 사이의 관계를 나타내는 정리
  - 사전 확률의 정보를 이용해 사후 확률을 추정

- 사전 확률 (Prior probability): 가지고 있는 정보를 기초로 정한 초기 확률

- 사후 확률 (Posterior probability): 결과가 발생했다는 조건에서 어떤 원인이 발생했을 확률

- 우도 (Likelihood): 원인이 발생했다는 조건에서 결과가 발생했을 확률

- 조건부 확률: $P(B|A) = \dfrac{P(A \cap B)}{P(A)}$

- 확률의 곱셈정리: $P(A \cap B) = P(A)P(B|A) = P(B)P(A|B)$

- 조건부 확률식의 확률 곱셈정리로 치환: $P(B|A) = \dfrac{P(A)P(B|A)}{P(A)} = \dfrac{P(B)P(A|B)}{P(A)}$

자, 그렇다면 베이즈 정리에 대해 먼저 간략하게 복습해 보도록 할까요? 베이즈 정리는 두 확률 변수의 사전확률과 사후확률 사이의 관계를 설명하는 수학적 정리죠. 즉, 사전확률

의 정보를 이용해 사후확률을 추정합니다. 여기서 사전확률이란 어떤 사건에 대해 원인과 결과가 있다고 가정했을 때, 사전확률은 원인이 발생할 확률을 말합니다. 사후확률은 결과가 발생했다는 조건에서 원인이 발생했을 확률을 의미합니다.

조건부 확률의 수식을 확률 곱셈정리로 치환하면 베이즈 공식이 되는 것입니다. 베이즈 공식을 보겠습니다.

A를 사건의 원인, B를 결과로 가정했을 경우에 P(A)는 원인이 발생할 확률인 원인의 사전확률을 의미하고, P(B)는 결과가 발생할 확률인 결과의 사전확률을 의미합니다. P(B|A)는 원인이 발생했다는 조건에서 결과가 발생할 확률로 우도를 의미합니다. 반대로 P(A|B)는 결과가 발생했다는 조건에서 원인이 발생했을 확률로서 이것이 사후확률입니다.

앞에서 베이즈 정리는 조건부 확률에 대한 수학적 정리라고 정의하였습니다. 이제부터 여러분들이 알고 계시는 조건부 확률로부터 베이즈 공식이 나오는 과정을 살펴보도록 하겠습니다. 조건부 확률 P(A|B)의 의미는 사건 B가 일어난 상태에서 사건 A가 일어날 확률을 의미하죠.

7.1.3 조건부 확률(Conditional Probability)

- 조건부 확률 $P(B|A)$: 사건 A가 일어난 상태에서 사건 B가 일어날 확률

- 예제
  - 주사위 2개를 던졌는데, 6은 인정하지 않는 상태에서 두 주사위의 차이가 2일 확률은? $P(B|A)$
  - 사건 A: 주사위 중 하나라도 6이 나오는 것은 인정하지 않는 사건
  - 사건 B: 주사위 2개를 던졌을 때 두 주사위의 차이가 2인 사건

주사위 예제를 통해 자세히 알아보도록 하겠습니다. 주사위 2개를 던지는데, 두 주사위에서 나온 수의 차이가 2일 확률을 구해 보도록 하겠습니다. 이 때 6이 나올 경우에는 인정하지 않는다고 가정하겠습니다.

주사위 중에 6을 인정하지 않는 사건을 A, 주사위 2개를 던졌을 때 두 주사위의 차이가 2인 사건을 B라고 두면 6을 인정하지 않는 상태에서 두 주사위의 차이가 2일 확률은 P(B|A)로 나타낼 수 있습니다.

즉, 그림과 같이 주사위를 2개 던졌을 때 두 주사위의 차이가 2일 확률이 아니라 주사위를 2개 던졌는데 그 중 6이 없는 상태에서 두 주사위의 차이가 2일 확률을 구하는 것입니다. 그림 1은 주사위 예제의 조건부 확률에 대한 내용입니다.

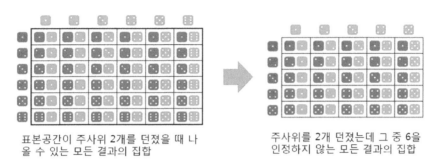

표본공간이 주사위 2개를 던졌을 때 나올 수 있는 모든 결과의 집합

주사위를 2개 던졌는데 그 중 6을 인정하지 않는 모든 결과의 집합

그림 1 조건부 확률 예제 경우

따라서, 표본공간이 주사위 두개를 던졌을 때 나올 수 있는 모든 결과의 집합에서 주사위 2개를 던졌는데 그 중 6이 없는 모든 결과의 집합으로 줄어들었을 때 두 주사위의 차이가 2일 확률을 구하는 것입니다.

- 주사위 2개를 던졌는데, 6은 인정하지 않는 상태에서 두 주사위의 차이가 2일 확률은?

  $P(B|A)$

  - 각 사건의 확률 값 보정 : 크기가 줄어들은 표본 공간에서 전체 확률 값이 1이 되어야함

$$P(B|A) = \frac{P(A \cap B)}{P(A)}$$

줄어들은 표본공간의 전체 확률 값이 1이 되어야 하므로 각 사건의 확률 값을 보정해 줘야하는데 그 식은 다음과 같습니다.

- 원래 표본공간은 36개이고 주사위 6은 인정하지 않는 조건에 해당하는 집은 원소가 25개

$$\frac{36}{25} = \frac{1}{P(A)}$$

원래 표본공간은 36개이고 주사위 6의 값을 인정하지 않는 조건에 해당하는 집합의 원소가 25개이므로 다음 수식과 같이 보정하게 됩니다. 이를 조건부 확률을 이용해 풀어보면 25분의 6이 됩니다.

−조건부 확률 $P(B|A)$

$$P(A \cap B) = P((1,3),(3,1),(2,4),(4,2),(3,5),(5,3)) = \frac{6}{36} = \frac{1}{6}$$

$$P(A) = \frac{25}{36}$$

$$P(B|A) = \frac{P(A \cap B)}{P(A)} \quad \frac{\frac{1}{6}}{\frac{25}{36}} = \frac{6}{25}$$

조건부 확률에 대한 이해를 돕기 위해 벤다이어그램으로 설명해 보도록 하겠습니다.

• 조건부 확률 $P(B|A)$: 사건 B가 일어난 상태에서 사건 A가 일어날 확률
  −S : 도형의 집합
  −A : 모든 변의 길이가 같은 도형의 집합
  −B : 삼각형의 집합

예를 들어 어떤 표본공간 S와 두 사건 A, B가 있을 때 S와 A, B의 관계는 다음의 그림과 같이 나타낼 수 있습니다. P(B|A), 즉 A가 일어났다는 조건하에서 B가 일어날 확률을 생각해 봅시다.

일단 A가 일어난 상태이므로 B가 일어나려면 A∩B가 되어야 합니다. 예를 들어 S를 도형의 집합이라고 하고 A를 모든 변의 길이가 같은 도형의 집합, B를 삼각형의 집합이라고 해봅시다. A가 일어났다는 조건하에서 B가 일어났다는 것은 모든 변의 길이가 같은 도형이면서 삼각형인 것이 되므로 정삼각형 집합 A∩B가 됩니다.

여기에 모든 변의 길이가 같다는 조건 A가 들어갑니다. 즉, 다음의 그림과 같이 전체 S에서 A∩B가 일어날 확률이 아니라 A에서 A∩B가 일어날 확률이 됩니다. 그래서 A가 일어날 확률을 1로보고 A∩B가 일어날 확률을 구해야 하므로 조건부 확률 P(B|A)를 구하는 식과 같게 되는 것입니다.

다음에는 P(A∩B)=P(B|A)P(A) 수식의 의미를 살펴볼까요? P(A∩B)는 A와 B가 동시에 일어날 확률, P(A)는 A가 일어날 확률, 그리고 P(B|A)는 A가 일어났다는 조건에서 B가 일어날 확률입니다.

즉 식을 풀어서 적어보면 "A와 B가 동시에 일어날 확률 P(A∩B)"가 "A가 일어날 확률

P(A)"에 "A가 일어난 상태에서 B가 일어날 확률 P(B|A)"을 곱한 것과 같다는 것입니다.

여기서 "A가 일어난 상태에서 B가 일어날 확률"이라는 것의 의미를 살펴보겠습니다. 앞에서 설명하였듯이 "A가 일어난 상태"라는 것은 A를 전체로 본다는 뜻입니다. 즉 "A가 일어난 상태에서 B가 일어날 확률"이라는 것은 A를 전체로 보고 그 안에서 B가 일어날 확률이라는 것이죠. 왼쪽 그림으로 설명하자면 A를 나타내는 부분이 전체인 상태에서 A∩B가 일어날 확률이 되는 것입니다.

오른쪽 원래 A와 B, 그리고 전체 S의 관계 그림과 다음의 "A가 일어난 상태에서 B가 일어날 확률"의 의미가 그림에서 보이시나요? 편의를 위해 A, B, 전체가 일어날 확률이 그림에서 각각이 차지하는 면적이 같다고 해 봅시다. 여기서 P(A∩B)는 전체 넓이를 1이라고 했을 때 A∩B의 넓이가 됩니다.

그러면 P(B|A)는 어떻게 될까요? A의 넓이를 1이라고 했을 때 A∩B의 넓이가 됩니다. P(A∩B)P(A)는 무엇일까요? "A의 넓이를 1이라고 했을 때 A∩B의 넓이" 곱하기 "전체의 넓이를 1이라고 했을 때 A의 넓이"가 됩니다.

즉 A의 넓이를 1에서 전체의 넓이를 1이라고 했을 때의 넓이로 줄인 것이고 그러면서 A의 넓이를 1이라고 했을 때 A∩B의 넓이도 원래대로 줄어들게 됩니다. 그래서 P(A∩B)=P(B|A)P(A)가 성립하게 됩니다. 그림 2는 벤다이어그램으로 설명한 조건부 확률에 대한 내용입니다.

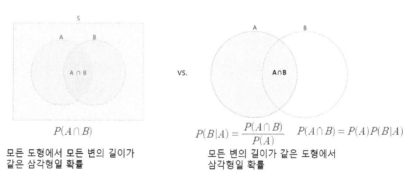

$$P(A \cap B)$$

모든 도형에서 모든 변의 길이가
같은 삼각형일 확률

VS.

$$P(B|A) = \frac{P(A \cap B)}{P(A)} \quad P(A \cap B) = P(A)P(B|A)$$

모든 변의 길이가 같은 도형에서
삼각형일 확률

그림 2 벤다이어그램으로 설명한 조건부 확률

다음에는 나이브 베이즈에서 베이즈 정리에 의한 사후 확률 계산 시 발생하는 문제를 해결하기 위한 기법들을 간략하게 소개해 드리겠습니다.

7.1.4 라플라스 스무딩 (Laplace Smoothing)

• 라플라스 스무딩은 학습 벡터에 제시되어 있지 않은 요소가 있는 새로운 입력 벡터로 나이브 베이즈 분류기 (Naive Bayes Classifier)에 입력되며, 조건부 확률이 0이 되어 정상적으로 분류가 되지 않는 경우를 방지하기 위해 확률 값을 보정하는데 사용되는 기법

라플라스 스무딩은 베이즈 정리에 의한 조건부 확률 계산 시 학습에 제시되지 않은 요소가 입력에 존재할 경우, 조건부 확률은 0의 값을 갖게 되는 문제가 발생하게 됩니다. 즉, 확률이 0이 되어 정상적으로 분류가 되지 않는 경우를 방지하기 위해 라플라스 스무딩 기법을 이용해 확률 값을 보정합니다. 다음으로 로그 변환 기법에 대해 말씀 드리겠습니다.

7.1.5 Log 변환

• 확률은 항상 1보다 작은 값을 갖는 특성 존재
• 입력 벡터를 구성하는 요소가 많을수록 입력 벡터에 대한 각각의 조건부 확률이 매우 낮아져, 조건부 확률 값의 비교가 불가능한 Underflow 현상 발생
• Underflow 현상을 해결하기 위해 조건부 확률 계산식에 log를 적용해 조건부 확률 값을 연산하는 기법

항상 1보다 작은 값을 갖는 확률의 특성상 입력 벡터를 구성하는 요소가 많아질수록 입력 벡터에 대한 각각의 조건부 확률이 너무 작아져서 비교가 불가능한 Underflow 현상이 발생하는 경우가 있습니다. 이와 같은 문제점을 해결하기 위해 나이브 베이즈에서는 조건부 확률 계산식에 log를 적용하여 값을 연산하는 기법을 이용하는데 이를 log 변환이라 합니다. 이번에는 예제 데이터를 이용하여 나이브 베이즈에 대해 알아보도록 하겠습니다.

7.2 예제를 이용한 Naive Bayes

사용되는 예제 데이터는 날씨, 온도, 습도에 따른 테니스 경기 여부를 나타내는 Tennis 데이터입니다. 먼저 예제 데이터를 이용해 빈도 테이블과 우도 테이블을 생성합니다. 그리고는 나이브 베이즈 방정식을 사용해 각 클래스의 사전 확률을 계산할 것입니다. 마지

막으로 입력 벡터에 대한 사후 확률을 계산합니다. 계산되어 나온 사후 확률 중 가장 높은 사후 확률을 갖는 클래스가 입력 벡터에 대한 예측 결과가 되겠습니다. 그럼 Tennis 데이터 셋에 대해 나이브 베이즈 방정식을 이용해 사후 확률을 구하는 과정을 진행해 보도록 하겠습니다.

데이터 셋에서 학습 벡터는 Outlook, Temperature, Humidity입니다. 그리고 PlayTennis가 데이터 셋에서 클래스가 됩니다. 보시는 것과 같이 Outlook 벡터는 Sunny, Overcast, Rain 3개 요소로 구성되어 있고, Temperature 벡터는 Hot, Cool, Mild로 역시 3개 요소로 구성되어 있습니다.

그리고 Humidity 벡터는 High와 Normal 2개 요소로 구성되어 있습니다. PlayTennis 클래스는 No와 Yes 2개 요소로 구성되어 있습니다. 그림 3은 Tennis의 예제 데이터입니다.

Outlook	Temperature	Humidity	Play Tennis
Sunny	Hot	High	No
Sunny	Hot	High	No
Overcast	Hot	High	Yes
Rain	Mild	High	Yes
Rain	Cool	Normal	Yes
Rain	Cool	Normal	No
Overcast	Cool	Normal	Yes
Sunny	Mild	High	No
Sunny	Cool	Normal	Yes
Rain	Mild	Normal	Yes
Sunny	Mild	Normal	Yes
Overcast	Mild	High	Yes
Overcast	Hot	Normal	Yes
Rain	Mild	High	No

그림 3 Tennis 예제 데이터

Outlook 벡터를 이용해 사후 확률을 구해 보도록 하겠습니다. 그림 4는 Outlook 데이터와 클래스에 대한 내용입니다.

Outlook	Play Tennis
Sunny	No
Sunny	No
Overcast	Yes
Rain	Yes
Rain	Yes
Rain	No
Overcast	Yes
Sunny	No
Sunny	Yes
Rain	Yes
Sunny	Yes
Overcast	Yes
Overcast	Yes
Rain	No

그림 4 Outlook 데이터와 PlayTennis클래스

첫 번째 과정으로 Outlook 벡터에 대한 빈도 테이블을 만듭니다. Outlook 벡터에서 Sunny의 수는 5개, Overcast의 수는 4개, 그리고 Rain의 수는 5개로 Outlook 벡터를 구성하는 전체 요소의 수는 14개입니다.

그리고 Outlook 벡터의 요소 14개는 클래스의 요소 No와 Yes에 각각 하나씩 대응됩니다. 클래스의 요소를 살펴보면 No의 수는 5개, Yes의 수는 9개입니다. Outlook 벡터의 요소가 대응되는 클래스 요소의 수를 이용해 보시는 것과 같은 빈도 테이블을 생성합니다. 그림 5는 Outlook 데이터의 빈도 테이블입니다.

빈도 테이블		
	No	Yes
Overcast	0	4
Rain	2	3
Sunny	3	2
Total	5	9

그림 5 Outlook 데이터의 빈도 테이블

자, 빈도 테이블이 생성되었으면 이를 이용해 우도 테이블을 만듭니다. 우도 테이블을 만들기 위해 먼저 Outlook 벡터에 있는 Overcast의 사전 확률을 구해 보겠습니다. Overcast의 사전 확률은 Outlook 벡터 전체 요소 수가 분모, Overcast의 수가 분자인 분수 형태로 구할 수 있습니다.

Outlook 벡터 전체 요소의 수가 14이고, Overcast의 수는 4이므로, Overcast의 사전 확률은 $\frac{4}{14}$로 0.29입니다. 편의상 확률은 소수점 아래 두 번째 자리까지만 나타내겠습니다. 이와 같은 방법으로 Rain과 Sunny의 사전 확률은 $\frac{5}{14}$로 0.36이 됩니다. 그림 6은 Outlook 데이터 각 요소의 사전 확률입니다.

우도(Likelihood) 테이블	No	Yes	
Overcast	0	4	0.29
Rain	2	3	0.36
Sunny	3	2	0.36
Total	5	9	
	0.36	0.64	

$$\frac{4}{14} = 0.28571 \ldots = 0.29 \qquad P(Overcast)$$

$$\frac{5}{14} = 0.35714 \ldots = 0.36 \qquad P(Rain)$$

$$\frac{5}{14} = 0.35714 \ldots = 0.36 \qquad P(Sunny)$$

그림 6 Outlook 데이터 각 요소의 사전 확률

다음으로 클래스의 요소 No에 대한 사전 확률을 구하겠습니다. 클래스 전체 요소의 수는 14이고, No의 수는 5입니다. 따라서, No의 사전 확률은 $\frac{5}{14}$ 로 0.36입니다. No의 사전 확률을 구하는 과정과 마찬가지로 Yes의 사전확률을 구하면 Yes의 사전 확률은 $\frac{9}{14}$ 로 0.64가 됩니다. 그림 7은 클래스의 각 요소의 사전 확률입니다.

우도(Likelihood) 테이블	No	Yes	
Overcast	0	4	0.29
Rain	2	3	0.36
Sunny	3	2	0.36
Total	5	9	
	0.36	0.64	

$P(No)$
$$\frac{5}{14} = 0.35714 \ldots = 0.36$$

$P(Yes)$
$$\frac{9}{14} = 0.64285 \ldots = 0.64$$

그림 7 PlayTennis 클래스 각 요소의 사전 확률

다음으로 원인이 발생했다는 조건에서 결과가 발생할 확률인 우도를 구해보겠습니다. 예제 데이터 관점에서 보면, 클래스가 발생했다는 조건에서 Outlook 벡터의 요소들이 발생활 확률로 이해하시면 되겠습니다.

먼저, Yes가 발생했다는 조건에서 Overcast가 발생할 확률을 구하겠습니다. 클래스 중 Yes의 수는 9입니다. Outlook 벡터 중 Overcast가 Yes인 수는 4입니다. 클래스 중 Yes의 수가 분모, Outlook 벡터 Overcast가 Yes인 수가 분자가 됩니다.

따라서, Yes가 발생했다는 조건에서 Overcast가 발생할 확률은 $\frac{4}{9}$로 0.55가 됩니다. No 가 발생했다는 조건에서 Overcast는 발생하지 않아 확률 계산은 생략하겠습니다. 그림 8 은 Outlook 데이터 중 overcast의 우도에 대한 내용입니다.

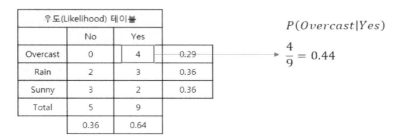

그림 8 Overcast의 우도

마찬가지로 클래스 중 No의 수가 5였고, Outlook 벡터 중 Rain이 No인 수는 2이니까 No 가 발생했다는 조건에서 Rain이 발생할 확률은 $\frac{2}{5}$로 0.4가 됩니다. 이와 같은 방식으로 구하면, Yes가 발생했다는 조건에서 Rain이 발생할 확률은 $\frac{3}{9}$으로 0.33이 됩니다.

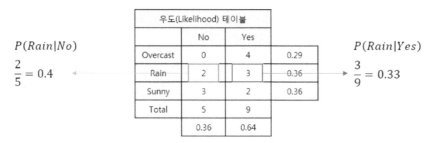

그림 9 Rain의 우도

또한 No가 발생했다는 조건에서 Sunny가 발생할 확률은 $\frac{3}{5}$ 으로 0.6, Yes가 발생했다는 조건에서 Sunny가 발생할 확률은 $\frac{2}{9}$ 로 0.22가 됨을 확인할 수 있습니다. 그림 10은 Outlook 데이터 중 Sunny의 우도에 대한 내용입니다.

우도(Likelihood) 테이블			
	No	Yes	
Overcast	0	4	0.29
Rain	2	3	0.36
Sunny	3	2	0.36
Total	5	9	
	0.36	0.64	

$P(Sunny|No)$
$\frac{3}{5} = 0.6$

$P(Sunny|Yes)$
$\frac{2}{9} = 0.22$

그림 10 Sunny의 우도

지금까지 Outlook 벡터의 사전확률, 클래스의 사전확률, 그리고 우도를 구해 보았습니다.

Outlook 벡터의 각 요소들이 발생했다는 조건에서, 클래스가 발생했을 확률인 사후확률을 구해 보겠습니다. 먼저 Outlook 벡터 중 Sunny가 발생했다는 조건에서, No가 발생했을 확률을 구해 보겠습니다.

확률의 식은 다음과 같습니다. 즉, No가 발생할 확률인 No의 사전확률과 No가 발생했다는 조건에서, Sunny가 발생할 확률인 우도를 곱한 값을 Sunny가 발생할 확률인 Sunny의 사전확률로 나누어 주면 됩니다.

$$P(No|Sunny) = \frac{P(No)P(Sunny|No)}{P(Sunny)}$$

각 확률 값을 대입해보면 No의 사전확률 값은 0.36과 No가 발생했다는 조건에서, Sunny가 발생할 확률인 우도는 0.6이 됩니다. 이 두 값의 곱을 Sunny의 사전확률 값 0.36으로 나누어 나온 결과 값 0.6은 Sunny가 발생했다는 조건에서, No가 발생했을 확률인 사후확률 값이 되는 것입니다.

$$P(Sunny) = \frac{5}{14} = 0.36$$

$$P(No) = \frac{5}{14} = 0.36$$

$$P(Sunny|No) = \frac{3}{5} = 0.6$$

$$P(No|Sunny) = \frac{0.36 \times 0.6}{0.36} = 0.6$$

굉장히 복잡해 보이지만 같은 방식으로 다른 사후확률 값을 계산해 보면 생각보다 어렵지 않음을 확인할 수 있을 것입니다. 그런 의미에서 사후확률 값 하나만 더 같이 구해 보도록 하겠습니다. Rain이 발생했다는 조건에서 No가 발생했을 확률을 구해 보도록 하겠습니다.

확률의 식은 다음과 같습니다. Rain이 발생할 확률인 Rain의 사전확률은 분모에 위치하고, No가 발생할 확률인 No의 사전확률과 No가 발생했다는 조건에서 Rain이 발생할 확률인 우도의 곱은 분자에 위치하게 됩니다.

$$P(No|Rain) = \frac{P(No)P(Rain|No)}{P(Rain)}$$

Rain의 사전확률은 0.36이고, No의 사전확률은 0.36이 됩니다. No가 발생했다는 조건에서 Rain이 발생할 확률인 우도는 0.4입니다. 이 세가지 확률을 이용해 Rain이 발생했다는 조건에서 No가 발생했을 확률인 사후확률을 구하면 0.4가 되는 것을 확인하실 수 있습니다.

$$P(Rain) = \frac{5}{14} = 0.36$$

$$P(No) = \frac{5}{14} = 0.36$$

$$P(Rain|No) = \frac{2}{5} = 0.4$$

$$P(No|Rain) = \frac{0.36 \times 0.4}{0.36} = 0.4$$

나머지 사후확률 값 계산은 생략하도록 하겠습니다. 하지만 반복학습을 위해 수강생들께서는 꼭 나머지 사후확률 값을 구해 보시기 바랍니다. 지금까지 Outlook 벡터의 사전확률, PlayTennis 클래스의 사전 확률, PlayTennis 클래스가 발생했을 때 Outlook 벡터가 발생할 확률인 우도, Outlook 벡터가 발생했을 때 PlayTennis 클래스가 발생할 확률인 사후 확률에 대해 알아봤습니다.

Outlook 벡터와 클래스에 대한 사전 확률 및 사후 확률과 우도를 구한 과정을 Temperature 벡터와 Humidity 벡터에 각각 적용하면 Temperature 벡터와 Humidity 벡터 그리고 클래스에 대한 사전 확률, 사후 확률과 우도를 구할 수 있습니다. 이 과정에 대한 설명은 생략하겠습니다.

그러면 이제 앞서 진행된 과정에서 구한 사전 확률과 우도를 이용해 새로운 입력 벡터와 클래스에 대한 사후 확률을 알아보겠습니다. X라는 이름의 새로운 입력 벡터 구성은 다음과 같습니다. 그림 11은 새로운 입력 벡터 X입니다.

X = (Outlook = Rain, Temperature = Cool, Humidity = Normal)

그림 11 새로운 입력 벡터 X

Outlook이 Rain이고 Temperature가 Cool, 그리고 Humidity가 Normal입니다. 먼저 클래스가 No일 때, 입력 벡터 X의 우도를 구해보겠습니다.

No가 발생했다는 조건에서 Outlook이 Rain일 확률, Temperature가 Cool일 확률, Humidity가 Normal일 확률 이 세 가지 값을 곱한 결과가 바로 No가 발생했다는 조건에서 입력 벡터 X에 대한 우도입니다.

No가 발생했다는 조건에서 Outlook이 Rain일 확률은 0.4, Temperature가 Cool일 확률은 0.2, Humidity가 Normal일 확률은 0.2입니다. 따라서 No가 발생했다는 조건에서 입력 벡터가 발생할 확률인 우도는 0.016이 됩니다. 그림 12는 No가 발생했다는 조건에서 입력 벡터 X에 대한 우도 결과입니다.

$P(X|No)$
$= P(Outlook = Rain|Class = No) * P(Temperature = Cool|Class = No) * P(Humidity = Normal|Class = No)$
$= 0.4 * 0.2 * 0.2$
$= 0.016$

그림 12 클래스가 No일 때 입력 벡터 X의 우도

Yes가 발생했다는 조건에서 Outlook이 Rain일 확률은 0.33, Temperature가 Cool일 확률은 0.33, Humidity가 Normal일 확률은 0.67입니다. 따라서 Yes가 발생했다는 조건에서 입력 벡터가 발생할 확률은 0.073입니다. 그림 13은 Yes가 발생했다는 조건에서 입력 벡터 X에 대한 우도 결과입니다.

$P(X|Yes)$
$= P(Outlook = Rain|Class = Yes) * P(Temperature = Cool|Class = Yes) * P(Humidity = Normal|Class = Yes)$
$= 0.33 * 0.33 * 0.67$
$= 0.073$

그림 13 클래스가 Yes일 때 입력 벡터 X의 우도

지금까지 No와 Yes가 각각 발생했다는 조건에서 입력 벡터가 발생할 우도를 구했습니다. 이제 입력 벡터 X가 발생했을 때, No와 Yes가 발생했을 사후 확률을 구해 보겠습니다. 사후 확률 계산에 앞서 몇 가지 필요한 확률 값이 있습니다. 클래스에서 No와 Yes 각각의 사전 확률 값이 필요합니다. 그리고 Outlook 벡터의 Rain, Temperature 벡터의 Cool, Humidity 벡터의 Normal의 사전 확률 값이 필요합니다.

클래스에서 No의 사전 확률 값은 0.36이고, Yes의 사전 확률 값은 0.64입니다. Outlook 벡터에서 Rain의 사전 확률 값은 0.36, Temperature 벡터에서 Cool의 사전 확률 값은 0.29, Humidity 벡터에서 Normal의 사전 확률 값은 0.5입니다.

이제 필요한 확률 값들을 모두 준비했습니다. 그러면 먼저, 입력 벡터 X가 발생했다는 조건에서 No가 발생했을 확률인 사후확률 값을 구해보도록 하겠습니다.

입력 벡터 X에 있는 Rain, Cool, Normal 각각의 사전확률을 곱한 값은 분모에 위치하게 됩니다. No의 사전 확률 값과 No가 발생했다는 조건에서 입력 벡터 X가 발생할 확률인 우도를 곱한 값은 분자에 위치하게 됩니다. 실제 값을 대입해보면 입력 벡터 X에 있는 요소들의 사전 확률 값 0.36, 0.29, 0.5를 곱한 값인 0.052가 됩니다. No의 사전 확률 값 0.36과 No가 발생했다는 조건에서 입력 벡터 X가 발생할 확률인 우도 0.016을 곱한 값인 0.00576이 됩니다.

따라서, 입력 벡터 X가 발생했을 때, 클래스 No가 발생할 사후 확률은 0.1107입니다. 편의상 소수점 이하 4번째 자리까지 나타냈습니다. 그림 14는 입력 벡터 X가 발생했을 때, 클래스 No가 발생할 사후 확률 결과입니다.

$$P(No|X) = \frac{P(No)P(X|No)}{P(X)} = \frac{0.36 * 0.016}{0.36 * 0.29 * 0.5} = \frac{0.00576}{0.052} = 0.1107 \ldots = 0.1107$$

그림 14 입력 벡터 X가 발생했을 때, 클래스 No가 발생할 사후 확률

입력 벡터 X가 발생했다는 조건에서, Yes가 발생했을 확률인 사후확률은 다음과 같이 표현할 수 있습니다. 입력 벡터 X에 있는 Rain, Cool, Normal 각각의 사전확률을 곱한 값은 분모에 위치하게 되고, Yes의 사전확률 값과 Yes가 발생했다는 조건에서 입력 벡터 X가 발생할 확률인 우도를 곱한 값은 분자에 위치하게 됩니다. 실제 값을 한번 대입해 보겠습니다. 입력 벡터 X에 있는 각 요소들의 사전확률 값 0.36, 0.29, 0.5 였는데 이 세 값을 곱한 값이 0.052가 됩니다. Yes의 사전확률 값 0.64와 Yes가 발생했다는 조건에서 입력 벡

터 X가 발생할 확률인 우도 0.073. 이 두 값을 곱한 값은 0.04672가 됩니다. 따라서 입력 벡터 X가 발생했다는 조건에서, Yes가 발생했을 확률인 사후확률은 0.8984가 됩니다. 그림 15는 입력 벡터 X가 발생했을 때, 클래스 No가 발생할 사후 확률 결과입니다.

$$P(Yes|X) = \frac{P(Yes)P(X|Yes)}{P(X)} = \frac{0.64 * 0.073}{0.36 * 0.29 * 0.5} = \frac{0.04672}{0.052} = 0.8984 \dots = 0.8984$$

그림 15 입력 벡터 X가 발생했을 때, 클래스 Yes가 발생할 사후 확률

입력 벡터 X가 발생했다는 조건에서 No가 발생했을 확률인 사후확률은 0.1107이었고 Yes가 발생했을 확률인 사후확률은 0.8984입니다. 두 사후 확률을 비교한 결과, Yes가 발생했을 확률인 사후확률이 더 높은 것을 알 수 있습니다. 그림 16은 입력 벡터 X가 발생했을 때 클래스 No와 Yes가 발생할 사후 확률 비교 결과입니다.

$$P(No|X) < P(Yes|X) => \text{Class} = \text{Yes}$$

그림 16 사후 확률 비교 결과

결과적으로 입력 벡터 X가 발생했다는 조건에서 Yes로 분류될 확률이 더 높습니다. 지금까지 예제 데이터를 통해 사전 및 사후 확률과 우도를 구해보고 나이브 베이즈 알고리즘의 분류 과정을 살펴보았습니다. 이제는 파이썬을 이용해 나이브 베이즈 분류 실습을 해보도록 하겠습니다.

7.3 예제를 이용한 Naive Bayes Python 코드 실습

7.3.1 필요한 package 로드

첫 번째, 두 번째 줄의 패키지 추가 부분에 있는 sklearn은 기계학습 관련 라이브러리입니다. sklearn.model_selection은 sklearn 패키지 중 클래스를 나눌 때, 함수를 통해 train/test 셋을 나눌 때, 모델 검증 등에 사용되는 서브 패키지입니다. sklearn.model_ selection 패키지의 모듈 중 train_test_split은 배열 또는 행렬을 임의의 훈련 데이터와 테스트 데이터로 분할하는 모듈입니다.

sklearn.naïve_bayes는 sklearn 패키지 중 나이브 베이즈 기반 모델이 있는 서브 패키지입니다. sklearn.naïve_bayes 패키지의 모듈 중 가우시안은 연속적인 값을 지닌 데이터를 처리할 때, 각 클래스의 연속적인 값들이 가우스 분포를 따른다고 가정하는 나이브 베이즈 모듈 중 하나입니다. 나이브 베이즈 모델에는 가우시안 정규분포를 비롯해 다항분포와 베르누이 분포 등이 있습니다.

이 예제에서는 가우시안 정규분포 나이브 베이즈 모델을 사용할 것입니다. Pandas는 데이터를 구조화된 형식으로 가공 및 분석할 수 있도록 자료구조를 제공하는 패키지입니다. Numpy는 고성능 계산, 데이터 분석에 관련된 패키지입니다. 그림 17은 필요한 package 로드에 대한 내용입니다.

```
1  from sklearn.model_selection import train_test_split
2  from sklearn.naïve_bayes import GaussianNB
3
4  import pandas as pd
5  import numpy as np
```

그림 17 필요한 package 로드

7.3.2 예제 데이터 로드

첫 번째 줄의 코드는 예제 데이터인 playtennis에 대한 데이터가 저장되어 있는 csv 파일을 pandas의 read_csv 함수를 통해 로드하고, pandas의 자료구조 중 하나인 데이터프레임 형식으로 변수 tennis_data에 저장합니다. 변수 tennis_data에 저장된 데이터는 다음과 같습니다. 그림 18은 예제 데이터 로드하는 내용입니다. 그림 19는 데이터프레임 형식의 예제 데이터 결과입니다.

```
1  tennis_data = pd.read_csv('playtennis.csv')
2  tennis_data
```

그림 18 예제 데이터 로드

	Outlook	Temperature	Humidity	Wind	Play Tennis
0	Sunny	Hot	High	Weak	No
1	Sunny	Hot	High	Strong	No
2	Overcast	Hot	High	Weak	Yes
3	Rain	Mild	High	Weak	Yes
4	Rain	Cool	Normal	Weak	Yes
5	Rain	Cool	Normal	Strong	No
6	Overcast	Cool	Normal	Strong	Yes
7	Sunny	Mild	High	Weak	No
8	Sunny	Cool	Normal	Weak	Yes
9	Rain	Mild	Normal	Weak	Yes
10	Sunny	Mild	Normal	Strong	Yes
11	Overcast	Mild	High	Strong	Yes
12	Overcast	Hot	Normal	Weak	Yes
13	Rain	Mild	High	Strong	No

그림 19 데이터프레임 형식의 예제 데이터

7.3.3 데이터 전처리

1번째부터 16번째 줄까지의 코드는 변수 tennis_data의 각 컬럼의 값을 문자열 타입에서 숫자 타입으로 변환해 변수 tennis_data에 저장합니다. 문자열 타입에서 숫자 타입으로 전처리 과정이 이루어진 결과 값은 다음과 같습니다. 그림 20은 데이터 값 전처리에 대한 내용입니다. 그림 21은 전처리 된 데이터 결과입니다.

```
1  tennis_data.Outlook = tennis_data.Outlook.replace('Sunny', 0)
2  tennis_data.Outlook = tennis_data.Outlook.replace('Overcast', 1)
3  tennis_data.Outlook = tennis_data.Outlook.replace('Rain', 2)
4
5  tennis_data.Temperature = tennis_data.Temperature.replace('Hot', 3)
6  tennis_data.Temperature = tennis_data.Temperature.replace('Mild', 4)
7  tennis_data.Temperature = tennis_data.Temperature.replace('Cool', 5)
8
9  tennis_data.Humidity = tennis_data.Humidity.replace('High', 6)
10 tennis_data.Humidity = tennis_data.Humidity.replace('Normal', 7)
11
12 tennis_data.Wind = tennis_data.Wind.replace('Weak', 8)
13 tennis_data.Wind = tennis_data.Wind.replace('Strong', 9)
14
15 tennis_data.PlayTennis = tennis_data.PlayTennis.replace('No', 10)
16 tennis_data.PlayTennis = tennis_data.PlayTennis.replace('Yes', 11)
17
18 tennis_data
```

그림 20 데이터 값 전처리

	Outlook	Temperature	Humidity	Wind	Play Tennis
0	0	3	6	8	10
1	0	3	6	9	10
2	1	3	6	8	11
3	2	4	6	8	11
4	2	5	7	8	11
5	2	5	7	9	10
6	1	5	7	9	11
7	0	4	6	8	10
8	0	5	7	8	11
9	2	4	7	8	11
10	0	4	7	9	11
11	1	4	6	9	11
12	1	3	7	8	11
13	2	4	6	9	10

그림 21 전처리 된 데이터 결과

7.3.4 데이터 분리

첫 번째 줄 코드는 변수 tennis_data의 Outlook, Temperature, Humidity, Wind 컬럼의 값들을 데이터프레임 형태로 추출하고 np.array 함수를 이용해 추출한 데이터를 배열형 태로 변환한 후 변수 X에 저장합니다. 두 번째 줄 코드는 변수 tennis_data의 PlayTennis 컬럼의 값을 데이터프레임 형태로 추출하고 np.array 함수를 이용해 추출한 데이터를 배 열형태로 변환한 후 변수 y에 저장합니다. 그림 22는 예제 데이터의 속성과 클래스를 분 리하는 내용입니다.

```
1 X = np.array(pd.DataFrame(tennis_data, columns = ['Outlook', 'Temperature', 'Humidity', 'Wind']))
2 y = np.array(pd.DataFrame(tennis_data, columns = ['PlayTennis']))
```

그림 22 예제 데이터에서 속성과 클래스 분리

7.3.5 Train, Test Set 구성

첫 번째 줄 코드는 train_test_split 모듈을 이용해 변수 X에 입력한 4개 컬럼에 대한 데이터와 변수 y에 입력한 playtennis 컬럼의 데이터를 Train Data와 Test Data로 일정한 비율로 구분해 각각 변수 X_train, X_test, y_train, y_test에 저장합니다. 그림 23은 Train Data와 Test Data 구성에 대한 내용입니다.

```
1  X_train, X_test, y_train, y_test = train_test_split(X, y)
```

그림 23 Train Data, Test Data 구성

7.3.6 나이브 베이즈 모델 생성

첫 번째 줄 코드는 로드된 가우시안 나이브 베이즈 모듈을 변수 gnb_clf에 저장합니다. 두 번째 줄 코드는 가우시안 나이브 베이즈 모듈이 저장된 변수 gnb_clf의 함수 fit()에 변수 X_train, y_train을 입력해 가우시안 나이브 베이즈 분류 학습 모델을 생성합니다. 그림 24는 나이브 베이즈 모델 생성에 대한 내용입니다.

```
1  gnb_clf = GaussianNB()
2  gnb_clf = gnb_clf.fit(X_train, y_train)
```

그림 24 나이브 베이즈 모델 생성

7.3.7 클래스 예측

첫 번째 줄 코드는 변수 gnb_clf의 함수 predict()에 변수 X_test를 입력합니다. 입력한 X_test에 대한 클래스 예측 값을 변수 gnb_prediction에 저장합니다. 그림 25는 Test Data의 클래스 예측에 대한 내용입니다.

```
1  gnb_prediction = gnb_clf.predict(X_test)
```

그림 25 Test Data의 클래스 예측

7.3.8 예측 클래스 확인

예측한 클래스 값이 저장되어 있는 변수 gnb_prediction을 print문으로 출력해 확인해 보면 4개에 대한 분류 예측 값이 나왔습니다.

train_test_split() 함수를 이용해 전체 데이터 셋 중 컬럼이 outlook, temperature, humidity 의 값을 임의로 훈련 데이터와 테스트 데이터로 분리하는 과정에서 임의로 나눠진 테스트 데이터는 4개이며 각각 11, 10, 10, 10 으로 분류되어진 것을 확인할 있습니다.

임의로 나눠진 첫 번째 테스트 데이터에 대한 분류 예측 값이 11인 것은 Yes로 분류되었음을 의미합니다. 두 번째, 세 번째와 네 번째는 분류 예측 값이 모두 10이 되어 No로 분류 되었습니다. 그림 26은 Test Data의 예측 클래스 확인에 대한 내용입니다.

```
1 print(gnb_prediction)
```
```
[11 10 10 10]
```

그림 26 Test Data의 예측 클래스 확인

7.3.9 분류 성능 측정

다음으로 나이브 베이즈 분류 모델의 성능을 측정합니다. 먼저 성능 측정에 사용될 모듈을 로드합니다. 첫 번째 줄은 분류 결과 건수를 Confusion Matrix로 구성하는 모듈인 confusion_matrix입니다. 두 번째 줄은 Precision, Recall, f-measure를 제공하는 모듈인 classification_report입니다. 세 번째 줄은 f-measure를 계산하는 모듈인 f1-score입니다. 마지막으로 네 번째 줄은 정확도를 수치로 계산하는 모듈인 accuarcy_score입니다. 그림 27은 성능 측정에 사용되는 모듈을 로드하는 내용입니다.

```
1 from sklearn.metrics import confusion_matrix
2 from sklearn.metrics import classification_report
3 from sklearn.metrics import f1_score
4 from sklearn.metrics import accuracy_score
```

그림 27 성능 측정 모듈 로드

그림 28은 나이브 베이즈 모델을 통해 도출된 예측 값 gnb_prediction과 실제 값 y_test 비교를 Confusion Matrix로 출력하는 내용입니다.

```
1 print('Confusion Matrix')
2 print(confusion_matrix(y_test, gnb_prediction))
Confusion Matrix
[[1 0]
 [2 1]]
```

그림 28 예측 값과 실제 값 비교를 Confusion Matrix로 출력

그림 29는 나이브 베이즈 모델을 통해 도출된 예측 값 gnb_prediction과 실제 값 y_tes 비교를 Classification Report로 출력하는 내용입니다.

```
1 print('Classification Report')
2 print(classification_report(y_test, gnb_prediction))
Classification Report
             precision    recall   f1-score    support

         10     0.33      1.00       0.50          1
         11     1.00      0.33       0.50          3

avg / total     0.83      0.50       0.50          4
```

그림 29 예측 값과 실제 값 비교를 Classification Report로 출력

f1_score 함수에 파라미터로 실제 값 y_test와 나이브 베이즈 모델의 예측 값 gnb_ prediction 을 입력하고 Average로 weight로 설정합니다. weight는 클래스별로 가중치를 적용하는 역할을 합니다. 3개의 파라미터를 입력한 후 f1_score를 계산하고 round 함수를 이용해 소수점 아래 두 번째 자리까지 표현한 값을 변수 fmeasure에 저장합니다.

그리고 accuracy_score 함수에 파라미터로 실제 값 y_test와 나이브 베이즈 모델의 예측 값 gnb_prediction을 입력하고 normalize를 True로 설정합니다. True는 정확도를 계산 해서 출력해주는 역할을 합니다. 3개의 파라미터를 입력한 후 accuracy_score를 계산하 고 round 함수를 이용해 소수점 아래 두 번째 자리까지 표현한 값을 변수 accuracy에 저 장합니다. 그림 30은 f1_score와 accuracy_score 계산하는 내용입니다.

```
1 fmeasure = round(f1_score(y_test, gnb_prediction, average = 'weighted'), 2)
2 accuracy = round(accuracy_score(y_test, gnb_prediction, normalize = True), 2)
```

그림 30 f1_score와 accuracy_score를 계산 및 저장

f1_score와 accuracy_score 결과를 데이터프레임으로 보기 쉽게 표현해 확인하겠습니 다. 컬럼이 Classifier, F-Measure, Accuracy인 데이터프레임 df_nbclf를 생성합니다.

문자열 'Naive Bayes', f1_score 값이 저장되어 있는 변수 fmeasure와 accuracy_score 값이 저장되어 있는 변수 accuracy를 데이터프레임 df_nbclf의 컬럼에 맞게 저장한 후 출력합니다. 그림 31은 f1_score값과 accuracy_score값을 데이터프레임 형태로 출력해 확인하는 내용입니다.

```
df_nbclf = pd.DataFrame(columns=['Classifier', 'F-Measure', 'Accuracy'])
df_nbclf.loc[len(df_nbclf)] = ['Naive Bayes', fmeasure, accuracy]
df_nbclf
```

	Classifier	F-Measure	Accuracy
0	Naive Bayes	0.5	0.5

그림 31 f1_score와 accuracy_score 결과 값 확인

CHAPTER 8

영문 텍스트 데이터 분석

CHAPTER 8

영문 텍스트 데이터 분석

8.1 텍스트 분석

8.1.1 텍스트 분석

(1) 텍스트 분석

• 텍스트 분석, 텍스트 마이닝(Text Mining)

• 자연어 처리(Natural Language Processing, NLP)에 기반하고 있음

• 텍스트 즉, 비정형 데이터로부터 정보를 추출해 내는 작업

텍스트 분석은 정형화되지 않은 데이터로부터 자연어 처리 기술이나 문서 처리 기술을 이용하여 정보를 추출해내는 작업을 말합니다. 우선 텍스트를 분석하기 위해서는 분석하기 편하게 전처리를 하는 과정이 필요한데, 텍스트 정규화와 형태소 분석을 들 수 있습니다.

(2) 텍스트 정규화 (Text Normalization)

• 텍스트의 형태를 일관되게 변형하는 작업

• 토큰화 (Tokenization): 텍스트를 의미 단위(토큰)로 분할하는 작업

• 어간 추출 (Stemming): 형태가 변형된 단어로부터 어간을 분리하는 작업

우선 텍스트 정규화는 텍스트를 특정한 의미 단위로 분할하는 토큰화와 단어의 의미의 핵심인 어간을 추출하는 어간 추출이 있습니다.

(3) 형태소 분석 (POS-Tagging)

• 토큰의 형태소를 파악하는 작업

그리고 형태소 분석은 토큰화된 단어의 품사정보를 추출하는 작업입니다.

(4) 텍스트 분석의 종류

- 정보 추출 (Information Retrieval): 문서 내의 정형 데이터를 추출하는 작업

- 문서 분류 (Text Classification): 문서들을 특정 분류 체계에 따라 분류하는 작업

- 감성 분석 (Sentiment Analysis): 문서에 내포되어 있는 감정과 의견을 추출하는 작업

다음으로 텍스트 분석의 종류에는 정보 추출, 문서 분류, 감성 분석이 있습니다. 정보 추출은 문서 안에서 우리가 필요로 하는 정보를 추출해 내는 작업이고, 문서 분류는 문서들을 특정한 기준에 따라 분류하는 작업입니다. 마지막으로 감성 분석은 문서에 내포되어 있는 감정과 의견을 추출해 내는 작업입니다. 이제 각각의 작업들에 대해서 좀 더 자세히 알아보겠습니다.

8.1.2 토큰화

(1) 토큰화 (Tokenization)

- 텍스트를 의미 단위로 분할하는 작업으로, 단위를 토큰(Token)이라고 함

우선 토큰화는 텍스트를 의미 단위로 분할하는 작업인데, 이 단위를 토큰이라고 합니다.

(2) Type과 Token

- Type : 단어 요소, 어간

- Token : 텍스트 내부의 원소

우리가 상식적으로 의미 단위라고 하면 어간(Type)을 떠올릴 텐데요, 토큰은 Type과는 약간 차이가 있습니다. 영어 문장으로 예를 들어보겠습니다. 토큰화 하기 위해서는 우선 주어진 문장을 공백 기준으로 단순 분할을 합니다.

예 : Text normalization is the process of transforming text into a single canonical form that it might not have had before
(http://en.wikipedia.org/wiki/Text_normalization)

- Token은 공백 기준으로 단순 분할
- 20 tokens: text, normalization, is, the, process, of, transforming, text, into, a, single, canonical, form, that, it, might, not, have, had, before
- Type은 중복을 제외하고 (text) 어간이 같은 단어의 중복을 제외 (had)
- 18 types: text, normalization, is, the, process, of, transforming, text, into, a, single, canonical, form, that, it, might, not, have, had, before

이렇게 추출된 토큰들 중 중복을 제외하고, 어간이 같은 단어를 제외한 것이 type입니다.

(3) 토큰화 작업은 언어마다 방법이 상이

- 영어 : 단순 공백 기준 분할
- 독일어 : 복합명사에 대한 분리 방법이 요구됨
- 중국어 : 공백이 없으며 여러 문자로 한 단어가 이루어짐, 평균 2.4개의 문자들로 한 개의 단어가 구성
- 한국어 : 단순 공백 기준이 아닌 품사 기준으로 토큰화
  - 예 : 한국어를 토큰화하다는 예시 문장입니다.
  - 한국어,를, 토큰화, 하다, 예시, 문장, 입, 니다

이러한 토큰화는 언어마다 그 방법이 다른데요, 영어는 앞에서 보았다시피 단순히 공백을 기준으로 분할했지만 독일어는 복합명사에 대한 분리가 필요하고, 중국어는 공백도 없고 여러 문자로 한 단어가 이루어집니다. 마지막으로 한국어는 단순히 공백만으로 토큰화를 하는 것이 아니라 품사를 기준으로 토큰화를 해야 하기 때문에 영어보다 많은 작업을 요구합니다.

한국어의 예시를 보면, 공백은 '한국어를' 과 '토큰화하는' 사이에 있지만 토큰화는 '한국어'라는 명사와 '를'이라는 조사를 구분해서 이루어진 것을 볼 수 있습니다. 이렇게 토큰화를 진행한 뒤에는 정확한 의미파악을 위해 어간 추출을 진행합니다.

8.1.3 어간추출

(1) Lemmatization

• 문장 속에서 다양한 형태로 변형된 단어의 표제어(lemma)를 찾는 작업

• 표제어 : 단어의 의미를 사전에서 찾을 때 사용하는 기본형
  예 : stemming → stem

여기서 Lemmatization이라는 작업을 하는데요. 이 작업은 문장 속에서 다양한 형태로 변형된 단어의 표제어를 찾는 작업입니다. 표제어는 자료에 나와 있듯이, 단어의 의미를 사전에서 찾을 때 사용하는 기본형을 말합니다.

• 어간 추출 (Stemming)과의 차이점
  −어간 추출 작업은 단어의 단순한 어근을 추출하는 작업
  −Lemmatization은 문장 구조상 단어의 의미를 이해한 후 기본형 추출
  −Stemming 예 : flies → fly
  −Lemmatization 예 : flies가 '날다' (동사)인지, '파리'(명사)인지 파악

그렇기 때문에 이 작업은 어간추출(stemming)과는 차이가 있는데요, 예를 들면 'flies'라는 단어를 stemming을 거치면 'fly'로 추출이 되고 있는 것을 볼 수 있습니다. 여기서 stemming은 이 단어의 의미를 이해하지는 않습니다.

(2) Stemming

• 형태가 변형된 단어에 대해 접사 등을 제거하고 어간을 분리해 내는 작업

• 예시
  −fly, flying, flies → fly
  −stemming, stemmed, stemmer → stem

하지만 Lemmatization은 files가 '날다'라는 뜻을 가진 동사인지, '파리'라는 명사인지를 파악하게 됩니다. 이렇게 의미를 파악한 다음 보이는 것과 같이 어간을 추출하게 되는데요, fly, flying, flies는 fly로, stemming, stemmed, stemmer는 stem으로 추출이 됩니다.

(3) 포터 알고리즘 (Porter's Stemming Algorithm)

• 대표적인 영어 어근 추출 알고리즘

영어의 어근을 추출하는 대표적인 알고리즘으로 포터 알고리즘이 있습니다. 이 알고리즘의 규칙을 몇 가지 보도록 하겠습니다.

■ Step 1a

• sess → ss : caressess → caress

• ies → i : ponies → poni

• ss → ss : caress → caress

• s → NULL : cats → cat

Step 1a를 보면 어간을 추출하기 위해서 명사의 복수형을 단수형으로 고치기 위한 규칙을 적용하는 것을 볼 수 있습니다. 맨 위에 있는 sses 는 ss로 끝나는 단어의 복수형을 만드는 규칙이기 때문에 이것을 반대로 적용해서 단수형으로 고치는 것을 볼 수 있고, ies 는 i로 고치고, ss로 끝나는 단어 중에서 추상명사와 같은 경우에는 단수와 복수의 구분이 없기 때문에 변화가 없는 것을 볼 수 있습니다. 마지막으로 복수형을 만들기 위해 가장 흔히 사용되는 s는 생략함으로써 단수형으로 만드는 것을 볼 수 있습니다.

■ Step 1b

• eed → ee : agreed → agree

• ed → NULL : plastered → plaster / bled → bled

• ing → NULL : motoring → motor / sing → sing

■ Step 1b1

• at → ate : conflat(ed) → conflate

• bl → ble : troubl(ing) → trouble

- iz → ize : siz(ed) → size

- …

다음으로 Step 1b와 Step1b1을 보면 동사를 원형으로 변환하고, 단어의 품사가 바뀌면서 단어가 변형된 경우에 그 단어의 기본형으로 다시 바꿔주는 것을 볼 수 있습니다.

■ Step 2

- ational → ate : relational → relate

- tional → tion : conditinal → condition

마지막으로 Step2에는 단어의 어미에 변형이 일어난 경우에 다시 기본형으로 바꿔주는 규칙을 보여줍니다.

■ Step 3, 4, 5a, 5b

이 외에도 많은 규칙들이 있지만 어간 추출에 대한 개념을 이해하는데 충분한 설명이 되었으리라 믿고 생략하도록 하겠습니다.

8.1.4 형태소 분석

(1) 형태소 분석

- POS-Tagging (Part-Of-Speech Tagging)
- 토큰의 품사 정보를 추출하는 작업
  - 예 : Jane plays well with her friends
  - Jane(NNP), play(VB), well(RB), her(PRP), friends(NNS)

형태소 분석은 토큰화된 단어의 품사정보를 추출하는 작업입니다. 주어진 문장을 보면 토큰화를 한 다음 품사를 구분하는 것을 볼 수 있습니다. 형태소분석은 크게 Open class 와 Closed class로 구분할 수 있습니다.

(2) Open class vs. Closed class

- POS-Tagging은 Open class와 Closed class로 구분
- Closed class : 상대적으로 고정되어 있는 셋
  - 전치사 : of, in, at, …
  - 조동사 : may, have, can ,will, must, …
  - 대명사 : I, you, she, mine, their, …
  - 주로 문장 내에서 문법적인 역할을 하는 단어

우선 Closed class는 상대적으로 새로운 단어가 잘 추가되지 않는 고정된 세트입니다. 영어에는 대표적으로 전치사, 조동사, 대명사가 있고 이들은 문장 내에서 주로 문법적인 역할을 수행합니다.

- Open class
  - 영어의 open class : Noun, Verbs, Adjectives, Adverbs
  - 명사 : Sejong University, Samsung, cat, table, …
  - 동사 : listen, see, enter
  - 형용사 : good, better, worse, …
  - 부사 : slowly, hardly, …

Open class는 명사, 동사, 형용사, 부사와 같이 새로운 단어의 등장이 상대적으로 많은 품사들을 말합니다.

(3) 영어 형태소 분석기

- Stanford POS-Tagger, NLTK POS-Tagger

이 부분도 언어마다 다르기 때문에 각 언어에 적합한 형태소 분석기가 있는데요, 영어의 대표적인 두 가지 형태소 분석기는 Stanford POS-Tagger와 NLTK에서 제공하는 형태소 분석기입니다.

⑷ 한국어 형태소 분석기

• Hannanum, Kkma, Komoran, Twitter

한국어의 대표적 네 가지 형태소 분석기는 Hannanum, Kkma, Komoran, Twitter 가 있습니다. 여기까지 텍스트 분석을 위한 전처리의 종류를 살펴보았습니다. 이제 정보 추출에 대해서 알아보겠습니다.

8.1.5 정보 추출

⑴ 정보 추출 (Information Retrieval, IR)

• 구조화 되지 않은 문서 군집 내에서 필요한 정보를 포함하고 있는 문서를 찾아내는 작업
• 예 : web search

정보 추출은 구조화 되지 않은 문서 군집 안에서 필요한 정보를 포함하고 있는 문서를 찾아내는 작업을 말합니다. 우리가 흔히 인터넷에서 검색을 하는 것도 정보 추출이라고 할 수 있는데요, 여기서는 6개의 동화 데이터를 가지고 정보를 추출해보겠습니다.

⑵ 6개의 동화 데이터를 예시로 정보 추출 진행

• 주어진 6개의 동화 중 'Cricket', 'Princess' 두 단어를 포함하면서 'Pincocchio'를 포함하고 있지 않은 희극을 찾는 작업

만약 'Cricket'와 'Princess'를 포함하면서 'Pinocchio'를 포함하고 있지 않은 동화를 찾으려면 어떻게 해야 할까요?

(3) 문서 단어 행렬 (Document Term Matrix)

■ 각 단어가 각 문서에 등장하는지의 유무를 표현하는 행렬

Word \ Document	Alice in Wonderland	Pinocchio	The Brave Little Tailor	Gulliver's Travels	Little Prince	The Little Match Girl
Fairy	1	1	0	0	0	1
Cricket	1	1	0	1	0	0
Princess	1	1	0	1	1	1
Pinocchio	0	1	0	0	0	0
Gryphon	1	0	0	0	0	0
Rost	0	0	1	1	1	1
Little	1	0	1	1	1	0

• 1 : 해당 단어가 해당 문서에 등장함

• 0 : 해당 단어가 해당 문서 등장하지 않음

• 예 : Cricket은 Pinocchio에 등장하지만 The Brave Little Trailor에는 등장하지 않음

우선 문서 단어 행렬을 만듭니다. 자료에 보이는 문서 단어 행렬은 각 단어가 각 문서에 등장하는지의 유무를 표현해줍니다. 이 행렬에서 1은 해당 단어가 해당 문서에 등장한다는 뜻이고 0은 해당 단어가 해당 문서에 등장하지 않는다는 뜻입니다.

예를 들어 'Cricket'는 Pinocchio에는 등장하지만 The Brave Little Tailor에는 등장하지 않는다는 것이 빨간 숫자로 나타나 있습니다. 각 단어는 벡터로 표현이 가능합니다. Cricket와 Princess는 포함하되 Pinocchio는 포함하지 않는다는 조건은 Cricket AND Princess AND NOT Pinocchio라고 쓸 수 있고 앞의 행렬에서 숫자를 가져와보면 밑에 있는 0과 1로 이루어진 식으로 연산이 가능한 것을 볼 수 있습니다.

• 각 단어는 벡터로 표현 가능

• Cricket과 Princess는 포함하되 Pinocchio는 포함하지 않는다는 조건의 벡터 연산 가능

• Cricket AND Princess AND NOT Pinocchio

• 110100 AND 110111 AND NOT 010000 = 100100

	Alice in Wonderland	Pinocchio	The Brave Little Tailor	Gulliver's Travels	Little Prince	The Little Match Girl
result	1	0	0	1	0	0

- 결과적으로 Alice in Wonderland와 Gulliver's Travels 측정

- 이 방법은 문서와 단어의 수가 증가하면 Sparse Matrix (희소 행렬, 값이 대부분 0인 행렬)가 생성됨

계산결과는 100100이 나오는데, 표로 정리한 결과를 보면 Alice in Wonderland와 Gulliver's Travel이 조건을 만족한다는 것을 알 수 있습니다. 한 가지 집고 넘어가야 할 것은 문서단어행렬을 이용하는 방법에는 단어의 수가 증가하면 값이 대부분 0인 행렬이 만들어진다는 문제점이 있다는 겁니다.

■ 각 단어가 각 문서에 몇 번 등장하는지 빈도를 보여주는 행렬

Word \ Document	Alice in Wonderland	Pinocchio	The Brave Little Tailor	Gulliver's Travels	Little Prince	The Little Match Girl
Fairy	157	73	0	0	0	1
Cricket	4	157	0	2	0	0
Princess	232	227	0	2	1	0
Pinocchio	0	10	0	0	0	0
Gryphon	57	0	0	0	0	0
Rost	2	0	3	8	5	8
Little	2	0	1	1	1	5

- 각 문서는 단어의 등장 빈도를 나타내는 Count Vector로 표현될 수 있음

- 예 : Pinocchio = (73, 157, 227, 10, 0, 0, 0)

다음에 나와 있는 표는 각 단어가 각 문서에 몇 번 등장하는지 빈도를 보여주는 행렬입니다. 이것 역시도 앞에서 본 행렬처럼 벡터로 나타낼 수 있습니다. 예를 들어 Pinocchio는 (73, 157, 227, 10, 0, 0, 0)이라고 나타낼 수 있습니다.

(4) Bag of Words 모델

- 문서 내에 등장하는 단어들의 순서를 무시함

- 예

  John is quicker than Mary.

  Mary is quicker than John

  - 위 두 문장은 같은 벡터를 가지고 있음
  - (John, Mary, is, quicker, than)
  - 등장하는 단어의 순서는 고려하지 않음

이렇게 단순한 빈도로 나타내는 과정에서는 단어들의 순서가 무시되는데요, 이런 모델을 Bag of Words 모델이라고 합니다. 자료의 예시를 보면 두 문장은 서로 의미가 다른 문장입니다. 하지만 두 문장은 같은 단어를 같은 빈도로 가지고 있기 때문에 같은 벡터로 표현됩니다. 우선 Term Frequency에 대해 알아보겠습니다.

(5) Term Frequency (TF)

- 단어 빈도 $tf_{t,d}$는 특정 단어 t가 특정 문서 d 내에 등장하는 빈도

- 특정 단어가 10번 등장하는 (tf = 10) 문서가 1번 등장하는 (tf = 1) 문서보다 더 많이 타당하다고 볼 수 없음

TF는 특정 단어가 특정 문서에 등장하는 빈도를 말합니다. TF 값이 크다면 이 단어는 특정 문서에서 더 많이 등장하는 단어라는 뜻입니다. 하지만 특정 단어가 10번 등장하는 문서가 1번 등장하는 문서보다 더 많이 타당하다고는 볼 수 없습니다.

- 문서의 관련도, 타당성은 Term Frequency와 비례하게 증가하지 않음

$$w_{t,d} \quad \begin{matrix} 1 + \log_{10} tf_{t,d}, \, \mathrm{if} \, tf_{t,d} > 0 \\ 0, \, otherwise \end{matrix}$$

$$tf_{t,d} = 0 \rightarrow w_{t,d} = 0, \, tf_{t,d} = 1 \rightarrow w_{t,d} = 1, \, tf_{t,d} = 2 \rightarrow w_{t,d} = 1.3, \, tf_{t,d} = 1000 \rightarrow w_{t,d} = 4, \, ...$$

- tf 값이 클수록 문서에 많이 등장하는 단어이지만, 정보가 부족한 단어일 가능성 높음
  예) good, increase, high

- 예의 단어들을 포함하는 문서들은 문서를 구분하는 척도로 사용하기에 적절하지 못함

- 드물게 등장하는 단어가 더 중요한 정보를 가지고 있음
  예) back-propagation

- Back-Propagation과 같이 드문 단어들에 대해 가중치를 부여할 필요 있음

예를 들어 good, increase, high와 같은 단어는 많이 나오더라도 그 문서의 의미를 정확히 파악하기 어렵기 때문에 문서를 구분하는 척도로 사용하기에 적절하지 못합니다. 오히려 드물게 등장하는 단어가 더 중요한 정보를 가지고 있을 때가 있습니다. 자료에 예로 들고 있는 Back-Propagation(역전파)와 같은 단어를 예로 들 수 있습니다. 그렇기 때문에 우리는 이러한 드문 단어들에 대해서 가중치를 부여할 필요가 있습니다.

(6) Inverse Document Frequency (IDF)

- df_t는 document Frequency로 단어 t가 등장한 문서의 수

- df_t는 단어 t의 중요도의 역수와 같음

다음은 Inverse Document Frequency에 대해 알아보겠습니다. 우선 DF는 Document Frequency의 약자로 특정 단어가 등장한 문서의 수를 나타냅니다. 이 숫자가 작을수록 이 단어는 문서에 나타났을 때 그 문서에서 중요한 역할을 하고 있을 가능성이 높습니다.

- 단어 t의 idf 수치 idf_t는 t의 단어의 중요도를 나타내는 척도

$$idf_t = \log_{10} \frac{N}{df_t}$$

　-N : 문서 군집에 속하는 문서의 개수

• 예

Term	df_t	idf_t
Barbossa	1	6
Zoo	100	5
Monday	1,000	4
Sky	10,000	3
through	100,000	2
the	1,000,000	1

자료의 예시를 보면 the는 df의 값이 굉장히 큰 것을 볼 수 있습니다. 그렇지만 the는 모든 문서에서 자주 나오기 때문에, 많이 나온다고 해서 중요한 단어는 아니라는 뜻입니다. 반대로 Barbossa (캐리비안의 해적에 나오는 캐릭터)는 만약 문서에 나온다면 그 문서에서 큰 역할을 하고 있을 겁니다.

(7) TF-IDF

• TF-IDF (Term Frequency – Inverse Document Frequency)는 TF와 IDF의 곱
• 문서군 내에서 특정 단어의 중요도를 수치화한 값
• tf-idf 값은 특정 문서 내 특정 단어의 빈도 (tf)가 높아질수록 커짐
• tf-idf 값은 문서군 내에서 단어가 희박하게 등장할수록(idf) 커짐

$$w_{t,d} = (1 + \log tf_{t,d}) \bullet \log \frac{N}{df_t}$$

자료에 나와 있는 log식에서 N은 군집에 속하는 문서의 개수를 말합니다. 예시의 경우에는 N=6으로 놓고 계산하면 됩니다. 이렇게 구한 TF와 IDF를 곱하면 문서군 내에서 특정 단어가 얼마나 중요한지를 수치화 할 수 있습니다. 이 값을 TF-IDF라고 합니다. 이 값은 수식에서 볼 수 있듯이 특정 문서 내에서 특정 단어의 빈도가 높아질수록 커지고, 문서군 내에서는 희박하게 등장할수록 커집니다.

• 문서 내 단어의 등장 유무를 타나내는 행렬
  − 문서 내 단어의 등장 빈도를 나타내는 행렬
  − 단어의 tf-idf 값으로 이루어진 행렬

Word \ Document	Alice in Wonderland	Pinocchio	The Brave Little Tailor	Gulliver's Travels	Little Prince	The Little Match Girl
Fairy	5.25	3.18	0.0	0.0	0.0	0.35
Cricket	1.21	6.10	0.0	1.0	0.0	0.0
Princess	8.59	2.54	0.0	1.51	0.25	0.0
Pinocchio	0.0	1.54	0.0	0.0	0.0	0.0
Gryphon	2.85	0.0	0.0	0.0	0.0	0.0
Rost	1.51	0.0	1.90	0.12	5.25	0.88
Little	1.37	0.0	0.11	4.15	0.25	1.95

- 각 문서를 tf-idf 값으로 이루어진 벡터로 표현할 수 있음

- 문서는 벡터 공간에서 점 또는 벡터로 표현됨

우리는 앞에서 문시 내 단어의 등장 유무를 나타내는 행렬과 단어의 등장빈도를 나타내는 행렬을 만들었습니다. 이번에는 tf-idf값으로 이루어진 행렬을 만들어 보겠습니다. 앞에 있던 자료를 가지고 새로운 행렬을 만들면 자료와 같은 모습이 됩니다. 이 결과 역시도 앞에서 했던 것과 같은 방법으로 벡터로 표현할 수 있습니다. 이제 이 벡터를 이용해서 무엇을 할 수 있는지 알아보겠습니다.

(8) 문서 벡터화를 질의(Query)에 적용

- 문서들을 tf-idf값으로 이루어진 벡터로 변형

- 문서들을 유사도에 따라 정렬

- 유사도 similarity = 거리 proximity

- 벡터간 거리 Euclidean Distance를 사용하면 서로 다른 크기의 벡터를 가진 문서들에 적용하기 어려움

우리가 tf값과 idf값을 가지고 만든 벡터를 이용하면 문서들을 유사도에 따라 정렬할 수 있습니다. 우선 벡터의 거리를 가지고 문서의 유사도를 판단해볼 수 있습니다. 하지만 이 방법은 같은 방향을 가지지만 크기만 다른 문서들에 적용하기는 힘듭니다.

- 벡터간 각도를 사용하면 한 직선 상의 문서들은 거리가 다름에도 불구하고 각도가 0인 문제 발생

- 위의 문제점들을 극복하고 문서 간의 유사도를 구하기 위해 정규화 벡터의 Cosine 유사도를 사용

만약 벡터간 각도를 사용하면, 한 직선 상의 문서들은 거리가 다름에도 불구하고 각도가 0이 되는 문제가 발생할 수 있습니다. 이러한 문제점들을 극복하고 문서 간 유사도를 구하기 위해 정규화 벡터의 Cosine 유사도를 사용합니다.

(9) 문서 간 유사도(Similarity) 측정

- 세 문서가 서로 얼마나 유사한지 tf-idf를 사용한 유사도 측정

문서 간 유사도를 측정하는 방법을 알아보겠습니다. 자료의 예시에서는 우선 세 문서에 대해서 단어 4개에 대한 tf값을 계산한 것을 볼 수 있습니다.

■ Term Frequency (Word Count)

	Alice in Wonderland	Pinocchio	The Brave Little Tailor
Pictures	115	58	20
Sweet	10	7	11
Giant	2	0	6
Tailor	0	0	38

■ Log Frequency

$$W_{\Pi ctures, Alice \in Wonderland} = 1 + \log_{10} tf_{\Pi ctures, Alice \in Wonderland}$$
$$= 1 + \log 115$$
$$= 3.06$$

	Alice in Wonderland	Pinocchio	The Brave Little Tailor
Pictures	3.06	2.76	2.30
Sweet	2.00	1.85	2.04
Giant	1.30	0.0	1.78
Tailor	0.0	0.0	2.58

그리고 다음 페이지에 있는 수식에 tf값을 대입합니다. tf값은 앞에서 설명했듯이 그 단어의 중요도와 비례하지 않기 때문에 log값을 씌웁니다. 하지만 그 빈도가 0인 단어와는 차별을 두기 위해서 1을 더하여 사용합니다. 자료의 표는 그 결과를 나타냅니다.

■ Normalization

$$W_{\Pi ctures,\ Alice\ \in\ Wonderland} = \frac{3.06}{\sqrt{3.06^2 + 2.00^2 + 1.30^2 + 0.0^2}}$$

$$= 0.789$$

	Alice in Wonderland	Pinocchio	The Brave Little Tailor
Pictures	0.789	0.832	0.524
Sweet	0.515	0.555	0.465
Giant	0.335	0.0	0.405
Tailor	0.0	0.0	0.588

그 다음 표준화를 진행하는데 자료 상단에 나와 있는 식을 이용해서 계산해 줍니다.

■ Cosine Similarity

• idf 수치는 생략

	Alice in Wonderland	Pinocchio	The Brave Little Tailor
Pictures	0.789	0.832	0.524
Sweet	0.515	0.555	0.465
Giant	0.335	0.0	0.405
Tailor	0.0	0.0	0.588

각 문서의 벡터의 크기에 맞춰 값이 조정되는 것을 볼 수 있습니다. 설명을 간단히 하기 위해서 idf값은 생략하고 유사도를 계산해 보도록 하겠습니다.

• 각 문서들의 유사도

$$Sim(Alice\ in\ Wonderland, Pinocchio) = 0.789 \times 0.832 + 0.515 \times 0.555 + 0.335 \times 0.0 + 0.0 \times 0.0 = 0.94$$
$$Sim(Alice\ in\ Wonderland, The\ Brave\ Little\ Tailor) = 0.79$$
$$Sim(Pinocchio, The\ Brave\ Little\ Tailor) = 0.69$$

• Sense and Sensibility와 Pride and Prejudice의 유사도가 0.94로 가장 높음을 확인할 수 있음

먼저 Alice in Wonderland와 Pinocchio의 유사도를 계산하겠습니다. 각 단어마다의 표준화된 수치를 곱해서 모두 더하면 됩니다. 결과는 0.94가 나옵니다. 같은 방법으로 문서 간 유사도를 계산해보면 자료와 같은 결과를 얻을 수 있습니다. 결과적으로 Alice in Wonderland와 Pinocchio의 유사도가 가장 높은 것을 확인할 수 있습니다. 다음으로는 문서를 분류하는 방법에 대해서 알아보겠습니다.

8.1.6 문서 분류

(1) 문서 분류 (Text Classification)

• 문서를 카테고리, 주제, 장르 등의 기준으로 분류하는 작업

• 예 : 스팸 필터링, 저자 확인, 언어 확인, 감성 분석(Sentiment Analysis)

• Input
  - 문서 (document) : d
  - 클래스 (장르) : C = {c1, c2, …, cn}

• Output
  - 문서 d가 속하는 클래스 c ∈ C

• 규칙(Rule-based)에 따라 문서 분류 작업이 가능하지만, 규칙을 유지 관리하는 비용이 큼
  - 규칙 예 (스팸 필터링) : 'dollars'와 'loan'이 같이 등장할 경우 스팸 메일로 처리

문서 분류는 문서를 카테고리, 주제, 장르 등의 기준으로 분류하는 작업입니다. 예를 들면, 스팸 필터링, 언어 확인, 감성분석 등이 있습니다. 입력으로 문서와 클래스 들을 주면 문서가 속하는 클래스를 출력으로 받게 됩니다.

문서를 분류하는 방법 중에 규칙에 따라 문서를 분류하는 방법이 있습니다. 만약 메일에 dollars와 loan이라는 단어가 함께 등장한다면, 대출을 권유하는 스팸메일로 간주하고 스팸 메일로 분류하는 방식으로 처리할 수 있습니다.

하지만 이 방법은 규칙을 유지 관리하는 비용이 큽니다. 그렇기 때문에 사람이 규칙을 정해서 일일히 정해주기보다는 기계학습 알고리즘을 사용하는 방법이 더 유용할 수 있습니다.

(2) 지도학습 알고리즘으로 사용한 문서 분류

• 규칙 기반 방법보다 기계학습 알고리즘을 사용하는 방법이 유용

• Input
  − 문서 (document) : d
  − 클래스 (장르) : C = {c1, c2, …, cn}
  − training set : (d1, c1), (d2, c2), (d3, d3), …

• Output
  − 학습된 문서 분류기 (Classifier) : d ⟶ c

입력으로 문서와 클래스들과 함께 이미 분류된 문서와 그 문서가 속해있는 클래스의 쌍을 Training Set으로 입력합니다. 그러면 기계학습 알고리즘의 결과로 문서를 분류할 수 있는 방법을 컴퓨터가 학습하게 됩니다. 이것을 가지고 새로운 문서 d가 어느 클래스에 속해있는지 알아낼 수 있습니다. 이러한 기계학습 방법 중 하나인 Naive Bayes를 이용한 문서분류 방법에 대해 알아보겠습니다.

(3) Naive Bayes를 사용한 문서 분류

• Bayes' Rule : 문서가 d 클래스 c에 속할 확률

$$P(c|d) = \frac{P(d|c)P(c)}{P(d)}$$

이 방법은 문서 d가 클래스 c에 속할 확률을 베이즈 정리를 이용하여 계산합니다. 부류가 여러 개일 경우 각각의 부류에 대해 해당 조건부 확률을 계산하게 됩니다. 이 때 입력

문서는 고정되어 있기 때문에, 가장 높은 확률을 가지는 클래스가 해당 문서가 속하는 클래스라고 할 수 있습니다. 자료의 식은 하나의 클래스에 이 문서가 속할 확률을 계산하고 있습니다.

- 문서 d가 속할 확률이 가장 높은 클래스 c를 찾아내는 것이 목적

$$c = \operatorname*{argmax} P(c|d) = \operatorname*{argmax} \frac{P(d|c)P(c)}{P(d)}$$
$$= \operatorname*{argmax} P(d|c)P(c) = \operatorname*{argmax} P(x_1, x_2, ..., x_n|c)P(c)$$

  - $x_1, x_2, ..., x_n$은 문서 d의 속성
  - 문서 d의 각 속성 값이 클래스 c에 속할 확률

$$P(x_1, x_2, ..., x_n|c) = P(x_1|c) \cdot P(x_2|c) \cdot ... \cdot P(x_n|c)$$

우선 문서 d가 클래스 c에 속할 확률을 argmax P(c|d) 라고 한 다음 이 식을 베이즈 정리를 이용해서 풀어씁니다. 그 다음 문서 d가 속할 확률이 가장 높은 클래스 c를 찾는 것이 목적이기 때문에 문서 d는 계산중에 고정되어있다는 것을 이용해서 생략합니다.

그 다음 문서 d의 속성들에 따라 각 속성 값이 클래스 c에 속할 확률로 이 식을 풀어줍니다. 풀어진 식을 정리하면 다음 최종 Naive Bayes 분류식으로 정리됩니다.

- **최종 Naive Bayes 분류 식**

$$c = \operatorname*{argmax} P(x_1, x_2, ..., x_n|c)P(c) = \operatorname*{argmax} \prod_{x \in X} P(x|c)P(c)$$

여기서 P(c) 와 P(x|c)를 빈도수로 계산할 수 있습니다.

- 위 식에서 $P(c)$, $P(x|c)$를 빈도수로 계산

$$\hat{P}(c) = \frac{doccount(C=c)}{N_{doc}}$$
$$\hat{P}(x|c) = \frac{count(x,c)}{\sum_{x \in X} count(x,c)}$$

그렇다면 나이브 베이즈를 사용해서 문서를 분류한 예를 보겠습니다.

(4) Naive Bayes를 사용한 문서 분류 예

• 5개의 학습 문서로 Action, SF 두 장르에 등장하는 단어

Doc No.	Words	Class
1	Fast, fly, furious, furious	Action
2	Future, technology, space	SF
3	Fly, drive, future, fast, fast	Action
4	Technology, space, space, fast	SF
5	Drive, future, space, furious	SF

자료 이미 클래스가 분류된 5개의 문서를 보여줍니다. 3번과 4번 문서의 단어만 잠시 보고 넘어가겠습니다. 3번 문서와 4번 문서에는 중복된 단어 fast와 space가 있습니다.

• 테스트 문서 d에 등장 단어가 future, technology, fast일 때 어느 클래스(장르)에 해당할지 계산

그렇다면 이제 테스트 문서 d에 등장하는 단어가 future, technology, fast 일 때 어느 클래스에 해당할지 계산을 하겠습니다.

• 각 클래스에 단어가 등장하는 빈도수 계산

$$count(future, action) = 1 \qquad count(future, sf) = 2$$

$$count(technology, action) = 0 \quad count(technology, sf) = 2$$

$$count(fast, action) = 3 \qquad count(fast, sf) = 1$$

우선 각 클래스에 단어가 등장하는 빈도수를 계산합니다. Count(future, action) = 1은 action장르에서 future라는 단어가 1번 등장했다는 것을 나타냅니다. 나머지 단어들도 같은 방법으로 빈도수를 계산하면 자료와 같은 결과를 얻을 수 있습니다.

• 빈도수를 사용해 확률 계산

$$P(action|d) = P(future|action) \cdot P(technology|action) \cdot P(fast|action)$$

$$= \frac{1}{9} \cdot \frac{0}{9} \cdot \frac{3}{9} \cdot \frac{2}{5} = 0$$

$$P(sf|d) = P(future|sf) \cdot P(technology|sf) \cdot P(fast|sf)$$

$$= \frac{2}{11} \cdot \frac{2}{11} \cdot \frac{1}{11} \cdot \frac{3}{5} = 0.0018$$

그 다음 빈도수를 사용해서 확률을 계산합니다. 계산 방법은 d에 등장하는 단어마다 각 장르에서 등장할 확률을 구한 다음, 그 확률들을 모두 곱하고 해당 클래스가 전체에서 등장할 확률을 곱하는 것입니다. d에 등장하는 단어는 future, technology, fast입니다. 그리고 앞에 있는 표를 보면 action장르에 속한 문서들에 있는 모든 단어의 개수는 9개입니다.

그 중에서 future는 1번 등장합니다. 따라서 P(future|action) = 1/9 이 됩니다. 나머지 단어들도 같은 방법으로 확률을 계산해서 곱해줍니다. 그리고 action클래스가 전체 5개 문서 중 2개의 문서를 가지므로 2/5를 곱해줍니다. 계산해보면 P(action|d) = 0 이라는 것을 확인할 수 있습니다.

같은 방법으로 P(sf|d)도 계산해보겠습니다. sf장르에 등장하는 단어의 개수는 총 11개입니다. 그리고 sf장르에서 future는 2번 등장하기 때문에 P(future|sf) = 2/11입니다. 같은 방법으로 technology와 fast도 확률을 계산한 다음 Sf가 5개의 문서 중에 3개를 차지하므로 3/5를 곱해주면 0.0018이 나옵니다.

• 계산 결과 SF에 속할 확률이 높으므로 문서 d는 SF로 분류됨

계산결과 SF에 속할 확률이 더 높기 때문에 문서 d는 SF로 분류합니다. 이 계산방법은 학습 데이터에는 없는 새로운 단어가 있는 문서를 분류하려 하면 모든 계산식이 0이 되는 문제가 있습니다. 앞에 계산식 중에 P(technology|action)을 다시 보면 이 단어는 학습 데이터에 없었기 때문에 확률이 0이 되었습니다.

만약 technology가 sf에서도 등장하지 않았다면 문서 d는 클래스를 분류할 수 없었을 것입니다. 이러한 문제를 해결하고자 하는 것이 Smoothing이라는 기법입니다. 그 중 일반적으로 Laplace Smoothing을 이용합니다.

(5) Laplace Smoothing

- 학습 문서에 없는 새로운 단어가 등장할 경우, 확률이 0이 되는 문제 발생

- 이를 해결하기 위한 방법이 Smoothing이며, 일반적으로 Laplace Smoothing 기법을 사용

- 새로운 단어가 등장하더라도 해당 빈도에 1을 더해줌으로써 확률이 0이 되는 것을 방지

- Laplace Smoothing을 사용한 $P(x|c)$

$$\hat{P}(x|c) = \frac{count(x,c)+1}{\sum\limits_{x \in V}(count(x,c)+1)} = \frac{count(x,c)+1}{(\sum\limits_{x \in V}count(x,c))+|V|}$$

   − $|V|$: 문서에 등장하는 유일한 단어의 개수

식에서 보이는 것과 같이 이 기법은 모든 빈도에 +1을 해줌으로써 새로운 단어가 나오더라도 확률이 0이 되는 것을 방지하는 기법입니다. 이 기법을 적용해서 다시 계산을 해보겠습니다. 자료를 보면 모든 빈도수에 1을 더해서 계산을 하고 있는 것을 볼 수 있습니다.

- Laplace Smoothing을 사용해 확률을 다시 계산

$$P(action|d) = P(future|action) \cdot P(technology|action) \cdot P(fast|action) \cdot P(action)$$
$$= \frac{1+1}{9+7} \cdot \frac{0+1}{9+1} \cdot \frac{3+1}{9+1} \cdot \frac{2}{5} = 0.00078$$

$$P(sf|d) = P(future|sf) \cdot P(technology|action) \cdot P(fast|sf) \cdot P(sf)$$
$$= \frac{2+1}{11+7} \cdot \frac{2+1}{11+7} \cdot \frac{1+1}{11+7} \cdot \frac{3}{5} = 0.0018$$

- 계산 결과 SF에 속할 확률이 높으므로 문서 d는 SF로 분류됨

- Laplace Smoothing을 적용한 결과 action에 속할 확률이 0이 되는 문제 해결

결과적으로는 이전과 마찬가지로 SF로 분류됩니다. 하지만 Laplace Smoothing을 적용하여 action에 속할 확률이 0이 되는 문제가 해결 되었습니다. 마지막으로 감성 분석에 대해 알아보겠습니다.

8.1.7 감성 분석

(1) 감성 분석 (Sentiment Analysis)

- Sentiment Analysis, Opinion Extraction, Opinion Mining, Sentiment Mining, Subjectivity Analysis
- 감성 분석이란 텍스트로부터 태도, 의견, 성향 등의 정보를 추출하는 방법
- 기본적으로 긍정, 중립, 부정 의견을 파악
- 더 나아가 행복, 분노, 슬픔 등의 감정을 세분화해 분석 가능
- 예
  - 영화 : 영화 리뷰 글이 긍정적인지 부정적인지 분석
  - 상품 : 상품 후기를 통한 고객들의 반응 분석
  - 정치 : 시민들의 정책에 대한 감정 분석
- 감성 분석을 통해 시장 움직임, 투표결과 등을 예측 가능

감성 분석이란 텍스트로부터 태도, 의견, 성향 등의 정보를 추출하는 방법을 말합니다. 기본적으로는 의견이 긍정적인지, 중립적인지 아니면 부정적인지를 파악하고 더 나아가 행복, 분노, 슬픔 등의 감정을 세분화해서 분석이 가능합니다.

예를 들면 영화에서는 리뷰가 긍정적인지 부정적인지 분석할 수 있고, 상품이라면 후기를 통해 고객들의 반응을 분석하고, 정치라면 정책에 대한 시민들의 감정을 분석할 수 있습니다. 이러한 감성 분석을 이용하면 시장의 움직임이나 투표 결과 등을 예측할 수 있게 됩니다.

(2) 크게 세 단계로 감성 분석의 심화 단계 구분 가능

- 단계 1 : 긍정, 부정 구분
- 단계 2 : 감성의 강도를 1부터 5의 수치로 추출
- 단계 3 : 특정 감정을 추출, 감정 발생 원인과 대상 추출

감성분석은 크게 세 단계로 감정의 심화단계를 구분합니다. 우선 단계 1에서는 긍정과 부정을 구분합니다. 그리고 단계 2에서는 감정의 강도를 1부터 5까지의 수치로 추출하

고, 단계 3에서는 특정 감정을 추출하고 감정 발생 원인과 대상을 추출하게 됩니다.

(3) Naive Bayes를 사용한 감성 분석

• 토큰화 진행

• 속성 추출
  - 모든 토큰을 사용
  - 형용사만 추출해 사용
  - 감정을 나타내는 형용사
    예 : angry, sad, depress, warm, jealous, anxious, …

• 문서 분류와 같은 방법으로 문서의 감성분류

• 클래스가 긍정, 중성, 부정으로 구분되는 것이 차이점

나이브 베이즈를 사용한 감성분석을 간단하게 알아보면, 우선 토큰화를 진행한 다음 토큰들의 속성을 추출하게 됩니다. 여기서는 모든 토큰 중에서 감정을 나타내는 형용사를 추출해서 사용합니다. 그런 다음, 문서 분류에서와 같은 방법으로 문서의 감성을 분류합니다. 여기서 문서 분류와 감성 분류의 차이점은 감성 분석의 클래스는 긍정, 중성, 부정으로 구분된다는 점입니다.

8.2 영문 텍스트 데이터 분석

8.2.1 텍스트 분석

(1) 텍스트 분석

• 텍스트 분석, 텍스트 마이닝(Text Mining)

• 자연어 처리 (Natural Language Processing, NLP)에 기반하고 있음

• 텍스트 즉, 비정형 데이터로부터 정보를 추출해 내는 작업

텍스트 분석은 텍스트라는 비정형 데이터로부터 자연어 처리 기술이나 문서 처리 기술을 이용해서 원하는 정보를 추출해내는 작업입니다.

(2) 텍스트 분석의 종류

- 문서 분류: 문서들을 특정 분류 체계에 따라 분류하는 작업

- 감성 분석: 문서에 내포되어 있는 감정과 의견을 추출하는 작업

- 정보 추출: 문서내의 정형 데이터를 추출하는 작업

그리고 텍스트 분석의 종류로는 문서들을 특정 분류 체계에 따라 분류하는 문서 분류와 문서에 내포되어 있는 감성과 의견을 추출해 내는 감성 분석 그리고 문서 내에서 정형 데이터를 추출해내는 정보 추출이 있었습니다.

이제 텍스트를 분석하는 과정을 순서에 맞게 살펴보겠습니다. 그림 1은 텍스트 분류 과정입니다.

(3) 텍스트 분류

- 전처리 (Pre-processing)
  - 토큰화 : 텍스트를 의미 단위로 분할하는 작업
  - 정제 : 무의미한 토큰을 제거하는 작업
  - 형태소 분석 : 토큰의 형태소를 파악하는 작업
- 속성 추출: 의미 단위가 가지는 수치정보, 가중치
- 분류 모델 생성: 기계학습 알고리즘 사용한 텍스트 분류 모델 학습
- 분류 결과 추출 및 분류기 성능 평가

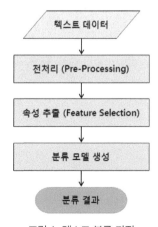

그림 1 텍스트 분류 과정

우선 데이터를 전처리하는 과정이 필요했습니다. 전처리에는 토큰화, 정제, 형태소 분석이 있었고, 이 과정이 어떻게 진행되는지에 관한 이론을 배웠습니다. 그리고 전처리가 끝나면 의미 단위가 가지는 속성을 추출하게 되는데요, 이 속성은 의미 단위가 가지는 수치정보를 말합니다. 앞에서 언급했던 가중치가 이 속성에 해당합니다. 그림 1은 텍스트 분류 과정에 대한 내용입니다.

그 다음 기계학습 알고리즘을 사용하여 텍스트를 분류하는 모델을 만들도록 합니다. 이렇게 만들어진 모델을 이용하여 테스트 데이터 분류 결과를 추출하고 분류가 제대로 이루어졌는지 성능을 평가하는 것으로 텍스트 분석이 진행됩니다. 그러면 먼저 데이터 수집부터 해보겠습니다.

8.2.2 영어 뉴스 데이터 수집

(1) 뉴스 데이터 수집

• 뉴스 데이터를 수집하기 위해서 API 또는 래퍼(Wrapper)를 사용하거나 기관이나 개인이 제공하는 데이터를 사용하는 방법이 있음

• Microsoft사에서 제공하는 Bing 뉴스 검색 API를 사용해 데이터를 수집

우리는 뉴스 데이터를 수집할건데요, 뉴스 데이터를 수집하는 방법으로는 API 혹은 Wrapper를 사용하거나 기관이나 개인이 제공하는 데이터를 사용하는 방법이 있습니다. Microsoft사에서 제공하는 Bing뉴스 검색 API를 사용해서 데이터를 수집해 보겠습니다.

(2) API Key 발급

① Microsoft Azure 사이트에서 API Key 발급을 위해 계정을 생성
   https://azure.microsoft.com/ko-kr/

② 상단 메뉴에서 '제품' 선택

우선 API를 사용하기 위해서는 API Key를 발급받아야 하는데요. 자료에 있는 링크를 통해 사이트에 접속한 다음 상단 메뉴에서 제품을 선택합니다. 그림 2는 API Key 발급과정 (1)에 대한 내용입니다.

그림 2 API Key 발급과정 (1)

③ '제품' 아래 'AI + Cognitive Services', '모든 Cognitive Services 보기' 선택

그러면 화면이 나오는데요. 여기서 AI + Cognitive Service를 선택한 다음 맨 아래에 있는 모든 Cognitive Services 보기를 선택합니다. 그림 3은 API Key 발급과정 (2)입니다.

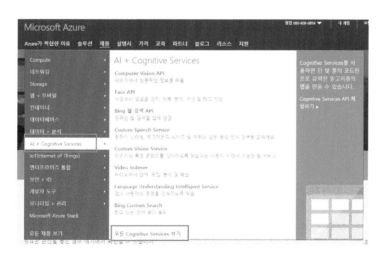

그림 3 API Key 발급과정 (2)

④ 화면 아래 'Bing News Search API' 선택

그 다음 화면에서 스크롤을 맨 아래로 내려서 Bing News Search API를 선택하고 다시 화면을 아래로 내려서 설명서를 선택합니다. 그림 4는 API Key 발급과정 (3)입니다.

그림 4 API Key 발급과정 (3)

⑤ 'Quickstarts' 아래 'Get started' 선택, 오른쪽 Document 부분 'Try Cognitive Service' 선택

그 다음 Quickstarts 아래에 있는 Get started를 선택하면 오른쪽에 파란색으로 Try Cognitive Services가 보일 겁니다. 선택해줍니다. 그러면 화면에 API key가 보일 겁니다. 그림 5는 API Key 발급과정 (4)입니다. 이 화면을 그대로 두고 이제 소스코드 작업을 진행하겠습니다.

그림 5 API Key 발급과정 (4)

(3) Bing 뉴스 데이터 수집

■ 뉴스 수집을 위한 모듈 및 패키지 import

먼저 뉴스 수집을 위한 모듈 및 패키지를 import 합니다. 맨 앞에 있는 http.client는 데이터를 요청하는 client의 http 프로토콜을 관리하는 패키지입니다. 그 다음에 있는 urllib.request는 url을 열고 데이터를 읽어 들이는 패키지이고, urllib.parse는 읽어온 데이터를 문법적으로 분석하는 패키지입니다.

그리고 urllib.error는 request에서 발생하는 오류를 처리하는 패키지이고, 마지막으로

Base64는 읽어온 이진 형태의 데이터를 ASCII형태로 바꿀 때 씁니다. 그 다음 줄에 있는 json은 json 스트링이나 파일을 파싱하는 패키지입니다. 그리고 Pandas는 데이터프레임을 사용하기 위한 패키지이고, Numpy는 수학적인 연산을 하기 위한 패키지입니다. 그림 6은 뉴스 수집에 필요한 모듈 및 패키지 import하는 내용입니다.

```
1  import http.client, urllib.request, urllib.parse, urllib.error, base64
2  import json
3  import pandas as pd
4  import numpy as np
```

그림 6 뉴스 수집에 필요한 모듈 및 패키지 import

■ 수집한 뉴스 데이터를 저장할 데이터프레임 생성

패키지들을 import했다면 이제 데이터프레임을 생성합니다. 우리가 데이터를 수집할 틀을 구성하는 과정인데요, 컬럼명이 name, description, category인 데이터 프레임을 구성합니다.

name에는 뉴스 제목이 들어갈 것이고, description에는 뉴스의 요약 내용이 들어가고 category에는 뉴스 카테고리가 들어갈 겁니다. 그림 7은 뉴스 데이터를 저장할 데이터프레임 생성에 대한 내용입니다.

```
1  df = pd.DataFrame(columns=('name','description','category'))
```

그림 7 데이터프레임 생성

■ API Key 입력

headers라는 dictionary 타입의 변수에 방금 전에 발급받은 API key를 입력해주는 코드입니다. 여기서 ':' (콜론) 을 기준으로 왼쪽에 있는 문장은 자료의 소스코드와 똑같이 쓰고, 오른쪽만 발급받은 Key중에서 하나를 적어주면 됩니다. 그림 8은 API Key 입력에 대한 내용입니다.

```
1  headers = {
2      'Ocp-Apim-Subscription-Key': '47e483110279412994d41873c430600c',
3      # 발급 키는 17년 6월까지 유효
4  }
```

그림 8 API Key 입력

■ 뉴스 수집을 위한 변수 설정

그 다음은 우리가 수집할 뉴스를 수집하기 위해서 변수를 설정해 주는 코드입니다. 데이터의 카테고리, 마켓, 개수를 지정하고 있습니다. 그림 9는 변수 설정에 대한 내용입니다.

```
params = urllib.parse.urlencode({
    # Business, Entertainment, Health, Politics, ScienceAndTechnology, Sports, UK, World
    'Category': 'World',
    'Market': 'en-GB',
    'Count':100
})
```

그림 9 변수 설정

이 소스코드에서 Category와 Market 부분이 어떻게 정해지는지 궁금하실 텐데요, 링크 (https://msdn.microsoft.com/en-us/library/dn760793.aspx)로 들어가신 다음 스크롤을 밑으로 내리시다 보면, News Categories by Market 이라는 부분이 보일 겁니다. 그곳을 보시면 Market에 따라 어떤 Category를 우리가 사용할 수 있는지 나와 있습니다. 그림 10은 뉴스 마켓과 카테고리 안내 사이트에 대한 내용입니다. 이제 본격적으로 데이터를 요청해보겠습니다.

그림 10 뉴스 마켓, 카테고리 안내 사이트

■ 뉴스 데이터 요청

- try문에서 일련의 작업을 시도

- http 프로토콜을 사용해 데이터를 요청하는 http.client의 모듈 중 HTTPSConnection을 사용해 지정된 url과 연결

- 연결 요청 정보를 url 뒤 변수로 선언하고, request 함수를 사용해 데이터를 요청
  'GET' : url에 요청 정보가 문자 그대로 보이는 형태로 데이터를 요청하는 방식
  '/bing/v5.0/news/?%s' : url 뒤에 연결되는 문자열로, ? 뒤에 요청 정보 입력
  앞에서 설정한 params와 headers 포함
  Bing 뉴스 수집에서 body 정보는 따로 필요하지 않음

- getresponse를 사용해 뉴스 데이터를 받아 변수 response에 저장

- response에 저장된 데이터는 HTTPResponse 객체 형식이므로 read 함수를 사용해 읽어 변수 data에 저장

- data 출력

- 연결 종료

- try문 내 에서 시도한 작업을 실패할 경우 except 문을 사용해 예외처리

- 작업 실패 시 오류 메시지 출력
  format 함수를 사용해 첫 번째 문자열 {0}에는 e.errno는 오류 번호가 출력되고
  두 번째 문자열 {1}에는 e.strerro, 오류 내용이 출력

try문에서 일련의 작업을 시도하게 되고, 실패할 경우에는 except문을 사용해서 예외를 처리할 예정입니다. try문 안에서는 우선 지정된 url과 연결합니다. 연결 요청 정보를 url 뒤 변수로 선언하고 request 함수를 사용해서 데이터를 요청합니다.

그 다음 뉴스 데이터를 받아서 변수에 저장하고 출력해보겠습니다. 자세한 설명은 소스 코드를 보면서 진행하겠습니다. 먼저 url에 요청문을 붙여서 데이터를 요청하고 data에 데이터를 담아서 출력하는 부분입니다. 출력된 결과를 보면 사람이 보기에는 불편합니다. 그림 11은 요청한 뉴스 데이터의 정보를 byte 형태로 출력한 내용입니다.

```
1 try:
2     conn = http.client.HTTPSConnection('api.cognitive.microsoft.com')
3     conn.request("GET", "/bing/v5.0/news/?%s" % params, "{body}", headers)
4     response = conn.getresponse()
5     data = response.read()
6     print(data)
7     conn.close()
8 except Exception as e:
9     print("[Errno {0}] {1}".format(e.errno, e.strerror))
```

b'{"_type": "News", "value": [{"name": "Bodies of civilians dumped near Philippines city besieged by Islamist
s", "url": "http:\\\\\\\\www.bing.com\\\\cr?IG=F7AA75EFFBC9452592AF6171CCDDEC2F&CID=1CCC6ECBBC5D61EB3C1D645BBD9D60
38&rd=1&h=XnTaEfdjetlkMvZOyGc-kTXqgxg4dFL5IkaXzX3EJhI&v=1&r=http%3a%2f%2fwww.reuters.com%2farticle%2fus-philipp
ines-militants-idUSKBN180049&p=DevEx,5200.1", "image": {"thumbnail": {"contentUrl": "https:\\\\\\\\www.bing.com
\\\\th?id=ON.OD019A0068E520B4896BACFA5A1CCF54&pid=News", "width": 700, "height": 481}}, "description": "MARAWI C
ITY, Philippines Bodies of what appeared to be executed civilians were found in a ravine outside a besieged Phi
lippine city on Sunday as a six-day occupation by Islamist rebels resisting a military onslaught took a more si
nister turn. The eight ...", "about": [{"readLink": "https:\\\\\\\\api.cognitive.microsoft.com\\\\api\\\\v5\\\\entit
```

그림 11 뉴스 데이터의 정보를 byte 형태로 출력

## ■ 변수에 저장된 byte 형태 정보 가공

이제 이 데이터를 보기 편하게 고쳐보겠습니다. 다음은 변수에 저장된 byte형태의 정보를 가공하는 부분인데요, 우선 데이터의 형식을 utf-8형태로 변환해줍니다. 그 다음 데이터를 json형태로 다시 변환합니다. 그런 다음 뉴스에 대한 내용을 포함하고 있는 value값들을 변수 val에 저장한 다음 key값만 출력하는 모습입니다. 그림 12는 변수에 저장된 byte 형태 뉴스 데이터 정보 가공에 대한 내용입니다.

```
1 data = data.decode('utf-8')
2 obj = json.loads(data)
3 val = obj['value']
4 val[0].keys()
```

dict_keys(['url', 'category', 'clusteredArticles', 'description', 'datePublished', 'image', 'about', 'name', 'provider'])

그림 12 byte 형태 뉴스 데이터 정보 가공

■ 가공된 뉴스 데이터 데이터프레임에 입력

그리고 다음을 보면, 처음에 만들어둔 데이터 프레임에 정보를 입력하는 것을 볼 수 있는데요, 변수 val에 저장된 데이터 중에서 name, description, category에 해당하는 내용만을 가져와서 저장하고 출력한 것을 볼 수 있습니다. 그림 13은 데이터프레임에 뉴스데이터의 제목, 내용, 카테고리 입력에 대한 내용입니다.
```

```
1  l = len(df)
2  for i in range(0,len(val)) :
3      df.loc[l+i] = [val[i]['name'], val[i]['description'],
4                     val[i]['category']]
5  df
```

	name	description	category
0	Concerns over Trump dent stocks, dollar	LONDON Concern that U.S. President Donald Trum...	Business
1	Global stocks fall as political uncertainties ...	SEOUL, South Korea (AP) - Global stock benchma...	Business

그림 13 데이터프레임에 뉴스 데이터의 제목, 내용, 카테고리 입력

■ 다양한 카테고리의 기사를 수집하기 위해 앞 작업들을 반복 시행

이제 다른 여러 가지 카테고리의 기사를 수집하기 위해서 앞의 작업들을 반복해서 실행해 보겠습니다. 데이터를 요청하기 위해 입력했던 params의 category값을 변경해서 같은 데이터 프레임에 계속 입력해주면 되겠습니다. 그림 14는 다양한 카테고리의 기사를 수집하기 위한 작업 반복 시행에 대한 내용입니다.

```
1  params = urllib.parse.urlencode({
2      # Business, Entertainment, Health, Politics, ScienceAndTechnology, Sports, UK, World
3      'Category': 'World',
4      'Market': 'en-GB',
5      'Count':100
6  })
```

그림 14 다양한 카테고리의 기사 수집하기 위한 반복 작업 시행

■ 카테고리들에 대한 뉴스 데이터 수집을 완료한 후 카테고리가 골고루 분포하도록 랜덤으로 섞어 저장

그러면 카테고리가 수집한 순서대로 정렬되어 있을 텐데요, 카테고리가 골고루 분포하도록 랜덤으로 섞어서 저장하겠습니다. np.random.permutation 함수를 이용해서 0부터 '데이터 프레임의 크기 -1'까지의 수를 랜덤으로 반환한 다음, 랜덤으로 주어진 인덱스에 해당하는 데이터를 새로운 데이터 프레임 'df_sh'에 저장해서 이것을 csv파일로 저장하는 모습입니다. 그림 15는 카테고리들에 대한 뉴스 데이터 수집 완료 후 랜덤으로 섞어 저장하는 내용입니다.

```
1  df_sh = df.iloc[np.random.permutation(len(df))]
2  df_sh.to_csv('bing_news_shuffle_0517.csv')
```

그림 15 카테고리들에 대한 뉴스 데이터 수집 완료 후 랜덤으로 섞어 저장

이렇게 데이터를 수집한 이후에는 데이터를 전처리하는 과정이 필요합니다.

8.2.3 텍스트 데이터 전처리

(1) 데이터 전처리

- 데이터 전처리는 기계학습 알고리즘에 데이터를 효과적으로 적용하기 위해 필요한 중요한 작업

- 데이터의 특정 속성이 없거나 정보가 누락되어 있는 불완전한 데이터를 필터링

- 데이터에 포함된 잘못된 값이나 이상 값과 같은 노이즈 제거

- 데이터에 충돌하는 값, 불일치하는 값을 제거

데이터 전처리는 기계학습 알고리즘에 데이터를 효과적으로 적용하기 위해서 필요한 아주 중요한 작업입니다. 데이터에 특정 속성이 없거나 정보가 누락되어있는 불완전한 데이터는 필터링을 해주고, 잘못된 값이 있는 경우에는 제거를 해주어야 합니다. 그리고 데이터에 충돌하는 값과 불일치하는 값 역시 제거를 해야 합니다.

(2) **텍스트 데이터 전처리**

- **토큰화** (Tokenization) : 텍스트를 단어나 구와 같은 의미 단위로 분할하는 작업

- **정제** (Cleaning) : 텍스트에 포함된 무의미한 단어, 불용어를 제거하는 작업

- **형태소 분석** (POS-Tagging) : 토큰의 품사를 파악하는 작업

텍스트 데이터를 전처리하는 과정에서 토큰화, 정제, 형태소 분석을 할 텐데, 토큰화와 형태소 분석은 지난 시간에 이미 배운 내용이고, 정제 작업은 텍스트에 포함된 무의미한 단어, 즉, 불용어를 제거하는 작업입니다. 토큰화부터 시작해보겠습니다.

(3) 토큰화

■ 자연어 처리 패키지

우선 영문 자연어 처리 패키지인 Natural Language Toolkit (NLTK)을 import 합니다. 그림 16은 자연어 처리 패키지 import에 대한 내용입니다.

```
import nltk
```

그림 16 자연어 처리 패키지 import

■ 한 개의 뉴스 데이터 사용

ix함수를 사용하여 0번 index행의 description을 선택 후 출력해보겠습니다. 그림 17은 한 개의 뉴스 데이터를 사용하는 내용입니다.

```
print(df.ix[0]['description'])
```

As the general election ploughs on, a different type of campaign is raging in the sleepy constituency of Buckin gham. In the territory, nestled between Oxford, Aylesbury and Milton Keynes, more than 75,000 voters have not b een heard in Parliament since 2009.

그림 17 한 개의 뉴스 데이터 사용

■ 토큰화

그 다음 NLTK의 word_tokenize함수를 사용해서 이 뉴스 내용을 토큰화해서 출력하겠습니다. 이 토큰화는 단순 공백을 기반으로 하고 있습니다. 그림 18은 뉴스 데이터의 내용을 토큰화하는 내용입니다.

```
tokens = nltk.word_tokenize(df.ix[0]['description'])
tokens
```
```
['As',
 'the',
 'general',
 'election',
 'ploughs',
 'on',
 ',',
 'a',
 'different',
 'type',
 'of',
 'campaign',
 'is',
```

그림 18 뉴스 데이터의 내용을 토큰화

이제 for문을 사용해서 위에서 추출한 각 토큰들 마다 길이를 구하고, 길이가 1보다 큰 토큰을 lower함수를 사용해서 소문자로 변경한 다음, 소문자로 변경된 토큰들을 다시 tokens에 저장해서 출력해보겠습니다. 그림 19는 길이가 1 보다 큰 토큰들을 소문자로 변경해 저장하는 내용입니다.

```
1 tokens = [token.lower() for token in tokens if len(token) > 1]
2 tokens
['as',
 'the',
 'general',
 'election',
 'ploughs',
 'on',
 'different',
 'type',
 'of',
 'campaign',
 'is',
 'raging',
 'in',
```

그림 19 길이가 1 보다 큰 토큰들을 소문자로 변경

■ bi-gram

단어들을 묶어서 토큰으로 추출하는 것을 볼 수 있는데요, 우선 bi-gram은 단어들을 두 개씩 묶어서 하나의 토큰으로 추출한 것입니다. 예시 문장은 'The shopping center stays open until 9 a.m.'입니다. 예시 문장을 보면 'the'와 'shopping' 그리고 다시 'shopping'과 'center', 이처럼 단어가 2개씩 묶여서 추출되는 것을 볼 수 있습니다. bigrams함수를 앞에서 추출한 tokens에 적용해서 bigram을 추출하고, tokens_bigram 이라는 새로운 변수에 저장한 다음, for 문을 사용해서 저장된 토큰들을 하나씩 출력하는 모습을 볼 수 있습니다. 그림 20은 토큰들을 두 개씩 묶는 bi-gram 작업에 대한 내용입니다.

```
1 tokens_bigram = nltk.bigrams(tokens)
2 for token in tokens_bigram :
3     print(token)
('as', 'the')
('the', 'general')
('general', 'election')
('election', 'ploughs')
('ploughs', 'on')
('on', 'different')
```

그림 20 bi-gram

■ tri-gram

tri-gram은 단어를 3개씩 묶어서 하나의 토큰으로 추출한 것을 말합니다. bi-gram의 예시 문장과 같은 문장을 tri-gram으로 추출하는 것을 볼 수 있습니다. 추출된 결과를 보면 bi-gram과 비슷하지만, 이번에는 단어가 3개씩 묶여있는 것을 볼 수 있습니다. 아까와 같은 방법으로 출력하면 제시된 화면처럼 출력이 될 겁니다. 그림 21은 토큰들을 세 개씩 묶는 tri-gram 작업에 대한 내용입니다.

```
1 tokens_trigram = nltk.trigrams(tokens)
2 for token in tokens_trigram :
3     print(token)

('as', 'the', 'general')
('the', 'general', 'election')
('general', 'election', 'ploughs')
('election', 'ploughs', 'on')
('ploughs', 'on', 'different')
('on', 'different', 'type')
```

그림 21 tri-gram

(4) 정제

이제 데이터를 정제해 보도록 하겠습니다. 정제는 텍스트 내에 있는 불용어를 제거하는 작업인데요, 불용어는 관사나 지시대명사처럼 의미가 없는 단어를 가리킵니다. 예시 문장은 'The shopping center stays open until 9 a.m.'입니다. 예시 문장을 보면 The와 until이 불용어로 분류된 것을 볼 수 있습니다. 이런 불용어를 NLTK 패키지에서는 Corpus로 제공하고 있습니다.

단순한 소설이나 뉴스 등의 문서 외에도 쉬운 분석을 위해 제공하는 집합이 제공되는데요, 우리는 불용어를 담고 있는 Corpus인 Stopwords를 사용할 예정입니다. 불용어란 해당 문장이나 문서를 다른 문서와 구별하는데 거의 기여하지 않는 단어를 의미합니다. 예를 들어 영어에서는 관사, 지시대명사 등이 여기에 속할 수 있습니다.

즉, 이러한 불용어는 아예 고려 대상에서 제거한 뒤 해당 문장이나 문서로부터 특징을 추출하는 것이 좋습니다. Stopwords는 덴마크어, 네덜란드어, 핀란드어, 프랑스어 등 다양한 언어의 불용어를 제공합니다.

■ NLTK에서 제공하는 불용어 리스트 다운로드

우선 Nltk에서 제공하는 불용어 리스트를 다운받기 위해서 nltk.download()를 실행하면 그림과 같은 창을 볼 수 있습니다. 여기 Corpora중에서 Stopwords를 선택한 다음 다운

로드를 진행합니다. 설치경로는 그림의 하단에서 확인할 수 있는데 변경하지 않는 것을 추천합니다. 그림 22는 nltk.download() 실행에 대한 내용입니다. 그림 23은 불용어 리스트를 다운로드하는 내용입니다.

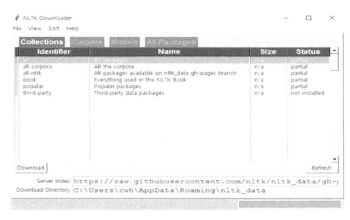

그림 22 nltk.download() 실행

그림 23 불용어 리스트 다운로드

■ NLTK의 stopwords

• nltk.corpus에 설치된 stopwords를 import

이제 stopwords를 import 하겠습니다. from nltk.corpus import stopwords와 같이 import를 합니다. 그림 24는 stopwords를 import하는 내용입니다.

```
1 from nltk.corpus import stopwords
```

그림 24 stopwords import

- stopwords 중 영어 불용어에 해당하는 english를 가져와 stop_words에 저장

  stopwords중에 영어 불용어에 해당하는 english를 가져와서 stop_words에 저장하겠습니다. 그림 25는 영어 불용어를 저장하는 내용입니다.

```
1 stop_words = stopwords.words('english')
2 stop_words
```
```
['i',
 'me',
 'my',
 'myself',
 'we',
 'our',
 'ours',
 'ourselves',
 'you',
```

그림 25 영어 불용어 저장

■ stopwords 제거

그런 다음 for 문을 사용해서 tokens에 저장된 token들에 대해서 각 token이 stop_words에 존재하는지 확인하겠습니다. 그리고 stop_words에 존재하지 않는 경우에 token_clean에 저장해서 한번 출력해보겠습니다. 여기에서는 general, election, ploughs 등의 의미 있는 단어들이 출력되는 것을 볼 수 있습니다. 그림 26은 stop_words를 제거한 후 저장하는 내용입니다.

```
1 tokens_clean = [token for token in tokens if not token in stop_words]
2 tokens_clean
```
```
['general',
 'election',
 'ploughs',
 'different',
 'type',
 'campaign',
 'raging',
 'sleepy',
 'constituency',
 'buckingham',
 'territory',
 'nestled',
```

그림 26 stopwords를 제거한 후 저장

■ 형태소 분석

그런 다음 형태소 분석을 진행할 텐데요, NLTK에 내장된 형태소 분석기인 pos_tag를 사용해서 토큰들의 품사를 추출하겠습니다. 각 토큰과 해당 품사를 tokens_tagged라는 새로운 변수에 저장해서 마찬가지로 출력해보면 general은 JJ로 출력되는 것을 볼 수 있습니다. 여기서 JJ는 형용사를 의미합니다. NN은 명사, VBG는 동사를 의미합니다. 다른

단어들에 대해서도 동일한 형식으로 토큰과 품사의 쌍이 출력됩니다. 그림 27은 각 토큰들의 품사를 추출하는 내용입니다.

```
1 tokens_tagged = nltk.pos_tag(tokens_clean)
2 print(tokens_tagged)
[('general', 'JJ'), ('election', 'NN'), ('ploughs', 'VBZ'), ('different', 'JJ'), ('type', 'NN'), ('campaign',
'NN'), ('raging', 'VBG'), ('sleepy', 'JJ'), ('constituency', 'NN'), ('buckingham', 'VBD'), ('territory', 'N
N'), ('nestled', 'VBN'), ('oxford', 'JJ'), ('aylesbury', 'NN'), ('milton', 'NN'), ('keynes', 'VBZ'), ('75,000',
'CD'), ('voters', 'NNS'), ('heard', 'VBD'), ('parliament', 'NN'), ('since', 'IN'), ('2009', 'CD')]
```

그림 27 토큰들의 품사 추출

- **형태소 분석 결과 tag 의미 확인**

NLTK에서 사용하는 모든 tag의 의미를 알고 싶다면 nltk.help.upenn_tagset() 이라는 함수를 실행시켜서 각 tag들이 어떤 의미를 가지는지 확인할 수 있습니다. 그림 28은 tag의 의미를 확인하는 내용입니다.

```
1 nltk.help.upenn_tagset()
$: dollar
    $ -$ --$ A$ C$ HK$ M$ NZ$ S$ U.S.$ US$
'': closing quotation mark
    ' ''
(: opening parenthesis
    ( [ {
): closing parenthesis
    ) ] }
,: comma
    ,
--: dash
    --
.: sentence terminator
    . ! ?
:: colon or ellipsis
    : ; ...
CC: conjunction, coordinating
    & 'n and both but either et for less minus neither nor or plus so
```

그림 28 모든 tag 의미 확인

- **명사 추출**

이제 파이썬 코드를 이용해서 명사만 추출해보겠습니다. 형태소 분석이 된 토큰과 형태소에 대해서, 형태소가 NN(명사) 혹은 NNP(고유명사) 에 해당하는지 확인해 명사일 경우에는 단어를 tokens.noun에 저장하겠습니다. 이때 for ~ in 문과 if ~ in 문을 사용하게 됩니다. tokens.noun을 출력해 보면 election, type 등과 같이 명사만 출력된 것을 확인할 수 있습니다. 그림 29는 형태소 분석 후의 토큰 중 형태소가 명사인 토큰을 추출하는 내용입니다.

```
1 tokens_noun = [word for word, pos in tokens_tagged if pos in ['NN', 'NNP']]
2 print(tokens_noun)
```

['election', 'type', 'campaign', 'constituency', 'territory', 'aylesbury', 'milton', 'parliament']

그림 29 형태소 분석 후 토큰 중 형태소가 명사인 토큰 추출

8.2.4 Word Cloud

(1) Word Clod

다음으로 Word Cloud라는 방법으로 시각화를 진행하겠습니다. Word Cloud는 문서에 등장한 단어의 빈도를 측정해서 시각화하는 방법입니다. 등장 빈도가 높은 단어는 크게, 빈도가 낮은 단어는 작게 표현되기 때문에, 문서의 중심 내용을 한 눈에 파악할 수 있게 됩니다.

(2) Word Cloud 패키지 설치

▪ 파이썬 버전 확인

먼저 Word Cloud를 그리기 위한 패키지를 설치하겠습니다. 우선 Anaconda Prompt 창에서, 'python –version '이라는 명령어를 실행시키면 파이썬의 버전을 확인할 수 있습니다.

▪ 패키지 다운로드

버전을 확인한 후에는 http://www.lfd.uci.edu/~gohlke/pythonlibs/#wordcloud에 들어가서 본인의 버전에 맞는 설치 파일을 다운로드 받습니다. 그림 30은 여러 버전의 Word Cloud 패키지 파일입니다.

Wordcloud, a little word cloud generator.
wordcloud-1.3.1-cp27-cp27m-win32.whl
wordcloud-1.3.1-cp27-cp27m-win_amd64.whl
wordcloud-1.3.1-cp34-cp34m-win32.whl
wordcloud-1.3.1-cp34-cp34m-win_amd64.whl
wordcloud-1.3.1-cp35-cp35m-win32.whl
wordcloud-1.3.1-cp35-cp35m-win_amd64.whl
wordcloud-1.3.1-cp36-cp36m-win32.whl
wordcloud-1.3.1-cp36-cp36m-win_amd64.whl

그림 30 여러 버전의 Word Cloud 패키지 파일

■ 패키지 설치

다운로드 받은 파일은 C: ₩Users ₩사용자이름₩Anaconda3와 같은 Anaconda 폴더에 설치한 후, 다시 프롬프트 창에서도 이 위치로 이동한 다음, pip install wordcloud~.whl 을 입력하면 설치가 진행될 것입니다.

(3) Word Cloud 그리기

■ 필요 패키지 import

이제 다운받은 패키지를 import 하겠습니다. %matplotlib inline은 시각화한 결과를 jupyter 작업창 내에서 바로 볼 수 있게 됩니다. 데이터 시각화를 지원하는 pyplot을 import 해줍니다. from wordcloud import WordCloud, STOPWORDS 라고 입력하여 wordcloud를 그리는 모듈과 불용어 리스트를 import합니다. 그림 31은 필요 패키지를 import하는 내용입니다.

```
1 %matplotlib inline
2 import matplotlib.pyplot as plt
3 from wordcloud import WordCloud, STOPWORDS
```

그림 31 필요 패키지 import

■ Word Cloud 모듈 생성

이제 Word Cloud모듈을 생성하겠습니다. 우선 import한 STOPWORDS를 set함수를 사용해서 변수에 저장을 해줍니다. 그 다음 WordCloud함수를 사용해서 Word Cloud를 그리는 모듈 wc를 생성해줍니다. 파라미터로 배경색과 가장 큰 단어의 크기, 단어의 최대 개수, 그리고 불용어 리스트에 우리가 만들어둔 변수를 지정해주는 것을 볼 수 있습니다. 그림 32는 Word Cloud 모듈 생성에 대한 내용입니다.

```
1 stopwords = set(STOPWORDS)
2 wc = WordCloud(background_color="white", max_font_size=100, max_words=30, stopwords=stopwords)
```

그림 32 Word Cloud 모듈 생성

■ 데이터 준비 및 적용

이제 모듈에 데이터를 적용해 보겠습니다. 뉴스 내용인 description부분을 string형태로 변환하고, cat 함수를 사용해서 문자열들을 한 문자열로 연결하는데, 여기서 sep=',' 를 사용해서 구분자를 지정해줍니다. 그리고 한 문자열로 합쳐진 뉴스 내용을 Text Data에 저장하고, generate함수를 사용해서 Word Cloud를 그려서 'wordcloud' 라는 변수에 저장합니다. 그림 33은 Word Cloud를 그리기 위한 데이터 준비에 대한 내용입니다.

```
text_data = df['description'].str.cat(sep=', ')
wordcloud = wc.generate(text_data)
```

그림 33 데이터 준비 및 적용

■ Word Cloud 시각화

그 다음 figure함수를 사용해서 화면에 시각화 할 공간을 설정합니다. 우선 figsize라는 매개변수를 통해서 공간의 크기를 설정해주고, imshow 함수를 사용해서 배열 형태의 wordcloud 를 시각화한 다음, 마지막으로 axis를 off로 설정해서 x축과 y축을 삭제하게 되면 화면에 시각화한 결과가 보이게 됩니다. 그림 34는 Word Cloud 시각화 과정에 대한 내용입니다. 그림 35는 Word Cloud 시각화 결과입니다.

```
plt.figure(figsize=(10, 10))
plt.imshow(wordcloud, interpolation='bilinear')
plt.axis('off')
```

그림 34 Word Cloud 시각화 과정

그림 35 Word Cloud 시각화 결과

여기까지 시각화를 진행해봤고, 이제 특징 값들을 추출해 보겠습니다.

8.2.5 특징 값 추출

(1) 문서 단어 행렬

문서 단어 행렬은 각 문서와 단어에 해당하는 수치를 표현한 행렬입니다. 토큰의 TF-IDF 값을 사용해서 문서 단어 행렬을 구성해보겠습니다.

■ **TF-IDF 값으로 문서 단어 행렬 구성하기**

우선 TF-IDF 값으로 문서 단어 행렬을 구성하기 위해서 Scikit learn에서 제공하는 모듈 from sklearn.feature_extraction.text import TfidfVectorizer를 import합니다. 그림 36은 tf-idf 패키지 import하는 내용입니다.

```
1 from sklearn.feature_extraction.text import TfidfVectorizer
```

그림 36 TF-IDF 패지지 import

텍스트 데이터를 문자열로 바꾼 다음 다시 리스트로 변환해서 text_data_list라는 변수에 저장합니다. 그 다음 Numpy의 array함수와 for문을 사용해서 배열로 변환해서 새로운 변수 text_data_arr에 저장해주겠습니다. 그림 37은 텍스트 데이터를 문자열 형태 리스트로 변환하고, 함수를 이용해 배열로 변경한 후 저장하는 내용입니다.

```
1 text_data_list = df['description'].astype(str).tolist()
2 text_data_arr = np.array([''.join(text) for text in text_data_list])
```

그림 37 텍스트 데이터를 배열형태로 변경한 후 저장

그런 다음 TfidfVectorizer 함수를 사용해서 tf-idf 문서 단어 행렬을 만드는 모듈 vectorizer를 선언해 주겠습니다. 첫 번째 줄의 파라미터를 보면, 최소 등장 빈도로 2번 이상 등장하는 단어들을 대상으로 하고 단어 추출 단위로는 unigram과 bigram을 추출하는 것을 볼 수 있습니다.

그리고 strip accent 에 'unicode'를 넣어주면 유니코드에 해당하는 모든 문자에 accent를 제거할 수 있습니다. 마지막으로 norm에 L2를 넣으면 pearson 함수를 사용해서 normalization을 진행하게 됩니다.

두 번째 줄에서 fit_transform 함수를 사용해서 배열에 저장된 문서 단어 행렬을 구하고 있습니다. 그리고 이 행렬을 text_data변수에 저장합니다. 그림 38은 TF-IDF 문서단어행렬 생성에 대한 내용입니다.

```
1  vectorizer = TfidfVectorizer(min_df=2, ngram_range=(1, 2), strip_accents='unicode', norm='l2')
2  text_data = vectorizer.fit_transform(text_data_arr)
```

그림 38 TF-IDF 문서단어행렬 생성

이제 문서단어행렬을 데이터프레임에 담아서 출력해보겠습니다. 출력된 결과를 보면, 각 행은 문서 번호이고 열은 토큰들로 구성되어 있습니다. 데이터 크기가 크기 때문에 대부분의 값이 0으로 나오는 것을 확인할 수 있습니다. 그림 39는 문서단어행렬을 데이터프레임 형식으로 출력하는 내용입니다.

```
1  df_tfidf = pd.DataFrame(text_data.A, columns=vectorizer.get_feature_names())
2  df_tfidf
```

	000	000 computers	000 fans	000 loan	000 of	000 to	000 was	000 women	05	10	...	young people	youngest	youngsto
0	0.139847	0.0	0.000000	0.0	0.0	0.0	0.0	0.0	0.000000	0.000000	...	0.0	0.0	0.0
1	0.000000	0.0	0.000000	0.0	0.0	0.0	0.0	0.0	0.000000	0.000000	...	0.0	0.0	0.0
2	0.000000	0.0	0.000000	0.0	0.0	0.0	0.0	0.0	0.000000	0.000000	...	0.0	0.0	0.0
3	0.000000	0.0	0.000000	0.0	0.0	0.0	0.0	0.0	0.000000	0.000000	...	0.0	0.0	0.0
4	0.000000	0.0	0.000000	0.0	0.0	0.0	0.0	0.0	0.000000	0.000000	...	0.0	0.0	0.0
5	0.000000	0.0	0.000000	0.0	0.0	0.0	0.0	0.0	0.000000	0.000000	...	0.0	0.0	0.0
6	0.000000	0.0	0.000000	0.0	0.0	0.0	0.0	0.0	0.000000	0.000000	...	0.0	0.0	0.0

그림 39 데이터프레임 형식으로 문서단어행렬 출력

이제 뉴스를 분류해보겠습니다.

8.2.6 뉴스 분류

(1) 성능 측정 패키지 import

우선 성능을 평가할 수 있도록 성능 측정 패키지들을 import 하겠습니다. Confusion Matrix 는 분류 결과 건수를 나타내는 confusion_matrix를 구성하는 모듈이고, classification_report는 Recall, Precision, f-measure를 제공하는 모듈입니다. 그리고 f1_score는 f-measure를 계산하기 위해서, 또 accuracy_score는 정확도를 수치로 계산하기 위해 필요합니다.

그림 40은 성능 측정 패키지 import하는 내용입니다.

```
1 from sklearn.metrics import confusion_matrix
2 from sklearn.metrics import classification_report
3 from sklearn.metrics import f1_score
4 from sklearn.metrics import accuracy_score
```

그림 40 성능 측정 패키지 import

(2) 데이터 셋 준비

이제 데이터 셋을 준비하겠습니다. 뉴스의 내용(description)과 카테고리(category)를 각각 리스트형 변수로 변환합니다. 그림 41은 뉴스의 내용과 카테고리의 리스트형 변수로 변환에 대한 내용입니다.

```
1 description = df['description'].astype(str).tolist()
2 category = df['category'].astype(str).tolist()
```

그림 41 뉴스의 내용과 카테고리의 리스트형 변수로 변환

■ 데이터 셋 분할

여기서 기계학습을 위해 데이터 셋의 80%는 Training Set으로, 나머지 20%는 Test Set으로 나눕니다. x_train 변수에는 뉴스 내용 Description 의 Training Set범위 내의 내용 data를 join함수를 사용해 연결해서 저장하고 있습니다. 그리고 y_train에는 뉴스의 category 데이터를 저장하는 것을 볼 수 있습니다. 그림 42는 데이터 셋을 Training Set과 Test Set으로 분할에 대한 내용입니다.

```
1 trainset_size = int(round(len(description)*0.80))
2
3 x_train = np.array([''.join(data) for data in description[0:trainset_size]])
4 y_train = np.array([data for data in category[0:trainset_size]])
5
6 x_test = np.array([''.join(data) for data in description[trainset_size+1:len(description)]])
7 y_test = np.array([data for data in category[trainset_size+1:len(category)]])
```

그림 42 데이터 셋을 Training Set과 Test Set으로 분할

X_train에는 fit_transform함수를 사용해서 Training Set을 기반으로 문서 단어 행렬을 구성하고, X_test에는 transform함수를 사용해서 앞의 행렬을 구성한 단어들을 기반으로 문서단어행렬을 구성합니다. 그림 43은 Training Set을 기반으로 한 문서단어행렬 구성에 대한 내용입니다.

```
1  X_train = vectorizer.fit_transform(x_train)
2  X_test = vectorizer.transform(x_test)
```

그림 43 Training Set 기반 문서단어행렬 구성

그 다음 각 분류 모델의 성능을 기록하기 위해서 자료에서 보이는 것처럼 Classifier, F_measure, Accuracy 열을 가지는 데이터프레임을 만들어 주겠습니다. 그림 44는 분류 모델의 성능을 기록할 데이터프레임 생성에 대한 내용입니다.

```
1  df_per = pd.DataFrame(columns=['Classifier', 'F-Measure', 'Accuracy'])
2  df_per
```

Classifier	F-Measure	Accuracy

그림 44 분류 모델의 성능을 기록할 데이터프레임 생성

(3) Naive Bayes

이제 데이터 셋이 준비되었고 기계학습 알고리즘을 사용해서 모델을 만들어보겠습니다. 여러 가지 기계학습 알고리즘을 사용하는데, 먼저 Naive Bayes 알고리즘을 사용해보겠습니다.

패키지를 import해줍니다. 그리고 이 모듈에 포함된 fit함수를 사용해서 모델을 학습시켜주겠습니다. 그리고 predict함수를 실행해서, Test Set의 카테고리를 분류하는 예측 값을 구한 후 변수 nb_pred에 저장합니다. 그림 45는 패키지 import, Naive Bayes 모델 학습 및 예측 값 도출에 대한 내용입니다.

```
1  from sklearn.naive_bayes import MultinomialNB
2
3  nb_classifier = MultinomialNB().fit(X_train, y_train)
4  nb_pred = nb_classifier.predict(X_test)
```

그림 45 패키지 import, Naive Bayes 모델 학습 및 예측 값 도출

실제 값이 담겨있는 y_test와 예측 값인 nb_pred를 비교해서 confusion_matrix와 classification_report를 출력합니다. 그림 46은 Naive Bayes 모델의 실제 값과 예측 값 비교해 Confusion Matrix, Classification Report 출력에 대한 내용입니다. 그림 47은 Naive Bayes 모델의 Confusion Matrix, Classification Report의 출력 결과입니다.

```
1  print('\n Confusion Matrix \n')
2  print(confusion_matrix(y_test, nb_pred))
3  print('\n Classification Report \n')
4  print classification_report(y_test, nb_pred)
```

그림 46 Naive Bayes 모델의 실제 값과 예측 값 비교
Confusion Matrix, Classification Report 출력

■ Naive Bayes 모델 성능

```
Confusion Matrix

[[10  0  1  3  5  0  1  0]
 [ 1 10  0  1  5  1  1  2]
 [ 1  1  9  3  3  0  3  0]
 [ 1  0  1  8  1  0  2  0]
 [ 3  0  0  0 12  0  1  0]
 [ 1  0  0  2  1 23  2  0]
 [ 2  0  0  1  3  0 10  0]
 [ 1  1  0  4  5  0  5  4]]

Classification Report

                     precision    recall  f1-score   support

           Business       0.50      0.50      0.50        20
      Entertainment       0.83      0.48      0.61        21
             Health       0.82      0.45      0.58        20
           Politics       0.36      0.62      0.46        13
 ScienceAndTechnology      0.34      0.75      0.47        16
             Sports       0.96      0.79      0.87        29
                 UK       0.40      0.62      0.49        16
              World       0.67      0.20      0.31        20

        avg / total       0.66      0.55      0.56       155
```

그림 47 Naive Bayes 모델의 Confusion Matrix, Classification Report 출력 결과

■ Naive Bayes 모델 성능 저장

이제 이 모델의 성능을 저장해 보겠습니다. 우선 f1_score 함수를 사용해서 실제 값과 분류 결과 값을 비교해서 f_measure 값을 계산합니다. 여기서 average = weighted를 적용해서 각 클래스마다 가중치를 적용하고 round함수를 사용해서 소수점 2번째 자리까지 반올림 하겠습니다.

그리고 accuracy_score함수를 사용해서 Accuracy값을 계산하는데요, normalize = True를 입력해서 정확도를 출력합니다. 여기서 False를 입력하면 올바르게 분류된 데이터 건수를 출력하게 됩니다. 이 값도 round함수를 사용해서 소수점 2번째 자리까지 반올림 하도록 하겠습니다.

loc함수를 사용해서 데이터프레임에 인덱스를 지정해줍니다. 출력해보면, F_Measure와 Accuracy값이 출력되는 것을 볼 수 있습니다. 그림 48은 Naive Bayes 모델의 성능 중

F-Measure와 Accuracy 값을 분류 모델 성능을 기록하는 데이터프레임에 저장하는 내용입니다.

```
1 fm = round(f1_score(y_test, nb_pred, average='weighted'), 2)
2 ac = round(accuracy_score(y_test, nb_pred, normalize=True), 2)
3 df_per.loc[len(df_per)] = ['Naive Bayes', fm, ac]
4 df_per
```

	Classifier	F-Measure	Accuracy
0	Naive Bayes	0.56	0.55

그림 48 Naive Bayes 모델의 F-Measure, Accuracy 성능
데이터프레임에 저장

(4) Decision Tree

이제 다음으로는 Decision Tree 알고리즘으로 모델을 생성해보겠습니다. Decision Tree
역시 우선 패키지를 import 해주고 DecisionTreeClassifier 모듈의 fit함수를 사용해서 모델을 학습시켜줍니다. 그리고 predict 함수를 사용해서 test set 에 대한 분류, 예측 값을 구한 후 변수 dt_pred에 저장합니다. 그림 49는 패키지 import, Decision Tree 모델 학습 및 예측 값 도출에 대한 내용입니다.

```
1 from sklearn.tree import DecisionTreeClassifier
2
3 dt_classifier = DecisionTreeClassifier().fit(X_train, y_train)
4 dt_pred = dt_classifier.predict(X_test)
```

그림 49 패키지 import, Decision Tree 모델 학습 및 예측 값 도출

그리고 마찬가지로, 실제 값 y_test와 예측 값을 비교해서 confusion_matrix와 classification_
report를 출력합니다. 그림 50은 실제 값과 예측 값 비교해 Confusion Matrix, Classification
Report출력에 대한 내용입니다. 그림 51은 Decision Tree 모델의 Confusion Matrix,
Classification Report의 출력 결과입니다.

```
1 print('\n Confusion Matrix \n')
2 print(confusion_matrix(y_test, dt_pred))
3 print('\n Classification Report \n')
4 print(classification_report(y_test, dt_pred))
```

그림 50 Decision Tree 모델의 실제 값과 예측 값 비교
Confusion Matrix, Classification Report 출력

- Decision Tree 모델 성능

```
Confusion Matrix

[[ 7  2  1  2  4  1  1  2]
 [ 0  5  2  3  3  2  0  6]
 [ 3  4  8  2  1  0  1  1]
 [ 1  2  1  6  1  2  0  0]
 [ 5  2  2  0  6  1  0  0]
 [ 0  3  2  0  1 20  0  3]
 [ 3  4  2  1  0  0  2  4]
 [ 1  3  2  5  1  0  1  7]]

Classification Report

                      precision    recall  f1-score   support

            Business       0.35      0.35      0.35        20
       Entertainment       0.20      0.24      0.22        21
              Health       0.40      0.40      0.40        20
            Politics       0.32      0.46      0.37        13
  ScienceAndTechnology     0.35      0.38      0.36        16
              Sports       0.77      0.69      0.73        29
                  UK       0.40      0.12      0.19        16
               World       0.30      0.35      0.33        20

         avg / total       0.41      0.39      0.39       155
```

그림 51 Decision Tree 모델의 Confusion Matrix, Classification Report 출력 결과

- Decision Tree 모델 성능 저장

이제 Decision Tree 모델의 성능도 Naive Bayes의 성능을 저장한 변수에 같이 저장해보 겠습니다. 모델의 성능을 평가하기 위해서 이전에 Naive Bayes의 성능을 평가했을 때와 똑같이 f1_score함수와 accuracy_score함수를 사용해줍니다. 세 번째 줄에서 이름을 구 별하기 위해서 Decision Tree를 적은 것 외에는 똑같은 것을 알 수 있습니다.

그리고 출력해보면 결과를 볼 수 있게 됩니다. 그림 52는 Decision Tree 모델의 성능 중 F-Measure와 Accuracy 값을 분류 모델 성능을 기록하는 데이터프레임에 저장하는 내용 입니다.

```
1  fm = round(f1_score(y_test, dt_pred, average='weighted'), 2)
2  ac = round(accuracy_score(y_test, dt_pred, normalize=True), 2)
3  df_per.loc[len(df_per)] = ['Decison Tree', fm, ac]
4  df_per
```

	Classifier	F-Measure	Accuracy
0	Naive Bayes	0.56	0.55
1	Decison Tree	0.39	0.39

그림 52 Decision Tree 모델의 F-Measure, Accuracy 성능
데이터프레임에 저장

⑸ Random Forest

이번에는 Random Forest 알고리즘을 사용해서 모델을 구성해 보겠습니다. 이 방법 역시도 패키지를 import 해준 다음, fit 함수를 사용해서 모델을 학습시켜줍니다. 그리고 predict함수를 사용해서 분류 예측 값을 구한 다음 변수에 저장하겠습니다. 그림 53은 패키지 import, RandomForest 모델 학습 및 예측 값 도출에 대한 내용입니다.

```
from sklearn.ensemble import RandomForestClassifier

rf_classifier = RandomForestClassifier(n_estimators=100)
rf_classifier.fit(X_train, y_train)
rf_pred = rf_classifier.predict(X_test)
```

그림 53 패키지 import, RandomForest 모델 학습 및 예측 값 도출

그리고 Confusion Matrix와 Classification Report를 출력해보면 또 다음과 같은 결과를 얻을 수 있습니다. 그림 54는 실제 값과 예측 값 비교해 Confusion Matrix, Classification Report출력에 대한 내용입니다. 그림 55는 Random Forest 모델의 Confusion Matrix, Classification Report의 출력 결과입니다.

```
print('\n Confusion Matrix \n')
print(confusion_matrix(y_test, rf_pred))
print('\n Classification Report \n')
print(classification_report(y_test, rf_pred))
```

그림 54 Random Forest 모델의 실제 값과 예측 값 비교
Confusion Matrix, Classification Report 출력

■ Random Forest 모델 성능

```
Confusion Matrix

[[ 5  0  0  4  8  0  2  1]
 [ 0  8  1  2  7  1  0  2]
 [ 1  1 11  1  4  0  2  0]
 [ 0  0  3  7  1  0  2  0]
 [ 3  0  1  0 12  0  0  0]
 [ 0  1  0  0  4 23  0  1]
 [ 2  1  2  1  0  0 10  0]
 [ 2  2  2  2  5  0  1  6]]

Classification Report

                       precision    recall  f1-score   support

            Business        0.38      0.25      0.30        20
       Entertainment        0.62      0.38      0.47        21
              Health        0.55      0.55      0.55        20
            Politics        0.41      0.54      0.47        13
  ScienceAndTechnology      0.29      0.75      0.42        16
              Sports        0.96      0.79      0.87        29
                  UK        0.59      0.62      0.61        16
               World        0.60      0.30      0.40        20

         avg / total        0.59      0.53      0.53       155
```

그림 55 Random Forest 모델의 Confusion Matrix, Classification Report 출력 결과

■ Random Forest 모델 성능 저장

그리고 이 모델의 성능도 Naive Bayes와 Deicision Tree의 데이터가 저장된 데이터프레임 변수에 같이 저장해보겠습니다. 세 번째 줄에 Random Forest 라고 적은 것 외에는 이전과 동일합니다. 그림 56은 Random Forest 모델의 성능 중 F-Measure와 Accuracy 값을 분류 모델 성능을 기록하는 데이터프레임에 저장하는 내용입니다.

```
1  fm = round(f1_score(y_test, rf_pred, average='weighted'), 2)
2  ac = round(accuracy_score(y_test, rf_pred, normalize=True), 2)
3  df_per.loc[len(df_per)] = ['Random Forest', fm, ac]
4  df_per
```

	Classifier	F-Measure	Accuracy
0	Naive Bayes	0.56	0.55
1	Decison Tree	0.39	0.39
2	Random Forest	0.53	0.53

그림 56 Random Forest 모델의 F-Measure, Accuracy 성능
데이터프레임에 저장

(6) Support Vect Machine (SVM)

마지막으로 Support Vector Machine를 이용해보겠습니다. 똑같이 패키지를 import해준 다음 LinearSVC 모듈을 사용해서 모델을 생성합니다. 이후의 과정도 이전과 같습니다.

그림 57은 패키지 import, Support Vector Machine 모델 학습 및 예측 값 도출에 대한 내용입니다.

```
from sklearn.svm import LinearSVC

svm_classifier = LinearSVC().fit(X_train, y_train)
svm_pred = svm_classifier.predict(X_test)
```

그림 57 패키지 import, Support Vector Model 모델 학습 및 예측 값 도출

Confusion Matrix와 Classification Report를 출력합니다. 그림 58은 실제 값과 예측 값 비교해 Confusion Matrix, Classification Report 출력에 대한 내용입니다. 그림 59는 Support Vector Machine 모델의 Confusion Matrix, Classification Report의 출력 결과입니다.

```
print('\n Confusion Matrix \n')
print(confusion_matrix(y_test, svm_pred))
print('\n Classification Report \n')
print(classification_report(y_test, svm_pred))
```

그림 58 SVM 모델의 실제 값과 예측 값 비교
Confusion Matrix, Classification Report 출력

■ Support Vector Machine 모델 성능

```
Confusion Matrix

[[10  1  1  3  3  0  1  1]
 [ 0 11  0  2  4  1  1  2]
 [ 1  1 10  3  4  0  1  0]
 [ 1  0  1  7  1  0  1  2]
 [ 3  3  1  1  7  0  1  0]
 [ 1  2  0  1  0 25  0  0]
 [ 2  1  1  1  1  0 10  0]
 [ 2  1  1  3  3  0  3  7]]

Classification Report

                      precision    recall  f1-score   support

            Business       0.50      0.50      0.50        20
       Entertainment       0.55      0.52      0.54        21
              Health       0.67      0.50      0.57        20
            Politics       0.33      0.54      0.41        13
  ScienceAndTechnology       0.30      0.44      0.36        16
              Sports       0.96      0.86      0.91        29
                  UK       0.56      0.62      0.59        16
               World       0.58      0.35      0.44        20

         avg / total       0.60      0.56      0.57       155
```

그림 59 Support Vector Machine 모델의 Confusion Matrix, Classification Report 출력 결과

■ Support Vector Machine 모델 성능 저장

모델의 성능을 저장하겠습니다. 마찬가지로 성능을 수치화해서 변수에 저장했습니다. 이제 이 결과를 시각화해서 어떤 모델이 좋은 성능을 가지고 있는지 평가해 보겠습니다. 그림 60은 Support Vector Machine 모델의 성능 중 F-Measure와 Accuracy 값을 분류 모델 성능을 기록하는 데이터프레임에 저장하는 내용입니다.

```
fm = round(f1_score(y_test, svm_pred, average='weighted'), 2)
ac = round(accuracy_score(y_test, svm_pred, normalize=True), 2)
df_per.loc[len(df_per)] = ['Support Vector Machine', fm, ac]
df_per
```

	Classifier	F-Measure	Accuracy
0	Naive Bayes	0.56	0.55
1	Decison Tree	0.39	0.39
2	Random Forest	0.53	0.53
3	Support Vector Machine	0.57	0.56

그림 60 Support Vector Machine 모델의 F-Measure, Accuracy 성능
데이터프레임에 저장

■ 성능 비교

다음 첫 번째 줄을 보시면 set_index함수가 보이는데요. 여기에 Classifier를 넣어서 분류기 이름을 정해주도록 합니다. 그림 61은 데이터프레임의 index에 각 분류기 명을 설정하는 내용입니다.

```
df_per_1 = df_per.set_index('Classifier')
df_per_1
```

	F-Measure	Accuracy
Classifier		
Naive Bayes	0.56	0.55
Decison Tree	0.39	0.39
Random Forest	0.53	0.53
Support Vector Machine	0.57	0.56

그림 61 각 분류기 명을 데이터프레임의 index로 설정

그리고 그래프 종류와 제목, 크기, 데이터 설명, 글씨 크기, x축의 내용을 지정한 다음, plt.show()로 그래프를 화면에 출력해보겠습니다. 그림 62는 분류기별 성능을 시각화 설

정 및 시각화 출력에 대한 내용입니다. 그림 63은 분류기별 성능의 시각화 결과입니다.

```
1 ax = df_per_1[['F-Measure','Accuracy']].plot(kind='bar', title ='Performance'
2                                     , figsize=(10, 7), legend=True, fontsize=12)
3 ax.set_xlabel('Classifier', fontsize=12)
4 plt.show()
```

그림 62 분류기별 성능 시각화 설정 및 출력

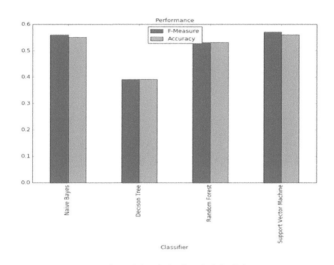

그림 63 분류기별 성능 시각화 결과

결과를 보면, Naive Bayes와 Support Vector Machine이 상대적으로 우수한 성능을 보인다는 것을 알 수 있습니다.

한국어 텍스트 데이터 분류

CHAPTER 9

한국어 텍스트 데이터 분류

9.1 한국어 텍스트 데이터 분류

9.1 한국어 텍스트 데이터 분류

9.1.1 한국어 텍스트 데이터 분류

• 기업의 체험단 활동에 참여하기 위해 고객이 입력한 정보를 분석

• 체험단 활동을 평가한 의견을 긍정, 중성, 부정 의견으로 분류

• 사용자의 데이터로부터 적절한 특징 값을 추출

• 분석을 통해 마케팅 활동의 질을 분류, 예측하는 방법을 알아봄

• 특징 값을 바탕으로 분류 모델을 생성하고 분류 예측 성능 평가

이번에 사용할 데이터는 기업의 체험단 활동에 참여하기 위해서 고객이 입력한 정보입니다. 그리고 그 고객들의 체험단 활동 후, 마케팅 담당자가 고객의 활동을 평가한 점수가 있습니다. 우리가 최종적으로 할 일은 기계학습 알고리즘을 이용해서, 고객의 데이터를 통해 마케팅 활동의 질을 분류, 예측하는 모델을 만드는 것입니다.

이를 위해 우선 적절한 특징 값을 추출하고, 분류 모델을 구성하겠습니다. 더불어 데이터 시각화도 진행해보도록 하겠습니다. 데이터부터 살펴보도록 하겠습니다. 그림 1은 고객의 데이터를 통해 마케팅 활동의 질을 분류, 예측하는 모델에 대한 내용입니다.

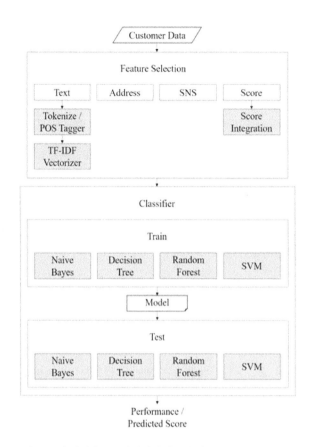

그림 1 고객 데이터를 통해 마케팅 활동의 질을 분류, 예측하는 모델

9.1.2 데이터 셋과 특징 값 추출

(1) 데이터

사용할 데이터는 국내 제약회사의 제품 체험단 신청 고객들의 데이터 2,847건입니다. 데이터는 6개의 속성을 가지고 있지만 텍스트와 주소, SNS 데이터만 사용하겠습니다.

첫 번째 체험단 신청글은 고객이 체험단 신청을 위해서 입력한 글입니다. 주소는 고객의 거주 지역을 나타내고 있고, SNS경로는 고객이 체험단을 신청한 SNS경로를 나타냅니다. 마지막으로 점수는 마케팅 담당자가 고객의 체험단 활동을 평가한 다음 부여한 점수입니다. 이 네 가지 데이터에서 분류를 위한 적절한 특징 값을 추출하는 작업을 진행할 것입니다. 표 1은 사용하는 데이터와 데이터에 대한 설명입니다.

표 1 사용하는 데이터

특징 값	설명
체험단 신청글	고객이 체험단 신청을 위해 입력한 신청글
주소	고객의 거주 지역 정보
SNS 경로	고객이 체험단 신청을 한 SNS 경로
점수	마케팅 담당자가 고객의 체험단 활동을 평가 후 부여한 점수

■ 데이터 불러오기

• 필요 패키지 import

먼저 데이터를 불러오겠습니다. 우선 필요한 패키지들을 import 하는데, Pandas는 데이터 프레임을 사용하기 위한 패키지고, Numpy는 수학적 연산을 하기 위해서 추가해줍니다. 그림 2는 필요한 패키지를 import하는 내용입니다.

```
1 import pandas as pd
2 import numpy as np
```

그림 2 필요한 패키지 import

• 고객 데이터 csv 파일 읽어 데이터프레임에 저장

데이터 파일인 customer_data(filtered).csv 를 read_csv 함수를 사용해 데이터 프레임에 저장하고 한번 출력해보겠습니다. 데이터 프레임 df를 살펴보면, 점수, 텍스트, SNS, 주소로 구성되어 있음을 확인할 수 있습니다. 그림 3은 고객 데이터 csv 파일을 데이터프레임 형태로 읽은 후 저장하는 내용입니다.

```
1 df = pd.read_csv('customer_data(filtered).csv', encoding = 'cp949')
2 df.head()
```

	Score	Review	SNS	Addr
0	5	안녕하세요. 데일리 신청해 봅니다. 어렸을 적 부터 장이 좋지 않았는데 고기 인...	twitter	경기도
1	2	오!! 안그래도 장이 안좋아서 아침마다 고생이거든요~~ 먹고 건강해지고 싶네용 ^^	facebook	서울특별시
2	2	요즘 장이 안좋은지 하루중일 더부룩하고 배변후에도 시원하지 않네요.꼭 체험해보고싶습니다.	facebook	서울특별시
3	3	우리 아이가 은가를 동글 동글 염소 똥처럼 눈답니다. 매번 너무 걱정이랍니다. 꼭 ...	facebook	서울특별시
4	5	이것저것 유산균을 먹어봤지만 이거다~ 하는걸 아직 못만났어요. 장이 예민한 우리 작...	kakaostory	경상남도

그림 3 고객 데이터 파일을 데이터프레임 형태로 읽은 후 저장

(2) 한국어 형태소 분석기를 사용한 특징 값 추출

- 텍스트 데이터는 고객이 기업의 제품 체험단에 참여하기 위해 입력한 글

- KoNLPy에서 제공하는 한국어 형태소 분석기 사용

- 한국어 형태소 분석기를 사용해 명사와 형용사를 추출

- 문서단어 행렬(Document-Term Matrix)을 생성하기 위해 토큰 추출

- 고객의 의지가 표현된 특징 값을 추출하기 위해 tf-idf 값을 이용

- KoNLPy에서 제공하는 4가지 형태소 분석기(Hannanum, Komoran, Kkma, Twitter) 중 Twitter를 사용

이제 텍스트 데이터에서 특징 값을 추출해보겠습니다. 우선 한국어 형태소 분석기를 사용해서 문서를 토큰화 하겠습니다. 토큰화할 데이터는 고객이 체험단에 참여하기 위해 입력한 글입니다.

토큰화할 데이터는 고객이 체험단에 참여하기 위해 입력한 글입니다. 형태소 분석기는 KoNLPy에서 제공하는 한국어 형태소 분석기를 사용하고, 명사와 형용사를 추출합니다.

그리고 고객의 체험단 참여 의지가 표현된 특징값을 추출하기 위해 tf-idf 값을 이용하겠습니다. 형태소 분석기는 4가지 한국어 형태소 분석기 중에서 Twitter를 사용하겠습니다. 이제 한국어 텍스트 분석을 위한 패키지 KoNLPy를 설치해보겠습니다.

■ 한국어 텍스트 분석을 위한 KoNLPy 설치

http://konlpy-ko.readthedocs.io/ko/v0.4.4/에 접속하면 KoNLPy 사이트를 볼 수 있습니다. 그 다음 왼쪽 목차에서 '사용하기'를 클릭하면, 다양한 환경에 알맞은 설치 방법이 설명되어 있습니다.

이 중 본인의 환경에 알맞은 방법을 선택해 설치파일을 다운받습니다. 다운 받은 후 파일을 아나콘다 설치 경로와 같은 곳에 위치시킵니다.

그리고 Anaconda Prompt를 실행시켜서, pip install konlpy 라고 명령어를 입력해주면 설치가 진행됩니다. 이제 KoNLPy에서 제공하는 한국어 형태소 분석기 중 하나인 Twitter를 사용해 특징 값을 추출해 보겠습니다.

(3) Twitter 패키지 import 및 선언

우선 Twitter를 import 하고, 형태소 분석기 Twitter를 생성합니다. 그림 4는 형태소 분석기 Twitter 패키지를 import 및 생성하는 내용입니다.

```
from konlpy.tag import Twitter
twitter = Twitter()
```

그림 4 Twitter 패키지 import 및 생성

■ Twitter를 사용한 특정 품사 추출 함수 생성

그리고 이제 명사와 형용사를 추출하기 위해서 함수 tokenize를 만듭니다. 형태소 분석 결과를 입력할 리스트 변수 stems를 생성하고, text에 대해 형태소 분석을 진행해 tagged에 저장합니다. 그리고 for문을 사용해 태그가 Noun, Adjective일 때 변수 stem에 저장합니다. 그림 5는 명사와 형용사를 추출하는 함수 tokenize를 생성하는 내용입니다.

```
def tokenize(text):
    stems = []
    tagged = twitter.pos(text)
    for i in range (0, len(tagged)):
        if (tagged[i][1]=='Noun' or tagged[i][1]=='Adjective') :
            stems.append(tagged[i][0])
    return stems
```

그림 5 명사와 형용사를 추출하는 함수 tokenize 생성

■ Tiwtter를 사용한 명사 추출

함수를 사용하기 전에 우선 간단하게 명사를 추출하는 실습을 해보겠습니다. 0번째 텍스트에 대해 형태소 분석을 진행하겠습니다. for 문을 사용해 형태소 분석 결과 tag가 noun인 경우만 출력한 결과는 그림과 같습니다. 일부 오류가 있긴 하지만, 대부분 명사가 올바르게 추출된 것을 확인할 수 있습니다. 그림 6은 고객의 신청글 데이터를 형태소 분석을 한 후 그 중 품사가 명사인 토큰을 출력하는 내용입니다. 그림 7은 품사가 명사인 토큰의 출력 결과입니다.

```
tagged = twitter.pos(df['Review'][0])
for i in range (0, len(tagged)):
    if (tagged[i][1]=='Noun') :
        print(tagged[i])
```

그림 6 고객의 신청 글 데이터를 형태소 분석을 한 후 품사가 명사인 **토큰 출력**

```
('데', 'Noun')
('일리', 'Noun')
('적', 'Noun')
('부터', 'Noun')
('고기', 'Noun')
('인스턴트', 'Noun')
('음식', 'Noun')
('장', 'Noun')
('상태', 'Noun')
('더욱', 'Noun')
('업무', 'Noun')
('스트레스', 'Noun')
('또한', 'Noun')
('것', 'Noun')
('체험', 'Noun')
('보고', 'Noun')
('장', 'Noun')
('경험', 'Noun')
('보고', 'Noun')
```

그림 7 품사가 명사인 토큰 출력 결과

(4) 문서단어 행렬 구성

■ 한국어 형태소 분석기를 사용해 추출한 토큰을 바탕으로 문서 단어 행렬 구성

이제 문서단어 행렬을 만들어보겠습니다. 미리 만들어둔 함수를 사용해서 추출한 토큰을 바탕으로 행렬을 만들어보겠습니다. 이 행렬은 TF-IDF값을 산출해서 구성할 것이고, 이를 통해 어떤 단어가 체험단 신청글에서 중요한 역할을 하는지 확인할 수 있습니다.

■ 패키지 import

TF-IDF 값을 구하기 위한 패키지 TfidfVectorizer를 import해줍니다. 그림 8은 TfidfVectorizer 패키지 import하는 내용입니다.

```
1 from sklearn.feature_extraction.text import TfidfVectorizer
```

그림 8 TfidfVectorizer 패키지 import

그리고 행렬을 만들기 위해서 데이터의 형식을 변환합니다. 우선 텍스트를 astype 함수를 사용해 문자열 형태 리스트로, 그리고 array 함수를 사용해 배열로 변환합니다. 그림 9는 데이터프레임의 텍스트를 문자열 형태 리스트로 변환하고, 함수를 사용해 배열로 변환해 저장하는 내용입니다.

```
1 text_data_list = df['Review'].astype(str).tolist()
2 text_data_arr = np.array([' '.join(text) for text in text_data_list])
```

그림 9 텍스트 데이터를 배열형태로 변경한 후 저장

이제 TF-IDF값으로 단어행렬을 생성하는 모듈 vectorizer를 만들어보겠습니다. min_df를 사용해 단어의 최소 등장 빈도를 2로 설정하고, 앞에서 생성한 tokenize 함수를 사용해 명사와 형용사를 추출해 사용합니다. 그리고 행렬에 대해 normalize를 진행하기 위해 l2, pearson 함수를 사용한 표준화를 설정합니다. 두 번째 줄에서 fit_transform함수를 사용해서 문서단어행렬을 구하고 이 행렬을 text_data 변수에 저장합니다. 그림 10은 단어행렬을 생성하는 모듈 생성에 대한 내용입니다.

```
1 vectorizer = TfidfVectorizer(min_df=2, tokenizer=tokenize, norm='l2')
2 text_data = vectorizer.fit_transform(text_data_arr)
```

그림 10 단어행렬을 생성하는 모듈 생성

이제 이 행렬을 데이터프레임에 입력해 확인하겠습니다. 데이터 프레임 df_tfidf에서 행은 문서번호, 열은 token을 나타내고 있습니다. 이때 데이터 크기가 크기 때문에 대부분의 값들이 0인 것을 확인할 수 있습니다. 그림 11은 데이터프레임 형식의 문서단어 행렬입니다.

```
1 df_tfidf = pd.DataFrame(text_data.A, columns=vectorizer.get_feature_names())
2 df_tfidf.head()
```

	가게	가격	가구	가기	가까이	가끔	가능	가능성	가능하다	가능한	...	희망이	힘	힘드네	힘든	힘들	힘들어	힘들었	힘듭니	힘찬	힝
0	0.0	0.0	0.0	0.0	0.0	0.0	0.0	0.0	0.0	0.0	...	0.0	0.0	0.0	0.0	0.0	0.0	0.0	0.0	0.0	0.0
1	0.0	0.0	0.0	0.0	0.0	0.0	0.0	0.0	0.0	0.0	...	0.0	0.0	0.0	0.0	0.0	0.0	0.0	0.0	0.0	0.0
2	0.0	0.0	0.0	0.0	0.0	0.0	0.0	0.0	0.0	0.0	...	0.0	0.0	0.0	0.0	0.0	0.0	0.0	0.0	0.0	0.0
3	0.0	0.0	0.0	0.0	0.0	0.0	0.0	0.0	0.0	0.0	...	0.0	0.0	0.0	0.0	0.0	0.0	0.0	0.0	0.0	0.0
4	0.0	0.0	0.0	0.0	0.0	0.0	0.0	0.0	0.0	0.0	...	0.0	0.0	0.0	0.0	0.0	0.0	0.0	0.0	0.0	0.0

그림 11 데이터프레임 형식의 문서단어 행렬

(5) 주소 데이터

이번에는 주소 데이터를 살펴보겠습니다. 고객의 거주 지역 분포를 살펴보기 위해 시각화를 진행하겠습니다. 시각화를 위해서 패키지들을 import 해주겠습니다. 먼저 matplotlib은 그래프를 그리기 위한 시각화 도구이고, seaborn은 matplotlib을 기반으로 더 세련된 시각화를 위한 라이브러리입니다. 그림 12는 시각화 관련 패키지들을 import 하는 내용입니다.

```
%matplotlib inline
import matplotlib.pyplot as plt
import seaborn as sns
```

그림 12 시각화 관련 패키지 import

■ 한글 폰트 사용을 위해 폰트 설정

다음은 폰트를 지정하는 부분입니다. 우선 폰트를 관리하는 font_manager와 rc를 import 합니다. 그리고 '맑은 고딕' 폰트를 사용하기 위해 변수 font_name에 이름을 가져와서 입력합니다. 마지막으로 rc함수를 사용해서 위에서 지정한 폰트를 사용하도록 설정합니다. 그림 13은 한글 폰트 사용을 위해 패키지 import 및 설정하는 내용입니다.

```
from matplotlib import font_manager, rc
font_name = font_manager.FontProperties(fname="c:/Windows/Fonts/malgun.ttf").get_name()
rc('font', family=font_name)
```

그림 13 한글 폰트 사용을 위한 패키지 import 및 설정

(6) Seaborn의 factorplot 함수를 사용한 막대그래프

이제 seaborn의 factorplot함수를 사용해서 막대그래프를 그려보겠습니다. 주소정보를 사용하기 위해 Addr열을 설정하고, 빈도를 측정하기 위해 count로, 이미지 크기를 5로 설정해 변수 g에 저장합니다. 그리고 그래프 g에 대해 x축의 주소 시각화를 위해 xticklabels의 rotation을 90도로 설정합니다. 결과를 살펴보면 경기도와 서울특별시에 고객이 압도적으로 많이 분포하고 있음을 확인할 수 있습니다. 그림 14는 주소정보의 시각화 내용입니다. 그림 15는 주소정보의 시각화 결과입니다.

```
1 g = sns.factorplot 'Addr', data=df, kind='count', size=5
2 g.set_xticklabels(rotation=90)
3 g.set_xlabels()
```

그림 14 주소정보 시각화

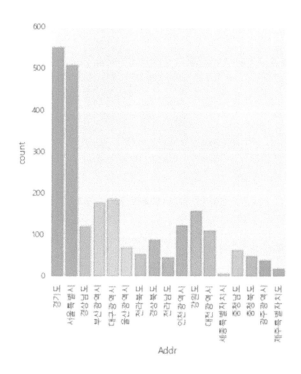

그림 15 주소정보의 시각화 결과

(7) SNS 데이터

다음으로 SNS 데이터를 살펴보겠습니다. 여기에서도 데이터 분포를 살펴보기 위해 시각화를 진행하겠습니다. 그림 16은 SNS 데이터의 시각화 내용입니다.

```
1 g = sns.factorplot('SNS', data=df, kind='count', size=5)
2 g.set_xlabels()
```

그림 16 SNS 데이터의 시각화

주소 시각화와 같은 방법으로 그래프를 그리면, facebook과 kakaostory가 높은 빈도를 차지하고 있음을 확인할 수 있습니다. 그림 17은 SNS 데이터의 시각화 결과입니다.

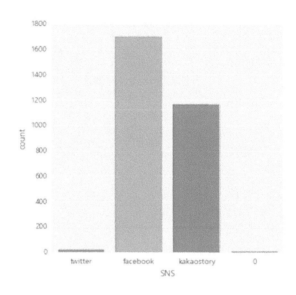

그림 17 SNS 데이터의 시각화 결과

(8) 점수 데이터

마지막으로 점수 데이터를 살펴보겠습니다. 이 점수를 통해 고객의 체험단 활동의 질을 알 수 있습니다. 그림 18은 점수 데이터의 시각화 내용입니다.

```
1 g = sns.factorplot('Score', data=df, kind='count', size=3)
2 g.set_xlabels()
```

그림 18 점수 데이터의 시각화

점수는 1점부터 5점까지 분포하고 있는데, 앞과 같이 시각화한 결과 1, 2, 4, 5점의 빈도가 3점에 비해 현저히 낮음을 알 수 있습니다. 그림 19은 SNS 데이터의 시각화 결과입니다.

따라서 우리는 1, 2점을 bad로, 3점을 normal, 4, 5점을 good으로 통합해 사용합니다. 우선 점수가 없는 데이터를 제거하기 위해 dropna 함수를 적용합니다. 그리고 데이터에 인덱스를 다시 부여합니다. 점수를 기준으로 데이터를 정제한 후, 통합한 점수를 입력할 score2 컬럼을 생성합니다. 그림 20은 점수 기준으로 데이터를 정제하고 인덱스를 재부여 및 통합된 점수를 입력할 컬럼 생성에 대한 내용입니다.

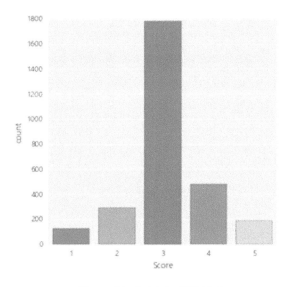

그림 19 점수 데이터의 시각화 결과

```
1 df = df.dropna(subset=['Score'])
2 df.index = range(0,len(df))
3 df['Score2'] = ''
```

그림 20 점수 기준 데이터 정제, 인덱스 재부여 및 컬럼 생성

그리고 for문을 사용해 score가 1, 2점인 경우 bad로, 3점인 경우 normal로, 4, 5점인 경
우 good으로 통합합니다. 그림 21은 점수 통합에 대한 내용입니다.

```
1 for i in range(0,len(df)) :
2    if(df['Score'][i] < 3) :
3        df['Score2'][i] = 'bad'
4    elif (df['Score'][i] > 3) :
5        df['Score2'][i] = 'good'
6    elif (df['Score'][i] == 3) :
7        df['Score2'][i] = 'normal'
8 df
```

그림 21 점수 통합

그 결과 데이터프레임 df의 마지막 컬럼 score2에는 통합된 해당 점수가 저장되게 됩니
다. 그림 22는 점수 통합 결과에 대한 내용입니다.

	Score	Review	SNS	Addr	Score2
0	5	안녕하세요. 데일리 신청해 봅니다. 어렸을 적 부터 장이 좋지 않았는데 고기 인...	twitter	경기도	good
1	2	오!! 안그래도 장이 안좋아서 아침마다 고생이거든요~~ 먹고 건강해지고 싶네용 ^^	facebook	서울특별시	bad
2	2	요즘 장이 안좋은지 하루종일 더부룩하고 배변후에도 시원하지 않네요.꼭 체험해 보고싶습니다.	facebook	서울특별시	bad
3	3	우리 아이가 온가룰 동글 동글 염소 똥처럼 눈답니다. 매번 너무 걱정이랍니다. 꼭 ...	facebook	서울특별시	normal
4	5	이것저것 유산균을 먹어봤지만 이거다~ 하는걸 아직 못만났어요. 장이 예민한 우리 작...	kakaostory	경상남도	good

그림 22 점수 통합 결과

■ 통합 후 점수 데이터 시각화

이렇게 통합된 점수를 시각화한 결과를 살펴보면 여전히 normal의 빈도가 높지만 good, bad와의 차이가 감소했음을 볼 수 있습니다. 그림은 통합 후 점수 데이터의 시각화 내용입니다. 그림 24는 통합 후 점수 데이터 시각화의 결과입니다.

```
1  g = sns.factorplot('Score2', data=df, kind='count', size=5)
2  g.set_xlabels()
```

그림 23 통합 후 점수 데이터의 시각화

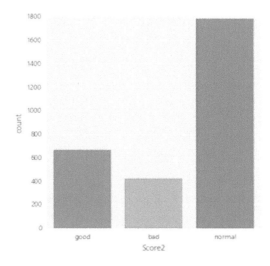

그림 24 통합 후 점수 데이터의 시각화 결과

(9) 데이터 셋 저장

이렇게 완성한 데이터 셋을 to_csv 함수를 사용해 csv 파일로 저장해 둡니다. 그림 25는 데이터 셋을 csv파일로 저장하는 내용입니다. 그림 26은 저장한 csv 파일을 실행한 내용입니다.

```
df.to_csv('customer_data(filtered)_generated.csv')
```

그림 25 데이터 셋 csv파일로 저장

	Score	Review	SNS	Addr	Score2
0	5	안녕하세요. 데일리 신청해 봅니다. 어렸을 적 부터 장이 좋지 않았는데 고기 인스턴트 음식을	twitter	경기도	good
1	2	오!! 안그래도 장이 안좋아서 아침마다 고생이거든요~~ 먹고 건강해지고 싶네용 ^^	facebook	서울특별시	bad
2	2	요즘 장이 안좋은지 하루종일 더부룩하고 배변후에도 시원하지 않네요.꼭 체험해보고싶습니다.	facebook	서울특별시	bad
3	3	우리 아이가 은가를 동글 동글 염소 똥처럼 눈답니다. 매번 너무 걱정이랍니다. 꼭 을 받아보고	facebook	서울특별시	normal
4	5	이것저것 유산균을 먹어봤지만 이거다~ 하는걸 아직 못만났어요. 장이 예민한 우리 작은아들과	kakaostory	경상남도	good
5	3	항상 소화가 잘 되지않는 와이프를 위하여 선물하고 싶습니다. 아이 를 보느라 식사를 제 때 못하	facebook	부산광역시	normal
6	1	요즘 넘 피곤해서 체험해 보고 싶어요.	facebook	대구광역시	bad
7	1	항상 변비가 있고 소화가 잘 되지 않습니다.	twitter	대구광역시	bad
8	2	이렇배는묵직하고 대변이 잘안나옵니다..턱주위에 뾰루지도 자주나요.. 체험분 당첨되었으면 좋	twitter	울산광역시	bad
9	5	작은 설사와 배변장애로 작년초 부터 프로바이오 틱스를 복용하고 있습니다. 미국 prolife comp	kakaostory	경기도	good
10	4	회사에서 화장실가서 앉아있을때마다 눈치보여서 힘들어 죽겠네요. 변비가 심해서 화장실에 오	facebook	전라북도	good

그림 26 저장한 csv 파일 실행

지금까지 우리는 데이터 셋을 재구성하고, 빈도를 살펴보는 작업을 진행했습니다. 지금부터는 재구성된 데이터를 기반으로 분류 모델을 구성하는 방법을 살펴보겠습니다.

9.1.3 분류

우선 데이터 셋을 준비합니다. 저장한 customer_data(filtered)_generated.csv 파일을 읽어와 데이터프레임 df에 저장합니다. 그림 27은 저장한 csv파일을 데이터프레임으로 읽고 저장하는 내용입니다.

```
df = pd.read_csv('customer_data(filtered)_generated.csv', encoding='cp949')
df.head()
```

	Unnamed: 0	Score	Review	SNS	Addr	Score2
0	0	5	안녕하세요. 데일리 신청해 봅니다. 어렸을 적 부터 장이 좋지 않았는데 고기 인...	twitter	경기도	good
1	1	2	오!! 안그래도 장이 안좋아서 아침마다 고생이거든요~~ 먹고 건강해지고 싶네용 ^^	facebook	서울특별시	bad
2	2	2	요즘 장이 안좋은지 하루종일 더부룩하고 배변후에도 시원하지 않네요. 꼭 체험해보고싶습니다.	facebook	서울특별시	bad
3	3	3	우리 아이가 은가를 동글 동글 염소 똥처럼 눈답니다. 매번 너무 걱정이랍니다. 꼭 ...	facebook	서울특별시	normal
4	4	5	이것저것 유산균을 먹어봤지만 이거다~ 하는걸 아직 못만났어요. 장이 예민한 우리 작...	kakaostory	경상남도	good

그림 27 저장한 csv 파일을 데이터프레임으로 읽고 저장

(1) 데이터 셋 준비

■ 데이터를 리스트 형식으로 변경

다음으로 특징 값에 대한 문서단어 행렬을 구성하기 위해 데이터의 형식을 변환합니다. 텍스트인 Review 컬럼과 점수인 Score2 컬럼의 데이터에 대해 astype 함수를 사용해 str 로 변환합니다. 그리고 다시 tolist 함수를 사용해 리스트 형식으로 변환한 후, review_data와 review_label에 각각 저장합니다. 그림 28은 데이터프레임에 있는 텍스트 데이터와 점수 데이터를 리스트 형식으로 변환해 저장하는 내용입니다.

```
1  review_data = df['Review'].astype(str).tolist()
2  review_label = df['Score2'].astype(str).tolist()
```

그림 28 텍스트 데이터와 점수 데이터를 리스트 형식으로 변환 및 저장

■ 데이터 셋 분할

앞에서 구성한 데이터 셋을 이제 모델 훈련과 테스트에 사용할 데이터 셋으로 분할하겠습니다. 우선 데이터 셋의 80%는 Training Set으로, 나머지 20%는 Test Set으로 구성합니다.

리스트 형태의 데이터를 기계학습 알고리즘에 적용하기 위해 np.array 함수를 사용해 형식을 다시 변환하는데 이때 review_data는 x_train과 x_test로 분할되고, 점수 데이터인 review_label은 y_train과 y_test로 분할됩니다. 앞에서 구성한 x_train과 x_test는 str 형태이므로, 여기에서 특징 값을 추출하는 작업을 진행하겠습니다. 그림 29는 training data set과 test data set으로 분할하는 내용입니다.

```
1  trainset_size = int(round(len(review_data)*0.80))
2
3  x_train = np.array([''.join(data) for data in review_data[0:trainset_size]])
4  y_train = np.array([data for data in review_label[0:trainset_size]])
5
6  x_test = np.array([''.join(data) for data in review_data[trainset_size+1:len(review_data)]])
7  y_test = np.array([data for data in review_label[trainset_size+1:len(review_label)]])
```

그림 29 Training Data Set, Test Data Set 분할

■ 문서단어 행렬 생성

tf-idf 값으로 이루어진 문서단어행렬을 만들어 보겠습니다. fit_transform 함수를 사용해 Training Set을 기반으로 문서단어행렬 X_train을 구성합니다. 그리고 transform 함수를

사용해서 Test Set을 기반으로 문서단어행렬을 구성해 X_test에 저장합니다. 그림 30은 문서단어 행렬을 생성하는 내용입니다.

```
1 X_train = vectorizer.fit_transform(x_train)
2 X_test = vectorizer.transform(x_test)
```

그림 30 문서단어 행렬 생성

이렇게 데이터 셋을 준비하고, 다음으로 성능 평가를 위한 준비를 하겠습니다.

(2) 성능 평가

■ 성능 평가 결과 입력 데이터프레임 생성

먼저 성능 평가 결과를 입력할 데이터 프레임 df_per를 생성합니다. 컬럼은 분류기 명인 Classifier, F-Measure, Accuracy로 구성합니다. 그림 31은 성능 평가 결과를 입력할 데이터프레임 생성에 대한 내용입니다.

```
1 df_per = pd.DataFrame(columns=['Classifier', 'F-Measure', 'Accuracy'])
2 df_per
```

Classifier	F-Measure	Accuracy

그림 31 성능평가 결과 입력할 데이터프레임 생성

■ 성능 평가 패키지 import

다음으로 성능 평가 패키지를 import 합니다. Confusion Matrix와 F-Measure, Accuracy 를 제공하는 모듈을 import 합니다. 더불어 Recall과 Precision, F-Measure를 같이 계산 해 제공하는 classification_report를 import 합니다. 그림 32는 성능 평가 패키지 import 하는 내용입니다.

```
1 from sklearn.metrics import confusion_matrix
2 from sklearn.metrics import classification_report
3 from sklearn.metrics import f1_score
4 from sklearn.metrics import accuracy_score
```

그림 32 성능평가 패키지 import

성능평가에 대한 준비까지 완료하면 본격적으로 분류 모델 구성을 진행합니다.

(3) Naive Bayes

첫 번째로 사용할 알고리즘은 Naive Bayes입니다. 우선 MultinomialNB 패키지를 import 합니다. 이 모듈의 fit 함수를 사용해 Train 데이터를 학습하고, 학습한 모델을 nb_classifier 로 저장합니다. 그리고 predict 함수를 사용해 test 데이터에 대한 분류 결과를 도출하는 데, 이 값을 nb_pred에 저장합니다.

이렇게 예측한 값과 실제 값을 비교해 모델의 성능을 평가합니다. 여기에서는 confusion_matrix, classification_report, accuracy_score를 사용합니다. accuracy_score의 경우에는 normalize를 True로 설정해 정확도를 계산해 출력하는데, 이때 False로 지정할 경우에는 올바르게 분류된 데이터의 건수를 출력하게 됩니다. 그리고 round 함수를 사용해 소수점 2번째 자리까지 반올림한 간결한 수치를 출력합니다. 그림 33은 Navie Bayes 패키지 import, 모델 학습 및 예측 값 도출을 하고 예측 값과 실제 값을 비교해 성능평가에 대한 내용입니다.

```
1 from sklearn.naive_bayes import MultinomialNB
2
3 nb_classifier = MultinomialNB().fit(X_train, y_train)
4 nb_pred = nb_classifier.predict(X_test)
5
6 print('\n Confusion Matrix \n')
7 print(confusion_matrix(y_test, nb_pred))
8 print('\n Classification Report \n')
9 print(classification_report(y_test, nb_pred))
10 print('\n Accuracy \n')
11 print(round(accuracy_score(y_test, nb_pred, normalize=True),2))
```

그림 33 Naive Bayes 패키지 import와 모델 학습 및 예측 값 도출, 예측 값과 실제 값 비교에 대한 성능평가

■ Naive Bayes 성능평가 결과

출력한 결과를 살펴보겠습니다. 먼저 Confusion_Matrix를 보면 3x3 행렬임을 알 수 있습니다. 이때 y축의 값은 실제 점수, x축의 값은 예측 점수입니다. 점수의 순서는 알파벳 순으로 bad, good, normal이 됩니다. 즉, good 데이터 101건 중 9건이 good으로, 92건이 normal로 분류된 것입니다.

다음은 Classification_Report입니다. 여기에는 세 개의 클래스 별로 Precision, Recall, F-Measure를 확인할 수 있습니다. 그리고 마지막으로 전체 데이터에 대한 Precision, Recall, F-Measure를 확인할 수 있습니다. 마지막으로는 Accuracy가 출력됩니다. 이렇게 Naive Bayes모델의 성능을 살펴보았습니다. 그림 34는 Naive Bayes 모델 성능에 대한 결과입니다.

```
        Confusion Matrix

[[  0   0  60]
 [  0   9  92]
 [  0   2 410]]

        Classification Report

              precision    recall  f1-score   support

         bad       0.00      0.00      0.00        60
        good       0.82      0.09      0.16       101
      normal       0.73      1.00      0.84       412

avg / total       0.67      0.73      0.63       573


        Accuracy

0.73
```

그림 34 Naive Bayes 모델 성능평가 결과

그런데, 다른 모델과의 성능도 비교해 보기 위해서는 수치를 정리할 필요가 있겠죠. 이를 위해 성능을 데이터프레임에 저장하겠습니다.

■ 성능 저장

성능은 F-Measure과 Accuracy만 사용해 비교하겠습니다. 우선 F-Measure를 구해보겠습니다. f1_score 함수를 사용해 실제 값과 예측 값을 비교해 F-Measure를 계산합니다. 이때 average = weight를 설정해 클래스별 가중치를 적용합니다. 그리고 round 함수를 사용해 소수점 2번째 자리까지 표시합니다. 이 값을 변수 fm에 저장합니다.

다음은 Accuracy입니다. accuracy_score 함수를 사용해 마찬가지로 실제 값과 예측 값을 비교해 Accuracy를 구합니다. normalize = True를 사용해 정확도를 출력하고, round 함수를 사용해 소수점 2번째 자리까지 표현합니다. 이렇게 구한 정확도를 변수 ac에 저장합니다.

이제 두 값 fm과 ac를 데이터 프레임 df_per에 loc 함수를 사용해 입력합니다. 결과를 확인하면 Naive Bayes의 두 성능 척도 F-Measure와 Accuracy가 저장된 것을 알 수 있습니다. 그림 35는 Naive Bayes 모델의 F-Measure와 Accuracy 값을 계산해 성능평가 데이터프레임에 입력하는 내용입니다. 그림 36은 성능평가 데이터프레임 출력 결과입니다.

```
1  fm = round(f1_score(y_test, nb_pred, average='weighted'), 2)
2  ac = round(accuracy_score(y_test, nb_pred, normalize=True), 2)
3  df_per.loc[len(df_per)] = ['Naive Bayes', fm, ac]
4  df_per
```

그림 35 Naive Bayes 모델의 f-measure, accuracy 값 계산 및 데이터프레임 입력

	Classifier	F-Measure	Accuracy
0	Naive Bayes	0.63	0.73

그림 36 성능평가 데이터프레임 출력 결과

⑷ Decision Tree

이번에는 Decision Tree 알고리즘을 사용해 보겠습니다. 마찬가지로 먼저 DecisionTree-Classifier 패키지를 import 합니다. 그리고 Decision Tree 알고리즘으로 모델을 생성한 후, fit 함수를 사용해 모델을 훈련시킵니다. 다음으로 모델에 predict 함수를 적용해 예측 값을 도출합니다. 그림 37은 Decision Tree 패키지 import, 모델 학습 및 예측 값 도출을 하고 예측 값과 실제 값을 비교해 성능평가에 대한 내용입니다.

```
1  from sklearn.tree import DecisionTreeClassifier
2
3  dt_classifier = DecisionTreeClassifier().fit(X_train, y_train)
4  dt_pred = dt_classifier.predict(X_test)
5
6  print('\n Confusion Matrix \n')
7  print(confusion_matrix(y_test, dt_pred))
8  print('\n Classification Report \n')
9  print(classification_report(y_test, dt_pred))
10 print('\n Accuracy \n')
11 print(round(accuracy_score(y_test, dt_pred, normalize=True),2))
```

그림 37 Decision Tree 패키지 import와 모델 학습 및 예측 값 도출, 예측 값과 실제 값 비교에 대한 성능평가

▪ Decision Tree 성능평가 결과

마지막으로 앞과 마찬가지로 성능평가 결과를 출력합니다. 결과적으로 Decision Tree의 confusion_matrix, classification_report, accuracy의 값을 확인할 수 있습니다. 그림 38은 Decision Tree 모델 성능에 대한 결과입니다.

```
Confusion Matrix

[[ 43   1  16]
 [  1  66  34]
 [ 34  52 326]]

Classification Report

              precision    recall  f1-score   support

         bad       0.55      0.72      0.62        60
        good       0.55      0.65      0.60       101
      normal       0.87      0.79      0.83       412

 avg / total       0.78      0.76      0.77       573

Accuracy

0.76
```

그림 38 Decision Tree 모델 성능평가 결과

■ 성능저장

그리고 앞과 마찬가지로 F-Measure와 Accuracy를 성능비교 데이터프레임 df_per에 저장합니다. 그림 39는 Decision Tree의 F-Measure와 Accuracy 값을 성능평가 데이터프레임에 입력하는 내용입니다.

```
1 fm = round(f1_score(y_test, dt_pred, average='weighted'), 2)
2 ac = round(accuracy_score(y_test, dt_pred, normalize=True), 2)
3 df_per.loc[len(df_per)] = ['Decison Tree', fm, ac]
4 df_per
```

	Classifier	F-Measure	Accuracy
0	Naive Bayes	0.63	0.73
1	Decison Tree	0.77	0.76

그림 39 Decision Tree 모델의 f-measure, accuracy 값 계산 및 데이터프레임 입력, 확인

(5) Random Forest

다음 알고리즘은 Random Forest입니다. RandomForestClassifier 패키지를 import 하고, 모델을 생성합니다. fit 함수를 사용해 모델을 훈련시키고, predict 함수를 사용해 예측 값을 추출합니다. 그리고 성능 평가 결과를 출력합니다. 그림 40은 Random Forest 패키지 import, 모델 학습 및 예측 값 도출을 하고 예측 값과 실제 값을 비교해 성능평가에 대한 내용입니다. 그림 41은 Random Forest 모델 성능에 대한 결과입니다.

```
 1 from sklearn.ensemble import RandomForestClassifier
 2
 3 rf_classifier = RandomForestClassifier(n_estimators=100)
 4 rf_classifier.fit(X_train, y_train)
 5 rf_pred = rf_classifier.predict(X_test)
 6
 7 print('\n Confusion Matrix \n')
 8 print(confusion_matrix(y_test, rf_pred))
 9 print('\n Classification Report \n')
10 print(classification_report(y_test, rf_pred))
11 print('\n Accuracy \n')
12 print(round(accuracy_score(y_test, rf_pred, normalize=True),2))
```

그림 40 Random Forest 패키지 import와 모델 학습 및 예측 값 도출, 예측 값과 실제 값 비교에 대한 성능평가

```
Confusion Matrix

[[ 46   0  14]
 [  0  54  47]
 [ 21   3 388]]

Classification Report

                precision    recall  f1-score   support

          bad       0.69      0.77      0.72        60
         good       0.95      0.53      0.68       101
       normal       0.86      0.94      0.90       412

    avg / total     0.86      0.85      0.84       573

Accuracy

0.85
```

그림 41 Random Forest 모델 성능평가 결과

결과적으로 Random Forest의 confusion_matrix, classification_report, accuracy를 확인할 수 있습니다. 마지막으로 앞과 같이 성능을 데이터프레임 df_per에 저장합니다. 그림 42는 Random Forest의 F-Measure와 Accuracy 값을 성능평가 데이터프레임에 입력하는 내용입니다.

```
1 fm = round(f1_score(y_test, rf_pred, average='weighted'), 2)
2 ac = round(accuracy_score(y_test, rf_pred, normalize=True), 2)
3 df_per.loc[len(df_per)] = ['Random Forest', fm, ac]
4 df_per
```

	Classifier	F-Measure	Accuracy
0	Naive Bayes	0.63	0.73
1	Decison Tree	0.77	0.76
2	Random Forest	0.84	0.85

그림 42 Random Forest 모델의 F-Measure, Accuracy 값 계산 및 데이터프레임 입력, 확인

(6) Support Vector Machine

마지막 알고리즘은 Support Vector Machine 입니다. LinearSVC 패키지를 import 하고 모델을 생성합니다. 그리고 fit 함수를 사용해 모델을 훈련시키고, predict 함수를 사용해 예측 값을 추출합니다. 마지막으로 성능 평가 결과를 출력합니다. 그림 43은 Support Vector Machine 패키지 import, 모델 학습 및 예측 값 도출을 하고 예측 값과 실제 값을 비교해 성능평가에 대한 내용입니다. 그림 44는 Support Vector Machine 모델 성능에 대한 결과입니다.

```
1  from sklearn.svm import LinearSVC
2
3  svm_classifier = LinearSVC().fit(X_train, y_train)
4  svm_pred = svm_classifier.predict(X_test)
5
6  print('\n Confusion Matrix \n')
7  print(confusion_matrix(y_test, svm_pred))
8  print('\n Classification Report \n')
9  print(classification_report(y_test, svm_pred))
10 print('\n Accuracy \n')
11 print(round(accuracy_score(y_test, svm_pred, normalize=True),2))
```

그림 43 Support Vector Machine 패키지 import와 모델 학습 및 예측 값 도출, 예측 값과 실제 값 비교에 대한 성능평가

■ Support Vector Machine 성능평가 결과

```
Confusion Matrix

[[ 38   2  20]
 [  0  57  44]
 [ 37  54 321]]

Classification Report

            precision    recall  f1-score   support

       bad     0.51      0.63      0.56        60
      good     0.50      0.56      0.53       101
    normal     0.83      0.78      0.81       412

avg / total    0.74      0.73      0.73       573

 Accuracy

0.73
```

그림 44 Support Vecvotr Machine 모델 성능평가 결과

■ 성능저장

결과적으로 SVM 모델의 confusion_matrix, classification_report, accuracy를 확인할 수 있습니다. 마찬가지로 SVM 모델의 성능도 데이터프레임 df_per에 저장합니다. 그림 45 는 Support Vector Machine의 F-Measure와 Accuracy 값을 성능평가 데이터프레임에 입력하는 내용입니다.

```
1  fm = round(f1_score(y_test, svm_pred, average='weighted'), 2)
2  ac = round(accuracy_score(y_test, svm_pred, normalize=True), 2)
3  df_per.loc[len(df_per)] = ['Support Vector Machine', fm, ac]
4  df_per
```

	Classifier	F-Measure	Accuracy
0	Naive Bayes	0.63	0.73
1	Decison Tree	0.77	0.76
2	Random Forest	0.84	0.85
3	Support Vector Machine	0.73	0.73

그림 45 Support Vector Machine모델의 F-Measure, Accuracy 값 계산 및 데이터프레임 입력, 확인

(7) 성능비교

이제 이렇게 저장한 데이터프레임의 성능을 시각화해 비교해 보겠습니다. 우선 분류기명 Classifier를 index로 설정하기 위해 set_index 함수를 사용합니다. 결과를 보면 Classifier, 분류 알고리즘명이 index가 되고, 이에 따른 F-Measure와 Accuracy가 정리되어 있음을 확인할 수 있습니다. 그림 46은 데이터프레임의 index에 각 분류기 명을 설정하는 내용입니다.

```
1  df_per_1 = df_per.set_index('Classifier')
2  df_per_1
```

	F-Measure	Accuracy
Classifier		
Naive Bayes	0.63	0.73
Decison Tree	0.77	0.76
Random Forest	0.84	0.85
Support Vector Machine	0.73	0.73

그림 46 각 분류기 명을 데이터프레임의 index로 설정

이제 이 데이터 프레임의 데이터를 plot 함수를 사용해 시각화하겠습니다.

kind='bar'를 통해 막대그래프로 설정합니다. 그래프의 제목은 performance로 설정합니

다. 이 외에도 figsize, legend, fontsize 등을 설정합니다. 다음으로 set_label 함수를 사용해 그래프의 x축을 분류기 명으로 지정합니다. 그리고 plt.show를 통해 그래프를 시각화합니다. 그림 47은 분류기별 성능을 시각화 설정 및 시각화 출력에 대한 내용입니다.

```
1 ax = df_per_1[['F-Measure','Accuracy']].plot(kind='bar', title ='Performance'
2                                              , figsize=(10, 7), legend=True, fontsize=12)
3 ax.set_xlabel('Classifier', fontsize=12)
4 plt.show()
```

그림 47 분류기별 성능 시각화 설정 및 출력

막대그래프 결과물을 살펴보면 Random Forest의 성능이 F_Measure나 Accuracy에서 가장 우수함을 쉽게 확인할 수 있습니다. Random Forest 다음으로는 Decision Tree의 성능이 우수합니다. 그림 48은 분류기별 성능의 시각화 결과입니다.

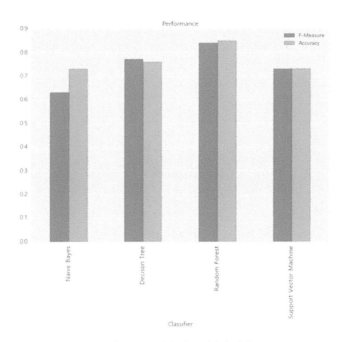

그림 48 분류기별 성능 시각화 결과

기타 기계학습을 이용한
데이터 분석

기타 기계학습을 이용한 데이터 분석

10.1 K-means

10.1.1 K-means 알고리즘이란?

(1) K-menas 알고리즘 소개

- 비지도 학습(Unsupervised Learning)의 한 종류인 클러스터링(Clustering)의 대표적인 알고리즘

- 주어진 데이터를 K개의 클러스터(Cluster)로 묶는 알고리즘, 데이터들과 각 클러스터 와의 거리 차이의 분산을 최소화

- Python에서 대표적으로 scikit-learn(sklearn) 패키지에서 K-menas 클러스터링을 위한 함수 제공

- 비지도 학습(Unsupervisde Learning)
  훈련 데이터(Training Data)로부터 하나의 함수를 추론하는 방법 중 하나로, 지도학습 과 달리 데이터에서 추출하고자 하는 라벨(Label)이 없는 데이터를 이용해 함수를 추 론하는 것으로 일반적으로 클러스터링(군집)을 위해 사용

- 클러스터링(군집)
  라벨(Label) 데이터 없이 데이터 각각의 특성을 고려해 주어진 데이터를 가장 잘 설명 하는 집단(클러스터)을 찾아 속하게 하는 것(나누는 것)

K-means는 비지도학습의 한 종류인 클러스터링의 대표적인 알고리즘입니다. 비지도 학 습은 지도 학습과 달리 데이터에서 추출하고자 하는 라벨이 없는 데이터를 이용해 함수 를 추론하는 방법입니다. 그렇다면 클러스터링이란 무엇일까요? 클러스터링은 말 그대 로 여러 개의 객체를 모아 집단으로 만드는 것입니다.

즉, 머신러닝에서 클러스터링이란 라벨이 없는 데이터 각각의 특성을 고려하여 주어진 데이터들을 가장 잘 설명하는 몇 개의 집단으로 나누는 것을 의미합니다. 클러스터링의 대표적 알고리즘인 K-means는 데이터를 K개의 클러스터, 즉 집단으로 묶는 알고리즘이 며 K 값에 따라 결과가 달라집니다. 집단을 클러스터라고 부르도록 하겠습니다.

그렇다면 K개의 클러스터로 나누는 기준은 무엇일까요? 바로 데이터들 간의 유사도를 판단하는데요, 이는 데이터들 간의 거리를 측정하여 계산하게 됩니다. K-means 클러스

터링을 위한 함수를 제공하는 Python의 scikit-learn 패키지를 이용해 실습해 볼 것입니다. 그 전에 먼저 k-means 알고리즘에 대해 자세히 알아볼까요? 먼저 알고리즘의 원리를 살펴보겠습니다.

(2) K-means 알고리즘 원리

■ 클러스터 내 응집도 최소화

• 클러스터 1(G_1) 데이터와 클러스터 1의 중심 값(C_1)과의 거리 합 최소화

• 클러스터 2(G_2) 데이터와 클러스터 2의 중심 값(C_2)과의 거리 합 최소화

$$Min \sum_{i=1}^{K} \sum_{x \in G_i} d(C_i, x)$$

■ 클러스터 간 분리도 최대화

• 클러스터 1(G_1)의 중심 값(C_1)과 클러스터 2(G_2)의 중심 값(C_2)과의 거리 최대화

$$Max \sum_{i,j=1}^{k} d(c_i, c_j), i \neq j$$

알고리즘은 크게 두 가지 원리를 바탕으로 동작합니다. 먼저 클러스터 내 응집도를 최소화하는 것입니다. 쉽게 설명하면 하나의 클러스터 안에 속한 데이터들 간의 거리의 합을 최소화시키는 것을 의미합니다. 여기서 중요한 개념이 나옵니다.

앞에서 데이터 간의 거리 측정을 통해 유사도를 측정한다고 설명했는데요, 여기서 거리 측정은 '센트로이드'라고 불리는 클러스터의 중심점과 각 데이터 간에 이루어집니다. 클러스터의 중심점은 말 그대로 클러스터 내의 데이터와 클러스터 중심점 간의 거리가 최소가 되는 점으로 여러 번의 학습을 통해 이 중심점을 찾게 됩니다.

두 번째로, 클러스터 간 분리도 최대화입니다. 이는 다른 클러스터 간의 중심점의 거리가 최대화되어야 한다는 것입니다. 그래야 각각의 클러스터를 구분하기 쉽겠죠? 이번에는 데이터 간의 거리 측정법에 대해 알아보겠습니다.

(3) 거리 측정법

- 중심에서 멀리 떨어져 있어도 K-means 알고리즘은 유클리드 거리 측정법을 사용해서 반복적으로 중심을 수정해나갈 수 있음
- 유클리드 거리 측정법을 점 간의 거리 산출에 이용
- 벡터 사이에 거리가 짧으면 유사성이 더 높다는 것을 의미

데이터 간의 유사도 측정을 위한 거리 계산법에는 여러 가지가 있는데 K-means에서는 유클리드 거리 측정법을 주로 사용합니다.

(4) 유클리드 거리 측정법

$$d = \sqrt{(a_1 - b_1)^2 + (a_2 - b_2)^2 + ... + (a_n - b_n)^2}$$

- 유클리드 거리가 큰 값을 가지면 사용자 간의 거리가 멀다는 의미이기 때문에 사용자 간 유사성이 떨어짐을 의미함

유클리드 거리 측정법은 벡터 간의 거리가 짧으면 둘 사이의 유사성이 더 높다는 것을 전제로 합니다. 수식을 보면 각 벡터 간의 차를 제곱한 합계 루트 값으로 거리를 측정하게 됩니다. 이제 K-means 알고리즘이 어떻게 수행되는지 단계별로 설명 드리도록 하겠습니다.

(5) K-means 알고리즘 수행 단계

① 전체 클러스터의 개수 K값을 설정한다.

② (초기 중심점 선택) K개의 그룹으로 군집한 n개의 점을 가지고 있고, 여기서 임의로 K개의 점을 선택하여 K개의 클러스터의 초기 중심점(Centroid)을 정한다.

③ (클러스터 할당) K개의 클러스터의 중심점과 각 개별 점(데이터) 간의 거리를 측정하여 가장 가까운 클러스터에 해당 데이터를 할당한다.

  - 여기서 거리 측정은 '유클리드 거리 측정법'을 사용한다.

  - 이 때 데이터는 다른 클러스터 중심 값들보다 할당된 클러스터의 중심 값과 가장 가깝다.

④ (새로운 중심점 선택) 각 클러스터 마다 그 안에 배정된 모든 점들 간의 거리 평균값을 구하여 새로운 중심점으로 정한다.

⑤ 만약 새로운 중심 값들이 이전의 중심 값들과 동일하다면 알고리즘을 끝내고 그렇지 않으면 ③ ~ ⑤ 단계를 계속 반복한다.

먼저 K-means 알고리즘은 사용자가 K값, 즉 클러스터의 개수를 임의로 정합니다. 두 번째로, K개의 점을 임의로 선택하여 K개 클러스터의 초기 중심 값으로 정합니다. 그리고 K개의 클러스터 중심점과 각 데이터 간의 거리를 측정하고 각 데이터는 자신과 가장 가까운 클러스터 중심점의 클러스터에 할당됩니다.

이제 클러스터 내 응집도를 최소화하기 위해 각 클러스터의 중심점과 여기에 할당된 모든 데이터들 간의 거리의 평균값을 가지는 점을 선택하여 새로운 중심점으로 변경합니다. ③, ④, ⑤번은 K개의 중심점이 변하지 않을 때까지 반복하게 되고, 어느 정도의 오차 범위 안에 들어오게 되면 반복을 중단하게 됩니다. 이제 하나의 예제를 가지고 좀 더 자세히 설명해보겠습니다.

10.1.2 K-means 클러스터링 예제

(1) 예제 1 : K-means를 이용한 단순 클러스터링 예제

① 초기 데이터 및 클러스터 개수 K 설정

데이터	x축	y축
1	1	1
2	2	1
3	1	2
4	2	2
5	3	3
6	8	8
7	8	9
8	9	8
9	9	9

• 클러스터 개수 K : 2

- 클러스터 대상 데이터 : (1, 1), (2, 1), (1, 2), (2, 2), (3, 3), (8, 8), (8, 9), (9, 8), (9, 9) 총 9개
- 거리 측정법 : 유클리드 거리 측정법

주어진 데이터는 총 9개로 x, y 두 개의 속성 값을 숫자 형태로 가지고 있습니다. 이 9개의 데이터를 임의로 설정한 2개의 클러스터로 나누겠습니다.

② 초기 클러스터 중심점 선택

클러스터 중심점	데이터
(1, 1) (2, 1)	1, 3 2, 4, 5, 6, 7, 8, 9
(1, 1.5) (5.85, 5.71)	1, 2, 3, 4, 5 6, 7, 8, 9
(1.8, 1.8) (8.5, 8.5)	1, 2, 3, 4, 5 6, 7, 8, 9

먼저 전체 데이터를 임의로 2개의 클러스터로 나눈 후 중심점을 선택합니다. 우리는 (1, 1), (2, 1) 두 개를 각 클러스터의 중심점으로 선택하겠습니다. 이해를 돕기 위해 전체 데이터를 2차원 평면에 나타내 보았습니다. 데이터의 각 x, y값은 x축, y축 값으로, 데이터는 점으로 표현하였습니다. 그림 1은 클러스터의 초기 중심점과 데이터를 그래프로 표현했습니다.

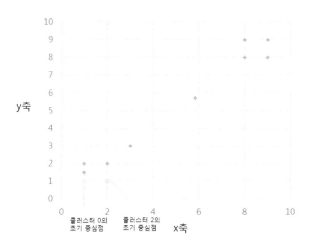

그림 1 클러스터의 초기 중심점과 데이터 그래프 표현

③ 각 클러스터의 중심점과의 거리 계산

데이터	클러스터 0의 중심점 (1, 1)과의 거리	대소 비교	클러스터 1의 중심점 (2, 1)과의 거리
1	$d = \sqrt{(1-1)^2 + (1-1)^2} = 0$	$<$	$d = \sqrt{(2-1)^2 + (1-1)^2} = 1$
2	$d = \sqrt{(1-2)^2 + (1-1)^2} = 1$	$>$	$d = \sqrt{(2-2)^2 + (1-1)^2} = 0$
3	$d = \sqrt{(1-1)^2 + (1-2)^2} = 1$	$<$	$d = \sqrt{(2-1)^2 + (1-2)^2} = \sqrt{2} = 1.414$
4	$d = \sqrt{(1-2)^2 + (1-2)^2} = \sqrt{2} = 1.414$	$>$	$d = \sqrt{(2-2)^2 + (1-2)^2} = 1$
5	$d = \sqrt{(1-3)^2 + (1-3)^2} = \sqrt{8} = 2.82$	$>$	$d = \sqrt{(2-3)^2 + (1-3)^2} = \sqrt{5} = 2.23$
6	$d = \sqrt{(1-8)^2 + (1-8)^2} = \sqrt{98} = 9.89$	$>$	$d = \sqrt{(2-8)^2 + (1-8)^2} = \sqrt{85} = 9.21$
7	$d = \sqrt{(1-8)^2 + (1-9)^2} = \sqrt{113} = 10.63$	$>$	$d = \sqrt{(2-8)^2 + (1-8)^2} = \sqrt{100} = 10$
8	$d = \sqrt{(1-9)^2 + (1-8)^2} = \sqrt{113} = 10.63$	$>$	$d = \sqrt{(2-9)^2 + (1-8)^2} = \sqrt{98} = 9.89$
9	$d = \sqrt{(1-9)^2 + (1-9)^2} = \sqrt{128} = 11.31$	$>$	$d = \sqrt{(2-9)^2 + (1-9)^2} = \sqrt{113} = 10.63$

그래프에서 보이는 것처럼 초기 클러스터 0의 중심점은 (1, 1), 클러스터 1의 중심점은 (2, 1)으로 선택하였습니다. 이제 각 클러스터의 중심점과 전체 데이터 간의 거리를 각각 계산하여 클러스터로 할당해 보겠습니다.

거리 계산을 한 표를 보면 각 데이터와 두 개의 클러스터 중심점과의 거리를 비교하였습니다. 즉, 1, 3번 데이터는 클러스터0의 중심점과 더 가깝고 나머지는 클러스터1의 중심점과 더 가까운 것으로 나타났습니다. 1, 3번 데이터는 클러스터 0에 할당되고 나머지 7개 데이터는 클러스터 1에 할당되었습니다. 그리고 클러스터 내 응집도가 최소화되는 새로운 중심 값을 계산해 보겠습니다.

④ K 클러스터로의 모든 데이터 할당

⑤ 각 클러스터 안의 모든 데이터들 간의 거리 평균값을 구하여 새로운 중심점으로 설정

데이터	x축	y축
1	1	1
2	2	1
3	1	2
4	2	2
5	3	3
6	8	8
7	8	9
8	9	8
9	9	9

클러스터	중심점	할당 데이터
0	(1, 1)	1, 3
1	(2, 1)	2, 4, 5, 6, 7, 8, 9

- 클러스터 0의 새로운 중심점

$$\frac{1+1}{2} = 1, \ \frac{1+2}{2} = 1.5 \rightarrow (1, 1.5)$$

- 클러스터 1의 새로운 중심점

$$\frac{2+2+3+8+8+9+9}{7} = 5.85, \ \frac{1+2+3+8+9+8+9}{7} = 5.71 \rightarrow (5.85, 5.71)$$

각 데이터 간의 거리 평균값을 구하기 위해 x, y값의 평균을 각각 구합니다. 즉, 클러스터 0의 x축의 평균값은 1, y축의 평균값은 1.5가 되어 새로운 중심점은 (1, 1.5)이 됩니다.

마찬가지로 동일하게 계산하여 클러스터 1의 새로운 중심점이 (5.85, 5.71)로 변경된 것을 확인할 수 있습니다. 각 클러스터의 중심점이 변경되었기 때문에, 다시 각 클러스터의 중심점과 전체 데이터 간의 거리 계산을 통해 클러스터 할당을 수행합니다.

⑥ 각 클러스터의 중심점과의 거리 계산

데이터	클러스터 0의 중심점 (1, 1.5)과의 거리	대소 비교	클러스터 1의 중심점 (5.85, 5.71)과의 거리
1	$d = \sqrt{(1-1)^2 + (1.5-1)^2} = 0.5$	$\langle$	$d = \sqrt{(5.85-1)^2 + (5.71-1)^2} = 6.76$
2	$d = \sqrt{(1-1)^2 + (1.5-2)^2} = 0.5$	$\langle$	$d = \sqrt{(5.85-2)^2 + (5.71-1)^2} = 6.08$
3	$d = \sqrt{(1-1)^2 + (1.5-2)^2} = 0.5$	$\langle$	$d = \sqrt{(5.85-1)^2 + (5.71-2)^2} = 6.10$
4	$d = \sqrt{(1-2)^2 + (1.5-2)^2} = 1.11$	$\langle$	$d = \sqrt{(5.85-2)^2 + (5.71-2)^2} = 5.34$
5	$d = \sqrt{(1-3)^2 + (1.5-3)^2} = 2.5$	$\langle$	$d = \sqrt{(5.85-3)^2 + (5.71-3)^2} = 3.93$
6	$d = \sqrt{(1-8)^2 + (1.5-8)^2} = 9.55$	$\rangle$	$d = \sqrt{(5.85-8)^2 + (5.71-8)^2} = 3.14$
7	$d = \sqrt{(1-8)^2 + (1.5-9)^2} = 10.25$	$\rangle$	$d = \sqrt{(5.85-8)^2 + (5.71-8)^2} = 3.93$
8	$d = \sqrt{(1-9)^2 + (1.5-8)^2} = 10.30$	$\rangle$	$d = \sqrt{(5.85-9)^2 + (5.71-8)^2} = 3.89$
9	$d = \sqrt{(1-9)^2 + (1.5-9)^2} = 10.96$	$\rangle$	$d = \sqrt{(5.85-9)^2 + (5.71-9)^2} = 4.55$

새롭게 선택된 클러스터 0의 중심점 (1, 1.5), 클러스터 1의 중심점 (5.85, 5.71)과 전체 데이터 간의 거리를 계산합니다. 이번에는 데이터 1, 2, 3, 4, 5번이 클러스터 0의 중심점과 더 가깝고 6, 7, 8, 9번이 클러스터 1의 중심점과 더 가까운 것을 확인할 수 있습니다. 따라서 그래프에서 보는 것처럼 데이터들이 새롭게 클러스터링 됩니다. 그림 2는 새로운 클러스터의 두 번째 중심점과 데이터를 그래프로 표현했습니다.

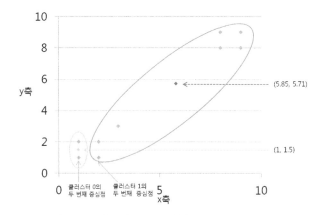

그림 2 두 번째 클러스터의 중심점과 데이터 그래프 표현

⑦ K 클러스터로의 모든 데이터 할당

⑧ 각 클러스터 안의 모든 데이터들 간의 거리 평균값을 구하여 새로운 중심점으로 설정

데이터	x축	y축
1	1	1
2	2	1
3	1	2
4	2	2
5	3	3
6	8	8
7	8	9
8	9	8
9	9	9

클러스터	중심점	할당 데이터
0	(1, 1.5)	1, 2, 3, 4, 5
1	(5.85, 5.71)	6, 7, 8, 9

• 클러스터 0의 새로운 중심점

$$\frac{1+2+1+2+3}{5}=1.8, \quad \frac{1+1+2+2+3}{5}=1.8 \rightarrow (1.8, 1.8)$$

• 클러스터 1의 새로운 중심점

$$\frac{8+8+9+9}{4}=8.5, \quad \frac{8+9+8+9}{4}=8.5 \rightarrow (8.5, 8.5)$$

이제 다시 각 클러스터의 중심점이 변하지 않는지 확인하기 위해 클러스터 내 데이터들의 평균값을 구해보겠습니다. 수식과 같이 클러스터 0 내의 데이터 평균값은 (1.8, 1.8), 클러스터 1 내의 데이터 평균값은 (8.5, 8.5)으로 계산됩니다.

⑨ 각 클러스터의 중심점과의 거리 계산

데이터	클러스터 0의 중심점 (1.8, 1.8)과의 거리	대소 비교	클러스터 1의 중심점 (8.5, 8.5)과의 거리
1	$d = \sqrt{(1.8-1)^2 + (1.8-1)^2} = 1.13$	⟨	$d = \sqrt{(8.5-1)^2 + (8.5-1)^2} = 10.60$
2	$d = \sqrt{(1.8-1)^2 + (1.8-2)^2} = 0.82$	⟨	$d = \sqrt{(8.5-2)^2 + (8.5-1)^2} = 9.92$
3	$d = \sqrt{(1.8-1)^2 + (1.8-2)^2} = 0.28$	⟨	$d = \sqrt{(8.5-1)^2 + (8.5-2)^2} = 9.92$
4	$d = \sqrt{(1.8-2)^2 + (1.8-2)^2} = 0.28$	⟨	$d = \sqrt{(8.5-2)^2 + (8.5-2)^2} = 9.19$
5	$d = \sqrt{(1.8-3)^2 + (1.8-3)^2} = 1.69$	⟨	$d = \sqrt{(8.5-3)^2 + (8.5-3)^2} = 7.77$
6	$d = \sqrt{(1.8-8)^2 + (1.8-8)^2} = 8.76$	⟩	$d = \sqrt{(8.5-8)^2 + (8.5-8)^2} = 0.70$
7	$d = \sqrt{(1.8-8)^2 + (1.8-9)^2} = 9.50$	⟩	$d = \sqrt{(8.5-8)^2 + (8.5-8)^2} = 0.70$
8	$d = \sqrt{(1.8-9)^2 + (1.8-8)^2} = 9.50$	⟩	$d = \sqrt{(8.5-9)^2 + (8.5-8)^2} = 0.70$
9	$d = \sqrt{(1.8-9)^2 + (1.8-9)^2} = 10.18$	⟩	$d = \sqrt{(8.5-9)^2 + (8.5-9)^2} = 0.70$

새로운 평균값은 중심점과 다르기 때문에 새로운 중심점이 선택되고, 다시 앞의 과정을 반복합니다. 다시 새로운 클러스터들의 중심점과 전체 데이터 간의 거리를 계산합니다. 각 중심점과의 데이터들 간의 거리의 비교가 앞의 결과와 동일한 것을 확인할 수 있습니다. 앞과 동일하게 1, 2, 3, 4, 5번 데이터는 클러스터 0에 할당되고 6, 7, 8, 9번 데이터는 클러스터 1에 할당되었습니다. 그림 3은 세 번째 클러스터의 중심점과 데이터를 그래프로 표현했습니다.

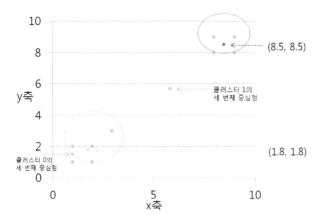

그림 3 세 번째 클러스터의 중심점과 데이터 그래프 표현

⑩ K 클러스터로의 모든 데이터 할당

⑪ 각 클러스터 안의 모든 데이터들 간의 거리 평균값을 구하여 새로운 중심점 설정

데이터	x축	y축
1	1	1
2	2	1
3	1	2
4	2	2
5	3	3
6	8	8
7	8	9
8	9	8
9	9	9

클러스터	중심점	할당 데이터
0	(1.8, 1.8)	1, 2, 3, 4, 5
1	(8.5, 8.5)	6, 7, 8, 9

• 클러스터 0의 새로운 중심점

$$\frac{1+2+1+2+3}{5}=1.8, \quad \frac{1+1+2+2+3}{5}=1.8 \rightarrow (1.8, 1.8)$$

• 클러스터 1의 새로운 중심점

$$\frac{8+8+9+9}{4}=8.5, \quad \frac{8+9+8+9}{4}=8.5 \rightarrow (8.5, 8.5)$$

다시 클러스터 내 데이터의 평균값을 구해보겠습니다. 새롭게 구한 평균값이 클러스터 0은 (1.8, 1.8), 클러스터1은 (8.5, 8.5)로 기존의 중심점과 동일하기 때문에 K-means 알고리즘의 수행은 종료됩니다. 그림 4는 네 번째 클러스터의 중심점과 데이터를 그래프로 표현했습니다.

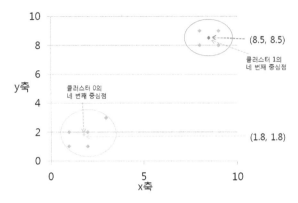

그림 4 네 번째 클러스터의 중심점과 데이터 그래프 표현

⑫ 클러스터링 최종 결과

최종적으로 클러스터 0의 중심점은 (1, 1)에서 (1.8, 1.8)로, 클러스터 1의 중심점은 (2, 1)에서 (8.5, 8.5)로 이동하였습니다. 그리고 9개의 데이터가 각각 5개, 4개씩 클러스터 0, 클러스터 1에 할당된 것을 확인할 수 있었습니다. 그림 5는 클러스터링 최종 결과입니다.

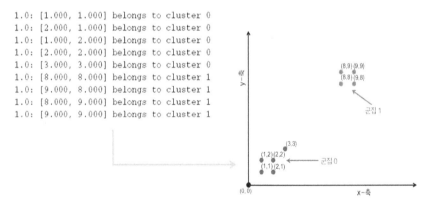

그림 5 최종 클러스터링 결과

지금까지 간단한 예제를 통해 K-means 알고리즘의 로직을 살펴보았습니다. 이제 scikit-learn 라이브러리를 이용해 K-means 클러스터링을 실습해 볼 텐데요. 실습을 하기 전에 scikit-learn 라이브러리에 대해 간단히 알아보겠습니다.

10.1.3 Scikit-learn(Sklearn) 패키지 소개

(1) Scikit-learn 패키지

- Python에서 Machine Learning(머신러닝)을 위한 데이터 및 함수를 제공하는 대표적인 패키지

- Machine Learning의 Classification(분류), Regression(회귀), Clustering(군집) 등 다양한 알고리즘들이 제공

- 공식 사이트 : http://scikit-learn.org/stabel/

Scikit-learn 패키지는 머신러닝을 위한 예제 데이터와 관련 함수를 제공하는 라이브러리로, 분류, 회귀, 군집 등 다양한 알고리즘을 제공합니다.

(2) Scikit-learn 대표 기능 및 함수 설명

- 예제 데이터 셋 로드 함수

  ex) sklearn.datasets.load_iris(), sklearn.datasets.load_flights() 등

- 학습 및 예측

  ex) sklearn.svm.SVC.fit() : 모델에 맞게 학습하는 함수

  ex) sklearn.svm.SVC.predict() : 새로운 값을 예측하는 함수, 즉 새로운 데이터의 라벨을 예측하는 함수

- 파라미터 재설정 및 재학습 함수

  ex) sklearn.svm.SVC.set_params() : 모델의 파라미터를 변경하는 함수

  ex) sklearn.svm.SVC.set_params.fit() : 모델의 파라미터를 변경하고 다시 모델에 맞게 학습하는 함수

Scikit-learn의 대표 기능들을 살펴보겠습니다. Scikit-learn에서는 머신 러닝 모델을 학습시킬 수 있는 다양한 데이터 셋을 제공합니다. 이는 scikit-learn의 서브 패키지 datasets에서 load_iris()와 같은 함수를 통해 가져올 수 있습니다.

그리고 데이터로 모델을 학습시키기 위해서는 fit()함수를, 새로운 데이터를 예측하기 위해서는 predict() 함수를 사용합니다. 이 밖에도 set_params(), set_params.fit()함수를 사

용해 파라미터 재설정 및 재학습을 할 수 있습니다.

10.1.4 K-means 실습

(1) 예제 1 : scikit-learn 패키지를 이용한 클러스터링 1

■ Python 패키지 가져오기 및 matplotlib 출력 옵션 설정

첫 번째 줄에서 sklearn.cluster 패키지의 KMeans를 import합니다. 그리고 두 번째 줄에서 샘플 데이터 생성을 위해 사용할 make_blobs를 불러옵니다. 네 번째 줄에서는 수학 계산을 위해 사용할 numpy 패키지를 np라는 이름으로 import하고 다섯 번째 줄에서는 데이터를 시각화하기 위해 matplotlib.pyplot 패키지를 plt 라는 이름으로 import합니다.

그리고 일곱 번째 줄에서 %기호로 시작하는 코드는 ipython에서 제공하는 magic function으로, matplotlib의 시각화 결과를 ipython notebook 에서 출력할 수 있도록 설정하겠습니다. 그림 6은 패키지 import 및 matplotlib 출력 옵션 설정에 대한 내용입니다.

```
1 from sklearn.cluster import KMeans
2 from sklearn.datasets import make_blobs
3
4 import numpy as np
5 import matplotlib.pyplot as plt
6
7 %matplotlib inline
```

그림 6 패키지 import 및 matplotlib 출력 옵션 설정

■ 클러스터링 샘플 데이터 생성

이제 클러스터링을 할 샘플 데이터를 만들어보겠습니다. make_blobs는 클러스터링 모델을 시험할 때 원하는 특성을 가진 데이터를 만들기 위해 사용하는 함수입니다.

먼저 두 번째 줄에서 numpy.random 패키지의 seed() 함수를 호출해 시드 값을 설정하는 코드입니다. numpy.random은 랜덤 값을 생성하는 여러 함수들을 제공하는 패키지로, 랜덤 값은 시드 값을 바탕으로 생성됩니다. 그렇다면 시드 값이란 무엇일까요? 간단히 말씀드리면, 랜덤 값들이 생성될 때 사용되는 초기값으로, 만약 시드 값이 설정되어 있지 않다면 랜덤 값을 생성할 때마다 다른 값들이 생성되게 됩니다. 따라서 우리는 동일한 랜덤 값들을 생성시키기 위하여 시드 값을 설정합니다.

이 시드 값은 make_blobs() 함수가 데이터를 생성할 때 영향을 미치게 됩니다. 시드 값을 설정했으니 이제 make_blobs()함수로 우리가 원하는 특성의 데이터를 생성해보겠습니다.

만들 데이터는 총 2000개의 3개의 중심점을 기반으로 한, 클러스터의 표준편차 값이 0.7인 데이터로 설정해보겠습니다. 이를 위해 먼저 네 번째 줄에서 데이터들이 군집하여 생성될 중심점 세 개 값을 리스트 형태로 설정합니다. 이 값은 make_blobs 함수의 centers 파라미터에 설정됩니다.

즉, [1, 1], [0, 0], [2, -1] 세 중심축을 기준으로 하는 데이터를 생성할 수 있습니다. 열 번째 줄에서 make_blobs() 함수를 호출해 데이터를 생성해보겠습니다. make_blobs() 함수의 n_samples 파라미터에 생성하려는 데이터의 개수 2000을 넣고 centers에는 위에서 생성한 변수 centers를 넣어줍니다.

그리고 cluster_std 파라미터를 통해 각 군집의 표준편차를 정해줍니다. 표준편차란 데이터의 산포도를 나타내는 수치로 표준편차가 클수록 중심점으로부터 데이터들의 거리가 멀어집니다. 그리고 make_blobs() 함수 호출 시 반환되는 값을 각각 data와 labels_true 변수에 할당하겠습니다. 그림 7은 클러스터링에 사용할 샘플 데이터 생성에 대한 내용입니다.

```python
1  # 시드값 설정
2  np.random.seed(0)
3
4  centers = [[1, 1], [0, 0], [2, -1]]
5  n_clusters = len(centers) # 3개
6
7  # 데이터 생성
8  # centers : the number of centers to generate
9  # cluster_std : fixed center locations
10 data, labels_true = make_blobs(n_samples = 2000, centers = centers,
11                                cluster_std = 0.7)
```

그림 7 클러스터링 샘플 데이터 생성

■ 데이터 및 라벨 확인

print()문에 data를 넣어 값을 출력해보면 2000x2의 배열 형태로 2개의 feature 값을 가진 2000개의 샘플 데이터가 생성되었음을 확인할 수 있습니다. 그리고 labels_true 변수를 print()문으로 출력해 봅니다.

labels_true 변수는 데이터의 실제 라벨 값으로 네 번째 줄에서 numpy의 unique()함수를 사용하여 labels_true 변수에서 중복을 제거한 값을 출력해보았습니다. 출력된 것처럼 데이터의 라벨은 0, 1, 2 세 개로 이루어진 것을 확인할 수 있습니다. 즉, 우리가 세 개의 중심점을 기준으로 생성한 데이터들이 각각 0, 1, 2 클러스터에 소속된 것을 알 수 있습니다. 그림 8은 샘플 데이터 및 라벨을 확인하는 내용입니다.

```
1 print(data)
2 print()
3 print(labels_true)
4 print(np.unique(labels_true))

[[ 2.88735684  0.94825273]
 [ 0.00712986  1.53880744]
 [ 0.3264657  -0.06607475]
 ....
 [ 0.53901292  0.64003622]
 [ 1.65065358  1.40755721]
 [ 0.74131908 -0.71579507]]

[0 1 1 ..., 0 0 1]
[0 1 2]
```

그림 8 샘플 데이터 및 라벨 확인

■ **2차원 평면에 데이터 표현**

샘플 데이터를 이용하여 클러스터링 모델을 생성하기 전에 먼저 생성한 데이터들이 어떻게 분포되어있는지 matplotlib 라이브러리를 사용해 산포도를 나타내어볼까요? matplotlib 라이브러리를 이용해 데이터의 산포도를 나타내는 방법은 간단합니다.

먼저 첫 번째 줄에서 pyplot의 figure()함수를 호출하여 그림의 크기를 가로 15, 세로 10으로 설정하겠습니다. 그 다음 pyplot의 scatter() 함수 안에 산포도로 나타낼 데이터의 x축 값, y축 값을 각각 파라미터로 넣어주어 호출합니다. 여기서 X축 값은 data 변수의 첫 번째 feature 값을 , Y축 값은 두 번째 feature 값을 사용했습니다.

즉, data 변수의 첫 번째 열 데이터, data 변수의 두 번째 열 데이터를 각각 넣어 scatter() 함수를 호출하면 그림과 같이 데이터가 분포되어있는 것을 확인할 수 있습니다. 그림 9는 샘플 데이터의 분포를 산포도로 나타낸 내용입니다.

```
1 plt.figure(figsize=(15,10))
2 plt.scatter(data[:,0], data[:,1])
```

<matplotlib.collections.PathCollection at 0xcf2c400>

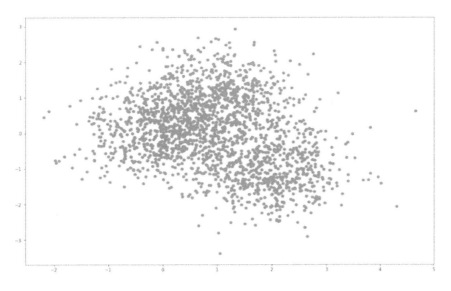

그림 9 샘플 데이터의 분포를 산포도로 표현

■ 모델 학습

이제 K-means 클러스터링 모델을 만들어 샘플 데이터로 학습시켜 보겠습니다. 두 번째 줄을 보면 init, n_clusters, n_init 세 개의 파라미터를 사용하여 KMeans() 함수를 호출해 K-means 모델을 생성했습니다. init은 초기 K값을 찾는 함수를 설정하는 파라미터로 기본 함수인 k-means++ 함수를 사용하도록 하겠습니다.

그리고 n_clusters 파라미터는 클러스터링 할 클러스터의 개수인 3으로 설정합니다. n_init 파라미터는 초기 중심점 선택 시 최상의 결과를 얻기 위해 몇 번 초기 값을 변경할 것인지를 설정하는 횟수입니다. 파라미터를 설정한 후 K-means 초기 모델을 estimator 변수에 할당한 후 fit()함수를 사용해 data를 클러스터링 합니다. 그림 10은 클러스터링 모델을 생성하고 샘플 데이터 학습에 대한 내용입니다.

```
1 # compute clustering with KMeans
2 estimator = KMeans(init = 'k-means++', n_clusters = 3, n_init = 10)
3 estimator.fit(data)

KMeans(algorithm='auto', copy_x=True, init='k-means++', max_iter=300,
    n_clusters=3, n_init=10, n_jobs=1, precompute_distances='auto',
    random_state=None, tol=0.0001, verbose=0)
```

그림 10 클러스터링 모델 생성 및 샘플 데이터 학습

■ **클러스터링 결과 확인**

이제 클러스터링 결과를 확인해보겠습니다. 앞에서 fit()함수를 호출하게 되면 estimator 변수는 labels_ 라는 클래스 변수에 클러스터 결과를 저장합니다.

이 값을 labels_predict 변수에 저장하고 numpy의 unique 함수를 사용하여 중복 제거 후 값을 출력해보면 클러스터 0, 1, 2 세 개로 클러스터링 된 것을 확인할 수 있습니다. 그림 11은 학습한 모델로 예측한 라벨 데이터입니다.

```
1 labels_predict = k_means.labels_
2 labels_predict

array([0, 0, 2, ..., 0, 0, 2])
```

그림 11 학습한 모델로 예측한 라벨 데이터

이제 결과로 나온 클러스터 라벨에 따라 데이터를 각각 다른 색으로 표현해 산포도를 그려보겠습니다. 산포도에 색을 입히기 위해서 matplotlib에서 제공하는 colormap을 사용할건데, 기본적으로 colormap 변수는 0에서 1사이의 값을 인자로 받아 그에 상응하는 RGBA값을 반환합니다.

따라서 클러스터마다 다른 색으로 데이터를 나타내기 위해 colormap 변수 안에 클러스터 라벨 값을 넣어 RGBA 값을 받아올 것입니다. 여기서 클러스터 라벨 값이 0에서 1사이의 값으로 변경될 필요가 있기 때문에 이 값을 정규화 방법을 사용해 변환시키겠습니다.

먼저 두 번째 줄에서 colormap 코드 중 하나인 'jet'를 pyplot.cm.get_cmap()함수로 가져와 cm 변수에 저장합니다. 그리고 세 번째 줄과 네 번째 줄을 통해 정규화 작업을 합니다. 먼저 labels_predict 변수에서 최솟값을 뺀 값을 scaled_labels 변수에 저장합니다.

그리고 scaled_labels 변수를 최댓값에서 최솟값을 뺀 값으로 나누어 다시 scaled_labels 변수에 저장합니다. 이제 정규화된 scaled_labels 변수의 값을 확인해보겠습니다. 출력된 결과 값을 확인하면 클러스터 라벨 값이 0, 1, 2에서 0, 0.5, 1로 정규화된 것을 확인할 수 있을 겁니다. 그림 12는 예측 라벨 데이터를 정규화하는 내용입니다.

```
1  # normalize into [0,1]
2  cm = plt.cm.get_cmap('jet')
3  scaled_labels = (labels_predict - np.min(labels_predict))
4  scaled_labels = scaled_labels /(np.max(labels_predict) - np.min(labels_predict))
5  np.unique(scaled_labels)

array([ 0. ,  0.5,  1. ])
```

그림 12 예측 라벨 데이터 정규화

■ 클러스터링 결과 확인

이제 pyplot의 scatter() 함수를 사용해 클러스터링 결과를 확인하도록 하겠습니다. 먼저 첫 번째 줄에서 그림의 크기를 지정한 후 두 번째 줄에서 scatter() 함수를 호출합니다. 앞에서는 파라미터로 데이터만 설정했다면 이번에는 산포도에 색상을 입히기 위해 c 파라미터를 사용하였습니다.

```
1  plt.figure(figsize=(15,10))
2  plt.scatter(data[:,0], data[:,1], c = cm(scaled_labels))

<matplotlib.collections.PathCollection at 0xd8ea048>
```

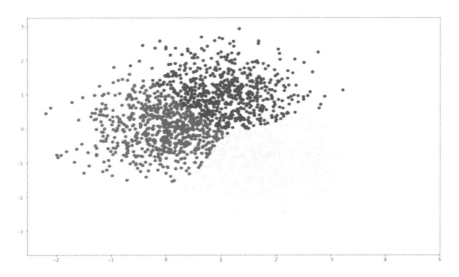

그림 13 클러스터링 결과

c 파라미터에는 cm 변수에 scaled_labels 변수 값을 넣어 생성된 클러스터 라벨 값에 따른 RGBA값이 들어갑니다. 산포도 결과를 확인해보면 유사한 데이터끼리 클러스터링이 잘 되었다는 것을 확인할 수 있습니다. 그림 13은 클러스터링 결과를 산포도로 표현하는 내용입니다.

이번에는 조금 더 나아가 K-means 모델의 초기 k 값을 선정하는 init 함수를 달리하여 결과를 비교하고 몇 가지 지표를 통해 클러스터링 성능 평가를 해보겠습니다.

(2) 예제 2 : scikit-learn 패키지를 이용한 클러스터링 2

■ Python 패키지 가져오기 및 난수로 이루어진 샘플 데이터 생성을 위한 seed 값 설정

먼저 python 패키지를 import 하겠습니다. 첫 번째 줄에서 데이터를 가져오기 위한 load_digits() 함수를 import하고 두 번째 줄에서 데이터 전처리를 위한 scale() 함수를, 세 번째 줄에서 pandas 라이브러리를 import합니다. 그림 14는 패키지 import 및 seed 설정에 대한 내용입니다.

```
1 from sklearn.datasets import load_digits
2 from sklearn.preprocessing import scale
3 import pandas as pd
4
5 np.random.seed(60)
```

그림 14 패키지 import 및 seed 설정

■ Digits 데이터 가져오기 및 데이터, 라벨 확인

load_digits() 함수로 가져온 데이터는 0에서 9까지의 정수로 이루어진 데이터 셋이며 우리는 이 데이터를 데이터 전처리 중 하나인 스케일을 통해 값의 규모를 조정해보겠습니다. 스케일은 뒤에서 자세히 알아보겠습니다.

먼저 첫 번째 줄에서 load_digits() 함수로 가져온 digits 데이터를 digits 변수에 할당합니다. 그리고 digits 변수의 data 값을 data 변수에 저장합니다. 여기서 data 값은 digits 데이터의 feature 값들을 의미합니다. 이제 scale() 함수를 통해 데이터를 전처리를 해보겠습니다. 스케일링이란 무엇일까요? 데이터는 여러 feature 값들을 가지고 있을 수 있는데, 이 feature들은 각각 값의 범위가 가지각색일 수 있습니다.

예를 들어 사람의 나이, 몸무게, 월급 등으로 feature가 이루어져있다면 그 값의 범위가

많이 다르겠죠. 이 때 이처럼 feature의 값의 범위에 차이가 많은 데이터를 사용하면 모델이 잘 만들어지지 않을 수 있습니다. 즉, 성능에 영향을 미치게 됩니다.

왜냐하면 머신러닝의 클러스터링, 분류 등의 알고리즘은 데이터 간의 거리를 기반으로 만들어지는 경우가 많기 때문에 특정 feature 값의 범위가 큰 경우에 그 feature 가 다른 feature들보다 모델에 더 많은 영향을 주기 때문이죠. 그래서 모든 feature가 모델 생성 및 학습에 최대한 동일한 기여를 하게 하기 위하여, 모델 생성 전 스케일링 같은 데이터 전처리 과정을 필수적으로 거칩니다.

scikit-learn 라이브러리에서 제공하는 스케일링 함수인 scale()은 각 데이터의 feature 값의 분포를 평균 0, 분산 1로 만듭니다. 이제 데이터 스케일을 한 후 전후를 출력하여 비교해보겠습니다.

```
1 digits = load_digits()
2 data = digits.data
3 print("< Before scaling >")
4 print(data)
5 print("< After scaling >")
6 data = scale(data)
7 print(data)
```

```
< Before scaling >
[[  0.   0.   5. ...,   0.   0.   0.]
 [  0.   0.   0. ...,  10.   0.   0.]
 [  0.   0.   0. ...,  16.   9.   0.]
 ...,
 [  0.   0.   1. ...,   6.   0.   0.]
 [  0.   0.   2. ...,  12.   0.   0.]
 [  0.   0.  10. ...,  12.   1.   0.]]
< After scaling >
[[ 0.         -0.33501649 -0.04308102 ..., -1.14664746 -0.5056698
  -0.19600752]
 [ 0.         -0.33501649 -1.09493684 ...,  0.54856067 -0.5056698
  -0.19600752]
 [ 0.         -0.33501649 -1.09493684 ...,  1.56568555  1.6951369
  -0.19600752]
 ...,
 [ 0.         -0.33501649 -0.88456568 ..., -0.12952258 -0.5056698
  -0.19600752]
 [ 0.         -0.33501649 -0.67419451 ...,  0.8876023  -0.5056698
  -0.19600752]
 [ 0.         -0.33501649  1.00877481 ...,  0.8876023  -0.26113572
  -0.19600752]]
```

그림 15 digits 데이터 스케일링

네 번째 줄에서 스케일링 전 데이터를 출력하고 여섯 번째 줄에서 scale()함수를 사용하여 스케일링한 데이터를 다시 data 변수에 저장하여 출력합니다. 전후를 비교해보면 각 데이터의 feature 값의 범위가 비슷하게 줄어든 것을 확인할 수 있습니다. 이제 생성된 데이터의 형태와 라벨 값들을 확인해보겠습니다. 그림 15는 digits 데이터를 스케일링 하는 내용입니다.

■ 데이터 개수 및 feature, 라벨 개수 확인

세 번째 줄에서는 numpy의 unique() 함수를 사용하여 실제 라벨 값들을 clusters 변수에 저장합니다. 네 번째 줄에서는 클러스터의 개수를 len() 함수를 이용해 n_clusters 변수에 할당합니다. 그리고 생성한 변수들의 값을 출력해 보겠습니다.

출력된 결과처럼 총 1797개의 데이터는 각 64개의 feature들을 갖습니다. 또한 데이터는 0부터 9까지 10개의 클러스터로 나눠져 있는 것을 확인할 수 있습니다. 그림 16은 데이터 feature와 라벨 개수 확인하는 내용입니다.

```
1 labels_true = digits.target
2 n_samples, n_features = data.shape
3 clusters = np.unique(labels_true)
4 n_clusters = len(clusters)
5
6 print("n_samples : " + str(n_samples))
7 print("n_features : " + str(n_features))
8 print("n_clusters : " + str(n_clusters))
9 print("clusters : " + str(clusters))

n_samples : 1797
n_features : 64
n_clusters : 10
clusters : [0 1 2 3 4 5 6 7 8 9]
```

그림 16 데이터, feature와 라벨 확인

■ 초기 K값 설정을 위한 함수 두 개를 각각 사용해 모델 학습

우리는 이제 KMeans()함수를 사용해 모델을 만들고 feature 값을 넣어 데이터를 클러스터링 해보겠습니다. 이번에는 K 값 설정을 위한 init 함수의 성능을 비교하기 위해 k-means++ 함수와 random 함수 각각을 사용한 두 개의 모델을 생성합니다.

먼저 첫 번째 줄에서 estimator1 변수에 k-means++ 함수를 사용하여 생성한 K-means 모

델을 저장합니다. n_clusters 파라미터에는 앞에서 생성한 n_cluster 변수를, n_init 파라미터에는 10을 넣어 호출하였습니다. 그리고 두 번째 줄에서 feature 값인 data 변수를 fit()함수에 넣어 클러스터링을 합니다.

네 번째 줄에서는 random 함수를 사용한 KMeans 함수의 결과를 estimator2에 저장합니다. 그리고 마찬가지로 fit()함수로 클러스터링을 하였습니다. 일곱 번째, 여덟 번째 줄에서는 두 모델을 사용해 클러스터링한 데이터의 클러스터 라벨 값을 각각 labels_predict1, labels_predict2 변수에 저장하였습니다. 그림 17은 각각 다른 함수를 사용해 생성한 두 개의 K-means 모델을 학습시키는 내용입니다.

```
estimator1 = KMeans(init = 'k-means++', n_clusters = n_clusters, n_init = 10)
estimator1.fit(data)

estimator2 = KMeans(init = 'random', n_clusters = n_clusters, n_init = 10)
estimator2.fit(data)

labels_predict1 = estimator1.labels_
labels_predict2 = estimator2.labels_
```

그림 17 두 개의 각각 다른 함수 K-means 모델 학습시키기

■ 각 함수에 대해 클러스터링 성능평가 및 비교

이제 이 예측한 클러스터 라벨 값을 이용해 모델의 클러스터링 성능평가를 해보겠습니다. 그 전에 클러스터링 성능평가를 위한 대표적인 지표 세 가지를 짚고 넘어가겠습니다.

먼저 첫 번째로, 동질성으로 해석할 수 있는 homogeneity 값은 모델을 통해 클러스터링된 각 클러스터 안의 데이터들이 실제 하나의 같은 클러스터 라벨을 갖는가 하는 것을 평가하는 지표입니다. 조금 다르게 completeness 지표는 실제 같은 클러스터 라벨을 가지고 있는 데이터들이 모델을 통해 하나의 같은 클러스터로 클러스터링 되었는가를 평가합니다.

그리고 v-measure 값은 이 두 값을 모두 사용하여 수식적으로 계산한 지표 값입니다. 이 대표적인 세 지표 값을 통해 클러스터링 성능을 평가해보겠습니다. 먼저 변수 labels_predict1과 labels_predict2를 실제 라벨 값인 변수 labels_true와 비교하여 세 가지 지표로 성능 평가를 해보겠습니다.

metrics 패키지의 homogeneity_score(), completeness_score(), v_measure_score()는

모두 첫 번째 인자로 실제 라벨 값, 두 번째 인자로 예측한 라벨 값을 파라미터로 갖습니다. 두 모델을 비교하기 위해 네 번째, 열한 번째 줄에서 print()문 안에 init 함수와 함께 모델을 비교하는 문자열을 출력했습니다. 그리고 각각 밑에 세 가지 평가 지표 값을 출력했습니다.

지표 값을 출력하는 print()문 안의 문자열 안에는 모두 %(percent) 기호가 있는데, 이는 뒤의 %로 시작하는 값을 이 위치에 사용자가 원하는 형태의 문자열로 포맷팅하여 출력하는 연산자입니다.

여기서 % 기호 뒤의 .3f는 값은 소수점 셋 째 자리까지 표시한 후 문자열로 나타내라는 것을 의미합니다. 즉, 출력된 결과에서 확인할 수 있는 것과 같이 모든 지표 값은 소수점 셋째 자리까지 표현된 것을 확인할 수 있습니다. 그림 18은 클러스터링 성능평가 및 비교에 대한 내용입니다.

```
1 from sklearn import metrics
2
3 print("< clustering performance evaluation >\n")
4 print("1. clustering with initializing first centroids of clusters with k-means+
5 print('homogenity score : %.3f'
6     %(metrics.homogeneity_score(labels_true, labels_predict1)))
7 print('completeness score : %.3f'
8     %(metrics.completeness_score(labels_true, labels_predict1)))
9 print('v-measure score : %.3f \n'
10     %(metrics.v_measure_score(labels_true, labels_predict1)))
11 print("2. clustering with initializing first centroids of clusters randomly ")
12 print('homogenity score : %.3f'
13     %(metrics.homogeneity_score(labels_true, labels_predict2)))
14 print('completeness score : %.3f'
15     %(metrics.completeness_score(labels_true, labels_predict2)))
16 print('v-measure score : %.3f \n'
17     %(metrics.v_measure_score(labels_true, labels_predict2)))
```

그림 18 클러스터링 성능평가 및 비교

이제 두 모델의 성능 평가 값을 비교해보겠습니다. 그림 19는 클러스터링 성능평가 및 비교 결과입니다.

```
< clustering performance evaluation >

1. clustering with initializing first centroids of clusters with k-means++ function
homogenity score : 0.669
completeness score : 0.711
v-measure score : 0.689

2. clustering with initializing first centroids of clusters randomly
homogenity score : 0.611
completeness score : 0.658
v-measure score : 0.634
```

그림 19 클러스터링 성능평가 및 비교 결과

세 개의 값 모두 K-means++ 함수로 초기 K값을 정한 estimator1 모델의 값이 더 높은 성능을 낸 것을 확인할 수 있습니다. 지금까지 클러스터링의 대표적인 알고리즘인 K-means 모델로 클러스터링을 하는 방법과 클러스터링 성능 평가에 대해 간단히 알아보았습니다.

10.2 K-Nearest Neighbors(KNN)

10.2.1 K-Nearest Neighbors (KNN) 알고리즘이란?

(1) KNN 알고리즘 소개

• 머신러닝의 지도 학습의 한 종류인 분류 문제를 해결하는 알고리즘 중 하나

• 주어진 데이터로부터 거리가 가까운 K개의 다른 데이터들의 라벨 중 가장 많은 비율을 차지하는 라벨을 참조하여 분류하는 알고리즘

• 주로 거리를 측정할 때 유클리드 거리 측정법을 사용
  - 지도 학습(Supervised Learning): 훈련 데이터(Training Data)로부터 하나의 함수를 추론하는 방법 중 하나로, 라벨(Label)이 있는 훈련 데이터를 학습하여 함수를 추론하는 것으로 일반적으로 분류(Classification), 회귀(Regression) 문제를 위해 사용된다.
  - 분류(Classification): 지도 학습의 일종으로, 라벨이 있는 데이터를 학습하여 새로운 데이터가 들어왔을 때 학습한 모델을 이용하여 라벨을 붙이는 것, 즉 카테고리를 나누는 것

- 알고리즘이 간단하여 구현하기 쉽고 정확도가 좋은 편에 속함

- 사례 기반 알고리즘(Instance-based Algorithms)의 한 종류로 학습 과정이 따로 없이 각 데이터를 분류할 때마다 전체 데이터를 탐색해야 하기 때문에, 특히 데이터의 양이 많아지면 속도가 상당히 느려짐

- Python에서는 대표적으로 Scikit-learn 패키지에서 KNN 알고리즘을 이용한 분류 문제 해결을 위한 함수를 제공
  - 사례 기반 알고리즘(Instance-based Algorithms): 훈련 데이터로 이루어진 데이터베이스를 만들고, 새로운 데이터를 데이터베이스의 데이터들과의 유사도를 측정하는 방식으로 비교하여 예측을 수행한다. 대표적 사례 기반 알고리즘은 KNN, LVQ 등이 있다.

KNN은 머신러닝의 지도 학습의 한 종류인 분류 문제를 해결하는 알고리즘 중 하나입니다. 지도 학습이란 라벨이 있는 데이터를 학습하여 함수를 추론하는 것으로, 학습에 사용되는 데이터의 결과가 정해져 있는 경우에 사용합니다. 즉, 지도 학습의 대표적인 예인 분류 문제는 라벨이 있는 데이터를 학습하여 새로운 데이터가 들어왔을 때 학습된 모델을 데이터를 라벨을 붙여 분류하는 것을 의미합니다.

이제 KNN 알고리즘에 대해 자세히 살펴보겠습니다. KNN 알고리즘은 주어진 데이터로부터 가장 거리가 가까운 K개의 다른 데이터를 참조하여 라벨링하는 알고리즘으로, K개 데이터들의 라벨들 중 가장 많은 비율을 차지하는 라벨로 분류하게 됩니다. 여기서 데이터 간의 거리는 일반적으로 유클리드 거리 측정법을 사용합니다.

KNN 알고리즘은 이처럼 간단하게 구현할 수 있는 알고리즘이지만, 사례 기반 알고리즘의 한 종류로 데이터의 양이 많아지면 수행 속도가 느려질 수 있습니다. 사례 기반 알고리즘이란 간단히 설명해 학습 과정이 따로 없이 각 데이터 분류 시 전체 데이터를 계속 탐색해야 하는 알고리즘입니다. 즉, 데이터의 개수가 많아질수록 알고리즘의 수행 시간 또한 길어지게 되겠죠? 유클리드 거리 측정법에 대해 간단히 알아보겠습니다.

(2) 유클리드 거리 측정법

$$d = \sqrt{(a_1 - b_1)^2 + (a_2 - b_2)^2 + ... + (a_n - b_n)^2}$$

• 유클리드 거리가 큰 값을 가지면 사용자 간의 거리가 멀다는 의미이기 때문에 사용자 간 유사성이 떨어짐을 의미함

이는 다음과 같이 각 벡터 간의 차를 제곱하여 모두 더한 후 루트를 씌워 계산합니다. 여기서 벡터란 데이터의 각 feature 들을 의미합니다. 이제 KNN 알고리즘의 수행 과정을 네 단계로 그림을 통해 쉽게 이해해볼까요?

(3) KNN 알고리즘 수행 과정

먼저 첫 번째 그림에서 분류할 데이터를 2차원 그래프로 확인해보겠습니다. 현재 노란색, 초록색, 빨간색으로 라벨을 구분한 8개의 샘플 데이터가 존재하고, 검은색 점은 이를 참조해 이제부터 분류하고자 하는 테스트 데이터입니다.

두 번째로, 검은색 데이터와 가장 가까운 K개의 데이터를 찾아볼 텐데요, K 값을 임의로 4로 지정하겠습니다. 즉, 분류하고자 하는 데이터와 가장 가까운 4개의 데이터를 찾아보겠습니다. 두 번째 그림을 보면, 검은색 데이터와 나머지 8개 데이터 간의 거리를 각각 구합니다. 이 때 거리는 유클리드 거리 측정법을 사용하여 계산합니다. 그리고 그래프 위에 가장 가까운 네 개의 데이터와의 거리를 표시하였습니다.

세 번째로, 4개의 데이터를 확인해보겠습니다. 그림에서 보면 4개의 데이터는 거리가 가까운 순으로 1st, 2nd, 3rd, 4th로 이름을 붙여 검은색 데이터의 이웃 데이터로 명명했습니다. 참고로 4개의 데이터를 거리에 따라 순서를 매긴 것은 거리가 가까운 데이터에 더 많은 가중치를 주어 KNN 알고리즘을 수행하는 경우가 있기 때문입니다. 이는 뒤에서 실습을 통해 확인해보겠습니다.

이제 네 번째 그림처럼 각 데이터의 라벨 값을 확인하겠습니다. 결과적으로 노란색 클래스로 분류된 데이터가 2개, 초록색 클래스 데이터가 1개, 빨간색 클래스 데이터가 1개이기 때문에 검은색 데이터는 노란색 클래스로 분류됩니다. 이렇게 KNN 알고리즘은 비교적 간단한 과정을 통해 이루어지는 것을 알 수 있었습니다. 그림 20은 KNN 알고리즘 수행 과정에 대한 내용입니다.

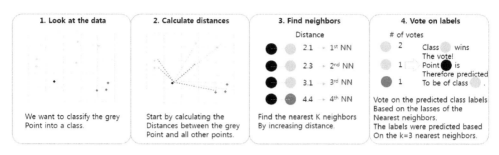

그림 20 KNN 알고리즘 수행 과정

그렇다면 이번에는 조금 더 심화하여 K 값을 정하는 방법에 대해 알아보겠습니다. 앞에서의 예제에서는 간단히 K 값을 설정했지만 KNN 알고리즘에서 K 값을 설정하는 것은 중요한 문제입니다. 이를 K 값의 최적화 문제로 부르겠습니다.

⑷ K 개수 최적화 문제

- 데이터와의 유사도를 측정할 다른 데이터의 개수를 정하는 문제

- 일반적으로 K 값이 클 때 데이터인 전체적인 노이즈(Noise)를 줄일 수 있으나, 작고 중요한 패턴을 무시하는 위험 존재

- 과거 연구들에 의하면 대부분의 데이터 셋에서 최적의 K 값은 3~10 사이

- 최적의 K 값을 찾기 위해 Cross-Validation 방법을 사용
  - Cross Validation: 훈련 데이터 셋(Training Data Set)과 독립적인 검증 집합(Validation Set)을 준비하여 훈련 중인 모델이 과적합(Over-fitting) 또는 과소적합(Under-fitting)인지 아닌지를 검증, 감시하는 방법
  - K-fold Cross Validation: 훈련 데이터를 K 등분한 후 K-1개의 데이터 셋은 훈련 데이터로 사용하고 나머지 1개의 데이터 셋은 검증을 위해 사용한다. 여기서 검증을 위한 1개의 데이터 셋을 바꿔가며 K번 반복하여 검증하며 모델을 훈련

K 값은 분류하고자 하는 데이터와 가장 가까운 다른 데이터들의 개수로 K 값에 따라서 모델 성능과 분류 결과에 많은 차이가 생길 수 있습니다. 일반적으로 K값은 그 값이 클 때 데이터의 전체적인 노이즈를 줄일 수 있습니다. K 값이 너무 작을 때 발생할 수 있는 문제를 과적합 문제, 너무 클 때 발생할 수 있는 문제를 과소적합 문제라고 칭합니다. 그림 21은 K-fold Cross-Validation 과정에 대한 내용입니다.

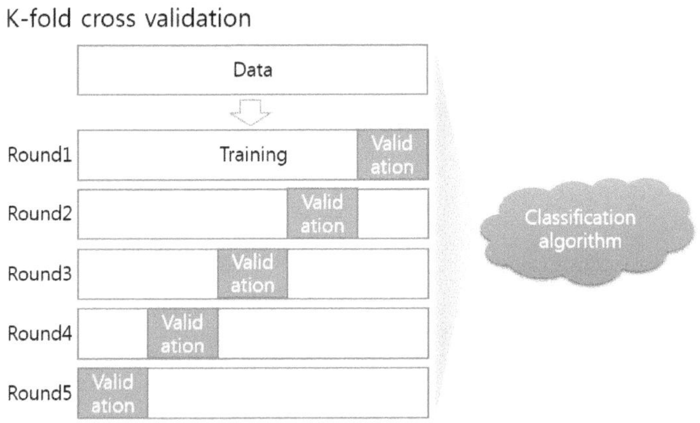

K-fold cross validation

그림 21 K-fold cross validation

- **과적합(Over-fitting)**: K=1일 때, 즉 데이터와 가장 가까운 1개 데이터의 라벨을 새로운 데이터의 라벨로 할당하기 때문에 잘못된 분류를 야기할 수 있음

- **과소적합(Under-fitting)**: K의 값이 너무 클 때(ex. K=전체 데이터 개수) 새로운 데이터의 라벨은 항상 전체 데이터의 대다수를 차지하는 라벨로 분류

과적합 문제는 관측치인 K 값이 너무 작기 때문에 오분류로 이어지는 경우를 의미하며, 과소적합 문제는 K 값이 너무 크기 때문에 데이터의 대다수를 차지하는 라벨로 오분류 될 확률이 높은 경우를 의미합니다.

다음 그래프 중 1번은 과소적합한 경우, 2번은 학습이 잘 된 경우, 3번은 과적합한 경우를 나타낸 그래프입니다. 그림 22는 과적합, 과소적합과 학습이 잘 된 경우의 그래프입니다.

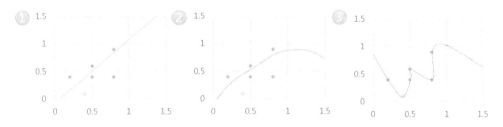

그림 22 과적합, 과소적합, 학습이 잘 된 경우의 그래프

즉, KNN 알고리즘에서 K 값은 알고리즘의 성능에 매우 중요한 역할을 합니다. 실습을 하기 전 먼저 머신러닝을 위한 예제 데이터와 관련 함수를 제공하는 scikit-learn 라이브러리에 대해 간단히 살펴보겠습니다.

10.2.2 Scikit-learn(Sklearn) 패키지 소개

(1) Scikit-learn 패키지

- Python에서 Machine Learning(머신러닝)을 위한 데이터 및 함수를 제공하는 대표적인 패키지

- Machine Learning의 Classification(분류), Regression(회귀), Clustering(군집) 등 다양한 알고리즘들이 제공

- 공식 사이트 : http://scikit-learn.org/stabel/

Scikit-learn 패키지는 머신러닝을 위한 예제 데이터와 관련 함수를 제공하는 라이브러리로 분류, 회귀, 군집 등 다양한 알고리즘을 제공합니다.

(2) Scikit-learn 대표 기능 및 함수 설명

- 예제 데이터 셋 로드 함수

  ex) sklearn.datasets.load_iris(), sklearn.datasets.load_flights() 등

- 학습 및 예측

  ex) sklearn.svm.SVC.fit() : 모델에 맞게 학습하는 함수

  ex) sklearn.svm.SVC.predict() : 새로운 값을 예측하는 함수, 즉 새로운 데이터의 라벨을 예측하는 함수

- 파라미터 재설정 및 재학습 함수

  ex) sklearn.svm.SVC.set_params() : 모델의 파라미터를 변경하는 함수

  ex) sklearn.svm.SVC.set_params.fit() : 모델의 파라미터를 변경하고 다시 모델에 맞게 학습하는 함수

scikit-learn 라이브러리는 분류, 회귀, 군집 등의 문제에 대한 다양한 알고리즘을 제공하고 있습니다. 대표적인 기능을 살펴볼까요?

먼저 scikit-learn에서 제공하는 다양한 데이터 셋을 로드할 수 있는 함수들이 존재합니다. 이는 scikit-learn의 서브패키지 datasets에서 load_iris() 함수와 같이 load로 시작하는 함수를 통해 가져올 수 있습니다. 두 번째로 모델을 학습시키고 예측하는 함수는 각

각 fit()함수와 predict() 함수입니다. 그리고 파라미터를 변경하고 재학습시키기 위해 set_params() 함수와 set_params.fit() 함수를 각각 제공하고 있습니다. 이제 scikit-learn 라이브러리를 이용해 KNN 알고리즘을 이용한 분류 실습을 시작해보겠습니다.

10.2.3 KNN 실습

(1) 예제 1 : Scikit-learn을 이용한 분류 예제 – Iris Data 분류

■ Python 패키지 로드

먼저 사용할 python 패키지를 import해보겠습니다. 첫 번째 줄에서는 KNN 알고리즘을 수행하는 KNeighborsClassifier() 함수를 import하고, 두 번째 줄에서는 모델 성능 평가를 위한 metrics 패키지의 accuracy_score()함수를 import 합니다.

그리고 세 번째 줄에서 Cross Validation을 위해 데이터를 나누어주는 train_test_split() 함수를 import 하겠습니다. Cross Validation에 대해서는 뒤에서 다루도록 하겠습니다.

다섯 번째, 여섯 번째 줄에서 pandas와 numpy 라이브러리를 각각 pd, np라는 이름으로 불러오겠습니다. 그림 23은 패키지 import하는 내용입니다.

```
1 from sklearn.neighbors import KNeighborsClassifier
2 from sklearn.metrics import accuracy_score
3 from sklearn.cross_validation import train_test_split
4
5 import pandas as pd
6 import numpy as np
```

그림 23 패키지 import

■ Iris Data 로드

이제 scikit-learn의 내장 데이터 셋인 iris 데이터를 가져오겠습니다. 두 번째 줄에서 scikit-learn의 서브패키지인 datasets의 load_iris() 함수를 사용해 가져온 데이터 셋을 iris 변수에 저장합니다. 그리고 iris 변수의 data 값을 X 변수에, target 값을 y 변수로 각각 선언합니다. 여기서 X 변수는 데이터의 feature 값들이며, y 변수는 분류된 데이터의 라벨 값을 의미합니다. 그림 24는 iris data를 로드하는 내용입니다.

```
1 # import data set
2 iris = datasets.load_iris()
3 X = iris.data
4 y = iris.target
```

그림 24 Iris data 로드

■ Iris Data 데이터프레임으로 확인

데이터를 출력하여 확인해볼까요? 데이터를 테이블 형태로 쉽게 보기 위하여 데이터프레임 형태로 만들어 보았습니다. 먼저 첫 번째 줄에서 pandas 라이브러리의 DataFrame() 함수를 이용해 데이터프레임을 생성합니다. 다섯 번째 줄에서는 데이터의 라벨 값들을 확인하기 위하여 numpy의 unique() 함수를 사용하여 중복이 제거된 y 변수 값을 출력하였습니다.

그리고 print()문 안에서 출력되는 세 값은 numeric 값이기 때문에 앞의 문자열과 함께 출력하기 위해 str()함수를 사용하여 str 형으로 변환하여 사용합니다. 출력된 결과를 확인해보겠습니다. Iris Data의 총 개수는 150개이며, sepal length, sepal width, petal length, petal width 총 네 개의 feature 값들을 가지고 있습니다. 그리고 0, 1, 2 세 개의 라벨로 분류된 데이터 셋임을 확인할 수 있습니다. 그림 25는 Iris Data를 데이터프레임 형태로 출력 및 확인하는 내용입니다.

```
1 df = pd.DataFrame(X, columns = iris.feature_names)
2 print("< Iris Data >")
3 print("The number of sample data : " + str(len(df)))
4 print("The number of features of the data : " + str(len(df.columns)))
5 print("The labels of the data : " + str(np.unique(y)))
6 df
```

```
< Iris Data >
The number of sample data : 150
The number of features of the data : 4
The labels of the data : [0 1 2]
```

	sepal length (cm)	sepal width (cm)	petal length (cm)	petal width (cm)
0	5.1	3.5	1.4	0.2
1	4.9	3.0	1.4	0.2
2	4.7	3.2	1.3	0.2
3	4.6	3.1	1.5	0.2
4	5.0	3.6	1.4	0.2
5	5.4	3.9	1.7	0.4

그림 25 Iris Data 데이터프레임 형식으로 출력 및 확인

▪ Training, Test Data Set 분리

이제 전체 데이터를 Training Data Set, Test Data Set으로 나누고 Training Data로 모델을 생성하여 Test Data의 라벨을 예측하여 모델의 성능을 측정해보겠습니다. 전체 데이터를 훈련 데이터와 시험 데이터로 나누기 위해서는 앞에서 impot한 train_test_split() 함수를 사용합니다.

train_test_split() 함수의 파라미터에 순서대로 X, y값을 넣고 test_size 파라미터를 사용해 전체 데이터에서 Test Data로 사용할 비율을 33%로 설정합니다. random_state 파라미터는 데이터를 샘플링할 때 사용하는 시드 값으로, 이 값을 같은 숫자로 설정하면 나중에도 동일하게 데이터를 샘플링할 수 있습니다. 시드 값은 실험 재현(reproduction) 측면에서 중요하게 사용되기 때문에, 다음에도 동일한 실험 결과를 낳을 수 있게 하기 위해서 가급적이면 명시하는 것이 좋습니다.

이렇게 호출한 train_test_split() 함수는 X 값을 분리한 값, y 값을 분리한 값을 반환합니다. 즉, X_train 변수에 Training Data X 값이 저장되고, X_test 변수에 Test Data X 값이 저장됩니다. y_train 변수에는 Training Data y 값이, y_test 변수에는 Test Data y 값이 저장되겠죠.

여섯 번째 줄과 일곱 번째 줄에서 X_train 변수와 X_test 변수의 개수를 출력한 결과를 살펴보면, 위의 함수에서 설정한 것처럼 Test Data가 전체 데이터 150개 중 약 33%인 50개가 샘플링 되었고, 그 나머지가 Training Data인 것을 확인할 수 있습니다. 그림 26은 전체 데이터를 Training Data와 Test Data로 분리하는 내용입니다.

```
1  # split whole data set into train set and test set
2  # test_size : the proportion of the dataset to include in the test split. (0-1)
3  X_train, X_test, y_train, y_test = train_test_split(X, y, test_size = 0.33,
4                                                        random_state = 42)
5
6  print("The number of train data set : %d " %len(X_train))
7  print("The number of test data set : %d " %len(X_test))

The number of train data set : 100
The number of test data set : 50
```

그림 26 Training Data와 Test Data로 분리

▪ 임의의 K 설정, 모델 학습 및 정확도 측정

KNeighborClassifier() 함수를 호출하여 기본 KNN 모델을 생성하여 estimator 변수로 선언합니다. 여기서 K 값을 임의로 3으로 설정하겠습니다. 이는 함수의 n_neighbors 파라

미터로 설정할 수 있습니다. 그리고 네 번째 줄에서 훈련 데이터 X 값과 y 값을 넣은 X_train, y_train 변수를 넣어 모델을 학습시킵니다.

그리고 여섯 번째 줄에서 Test Data X 값인 변수 X_test를 넣어 반환되는 결과 y 값을 label_predict 변수로 선언하겠습니다. 즉, label_predict 변수에는 Training Data로 학습시킨 모델로 분류한 Test Data의 라벨 값이 저장됩니다.

이제 결과가 나왔으니 분류 모델의 정확도를 측정하는 accuracy_score() 함수를 사용하여 모델의 성능을 평가해보겠습니다. accuracy_score()함수는 실제 라벨 값과 예측한 라벨 값을 순서대로 파라미터로 사용합니다. 즉, y_test 변수와 label_predict 변수를 넣어 accuracy_score() 함수를 호출합니다. 그리고 이 값을 소수점 9번째 자리까지 출력하기 위하여 % 연산자로 문자열 형변환을 하여 출력하였습니다. 결과적으로 이 모델의 정확도는 98%로 상당히 높은 값이 나온 것을 확인할 수 있습니다. 그림 27은 임의의 K 값 설정, 모델 학습 및 정확도 측정에 대한 내용입니다.

```
1 # instantiate learning model (k = 3)
2 estimator = KNeighborsClassifier(n_neighbors=3)
3 # fitting the model
4 estimator.fit(X_train, y_train)
5 # predict the response
6 label_predict = estimator.predict(X_test)
7 # evaluate accuracy
8 print("The accuracy score of classification: % 9f"
9        %accuracy_score(y_test, label_predict))

The accuracy score of classification: 0.980000000
```

그림 27 임의의 K 값 설정, 모델 학습 및 정확도 측정

이번에는 최적의 K 값을 찾는 실습을 해보겠습니다. 앞의 이론에서 설명한 것처럼 K 값에 따라 분류 결과가 달라질 수 있기 때문에, K 값의 최적화는 중요한 문제입니다. 먼저 K 값으로 사용할 후보 값들을 만들어보겠습니다. 그리고 이번에는 모델의 성능을 평가하는 방법인 Cross-Validation 방법을 이용하여 K 값에 따른 정확도를 구해보겠습니다.

먼저 Cross Validation 방법에 대해 살펴보겠습니다. Cross-Validation이란 전체 데이터를 Training Data와 Test Data로 교차적으로 나누어 성능을 검증하는 방법입니다. 앞에서 간단히 다뤘던 것처럼 모델은 Training Data에 과적합되어 새로운 데이터를 잘 예측할 수 없을 수 있기 때문에 이러한 과적합 문제를 피하기 위해서 많이 사용하는 방법입니다. 그 중 대표적인 방법 중 하나인 K-fold Cross Validation을 예제로 설명해보겠습니

다. 방법은 다음과 같습니다. 전체 데이터를 K등분 한 후 K-1개의 데이터는 Training Data로 나머지 1개의 데이터는 Test Data로 샘플링합니다.

그 다음 Training Data로 모델을 학습시킨 후 Test Data를 넣어 모델의 성능을 평가합니다. 그림처럼 한 번의 라운드를 거친 후 Training Data를 바꿔가며 모델의 성능을 평가합니다. 최종적으로 각 라운드에서 구한 K 개의 성능 평가 값을 산술 평균하여 모델을 평가할 수 있습니다. 우리는 이 방법을 사용해 K 값에 따른 성능 평가를 해보겠습니다.

▪ 최적의 K 값을 찾기 위한 Cross Validation 방법 사용하기

먼저 네 번째 줄에서 1부터 50 사이의 연속적인 값을 리스트 형태로 변수 myList에 저장합니다. 그리고 다섯 번째 줄에서는 single line for loops를 사용하였는데, 이는 for 반복문을 한 줄로 요약하여 표현하는 것을 의미합니다. 이를 간단히 설명해보면, 변수 myList에 반복자를 생성하여 변수 안의 각 요소를 if 문으로 홀수 일 때 추출하여 리스트 안에 담는 것입니다. 즉, 1부터 50까지의 수 중 홀수만 추출하여 리스트 형태로 만들어 변수 neighbors로 선언한 것입니다.

여섯 번째 줄에서 neighbors 변수를 출력하여 일곱 번째 줄에서 그 개수를 출력해 보았습니다. 역시나 1부터 49까지 25개의 홀수만 출력된 것을 확인할 수 있습니다. K 값의 후보들이 만들어졌으니 Cross-Validation을 하여 K 값에 따른 성능 평가를 해보겠습니다. 그림 28은 K 값으로 사용할 후보 값 생성에 대한 내용입니다.

```
1 # perform 10-fold cross validation
2
3 # create odd list of k for KNN
4 myList = list(range(1,50))
5 neighbors = [ x for x in myList if x % 2 != 0]
6 print(neighbors)
7 print("The number of neighbors k is %d" %len(neighbors))

[1, 3, 5, 7, 9, 11, 13, 15, 17, 19, 21, 23, 25, 27, 29, 31, 33, 35, 37, 39, 41, 43, 45, 4
7, 49]
The number of neighbors k is 25
```

그림 28 K 값으로 사용할 후보 값 생성

▪ 최적의 K 값을 찾기 위한 Cross Validation 방법 사용하기

그리고 이번에는 모델의 성능을 평가하는 방법인 cross-validation 방법을 이용 하여 K 값에 따른 정확도를 구해보겠습니다. 네 번째 줄에서는 K의 후보 값인 변수 neighbors에 반복자를 생성하여 for 반복문을 수행합니다. 다섯 번째 줄에서 K 값을 출력합니다. 그리고 여섯 번째 줄에서 K 값을 넣은 모델을 생성한 후 일곱 번째 줄에서 cross_val_score() 함수를 호출합니다. Cross Validation을 수행하는 cross_val_score()함수는 input 값으로 모델과 학습할 훈련 데이터를 갖습니다. 즉, estimator, X_train, y_train 변수를 넣고 cv 값에 10을 넣어 10-fold Cross Validation을 수행하였습니다. 그리고 scoring 파라미터에 accuracy 문자열을 넣어 Cross Validation의 정확도 값을 구할 것을 설정합니다. 함수의 output 값으로 나오는 10개의 정확도 값은 변수 scores에 저장합니다. 그리고 9번째 줄에서 10개의 정확도 값을 출력하였습니다. 그리고 이 값들의 평균값을 mean()함수로 계산하여 리스트 변수 cv_scores에 추가합니다. 즉, 변수 cv_scores에는 K 값에 따른 Cross Validation 평균 정확도 값들이 리스트 형태로 저장됩니다. 출력된 결과를 확인해볼까요?

K 값에 따라 아래에 Cross Validation을 통해 구해진 10개의 정확도 값이 출력되었고, 그 아래에 평균 정확도 값이 출력된 것을 확인할 수 있습니다. 지금까지 25개의 K 값에 따른 모델의 성능평가를 하였습니다. 그림 29는 K 값에 따른 성능평가에 대한 내용입니다.

```
1  # empty list that will hold cross validation scores
2  cv_scores = []
3  # perform 10-fold cross validation
4  for k in neighbors:
5      print("< k = %d >" %k)
6      estimator = KNeighborsClassifier(n_neighbors=k)
7      scores = cross_val_score(estimator, X_train, y_train, cv = 10, scoring = 'acc
8      print("The scores of classification are #n" + str(scores))
9      cv_scores.append(scores.mean()) # average error
10     print("The average score of scores is % 9f #n" %scores.mean())

< k = 1 >
The scores of classification are
[ 1.         0.90909091 1.         0.72727273 0.9        1.         1.
  1.         1.         0.88888889]
The average score of scores is 0.942525253

< k = 3 >
The scores of classification are
[ 0.91666667 1.         1.         0.72727273 0.9        1.         1.
  1.         1.         0.88888889]
The average score of scores is 0.943282828

< k = 5 >
The scores of classification are
[ 1.         1.         1.         0.72727273 0.9        1.         1.
  1.         1.         0.88888889]
The average score of scores is 0.951616162
```

그림 29 K 값에 따른 모델 성능평가

■ 최적의 K 값 찾기 위한 Cross Validation 방법 사용하기

K 값에 따른 모델의 성능을 비교하기 위하여 MSE, 즉 misclassification rate를 사용할건데요. 이는 오분류 비율이라고 해석할 수 있습니다. 오분류 비율은 모델의 분류가 잘못된 비율을 의미하는 것으로 값이 높을수록 안 좋은 모델이라고 할 수 있습니다.

이 오분류 비율은 먼저 구한 정확도 값을 변환하여 만들어보겠습니다. 세 번째 줄을 보면 오분류 값은 1 에서 정확도 값 cv_scores를 뺀 값으로 MSE 변수로 선언합니다. 그리고 K 값에 따른 오분류 값을 쉽게 그래프로 보기 위해 pyplot 패키지를 이용하여 plot으로 나타내어 보았습니다. 또한 열두 번째 줄에서는 오분류 비율이 가장 작은 K 값을 찾았습니다.

또한 12, 13, 14번째 줄에서는 오분류 비율이 가장 작은 K 값을 찾았습니다. 먼저 열두 번째 줄에서는 오분류 비율 값이 저장된 MSE 변수의 최솟값을 min() 함수로 구해 변수 min_MSE로 선언하였습니다. 즉, 변수 min_MSE에는 최소 오분류 비율 값이 저장되었습니다. 그리고 열세 번째 줄에서는 변수 MSE 안에서 변수 min_MSE의 인덱스 번호를 찾기 위해 index()함수를 사용하여 이를 변수 index_of_min_MSE로 선언하였습니다.

그리고 마지막으로 K 후보 값들이 저장된 neighbors 변수에 인덱싱 함수인 대괄호 안에 이 인덱스 번호를 넣어, 최소 오분류 비율 값을 가지는 K 값을 변수 optimal_k로 선언하였습니다. 즉, 최적의 k 값이 저장된 것입니다. 출력된 결과를 보면 최적의 K 값은 7로 가장 낮은 오분류 값을 보임을 그래프로 확인할 수 있습니다. 그림 30은 K 값에 따른 오분류 비율에 대한 내용입니다.

```
1 # changing to misclassification rate (a.k.a classification error)
2 # MSE = 1 - cross validation score
3 MSE = [1 - x for x in cv_scores]
4
5 # plot misclassification error vs k
6 plt.plot(neighbors, MSE)
7 plt.xlabel("Number of Neighbors K")
8 plt.ylabel("Misclassification Error")
9 plt.show()
10
11 # determining best k
12 min_MSE = min(MSE)
13 index_of_min_MSE = MSE.index(min_MSE)
14 optimal_k = neighbors[index_of_min_MSE]
15 print ("The optimal number of neighbors i is %d" % optimal_k)
```

```
The optimal number of neighbors i is 7
```

그림 30 K 값에 따른 오분류 비율

이번에는 새로운 데이터를 KNN 알고리즘으로 분류하는 실습을 해보겠습니다. 이번에 사용할 데이터는 역시 scikit-learn의 내장 데이터 셋 중 하나인 breast_cancer 데이터입니다.

(2) 예제 2 : Scikit-learn을 이용한 분류 예제 – Breast Cancer Data 분류

■ Python 패키지 가져오기 및 데이터 로드 및 출력

먼저 첫 번째 줄에서 load_breast_cancer() 함수를 import 하겠습니다. 그리고 세 번째 줄에서 로드한 데이터 셋을 breast_cancer 변수로 선언하고 data값, target값을 각각 X변수, y변수로 선언합니다. 마찬가지로 데이터프레임으로 만들어 확인해보겠습니다. 출력된 결과처럼 breast cancer 데이터는 총 569개의 데이터로 30개의 feature 값들을 가지고 있으며 0,1 두 개의 라벨로 분류되었음을 확인할 수 있습니다. 그림 31은 패키지 import, 데이터 로드 및 출력에 대한 내용입니다.

```
1 from sklearn.datasets import load_breast_cancer
2 from sklearn.preprocessing import normalize
3
4 breast_cancer = load_breast_cancer()
5 X = breast_cancer.data
6 y = breast_cancer.target
7
8 df = pd.DataFrame(X, columns = breast_cancer.feature_names)
9 df
```

	mean radius	mean texture	mean perimeter	mean area	mean smoothness	mean compactness	mean concavity	mean concave points	me syr
0	17.990	10.38	122.80	1001.0	0.11840	0.27760	0.300100	0.147100	0.2
1	20.570	17.77	132.90	1326.0	0.08474	0.07864	0.086900	0.070170	0.1
2	19.690	21.25	130.00	1203.0	0.10960	0.15990	0.197400	0.127900	0.2
3	11.420	20.38	77.58	386.1	0.14250	0.28390	0.241400	0.105200	0.2
4	20.290	14.34	135.10	1297.0	0.10030	0.13280	0.198000	0.104300	0.1
5	12.450	15.70	82.57	477.1	0.12780	0.17000	0.157800	0.080890	0.2
6	18.250	19.98	119.60	1040.0	0.09463	0.10900	0.112700	0.074000	0.1
7	13.710	20.83	90.20	577.9	0.11890	0.16450	0.093660	0.059850	0.2
8	13.000	21.82	87.50	519.8	0.12730	0.19320	0.185900	0.093530	0.2
9	12.460	24.04	83.97	475.9	0.11860	0.23960	0.227300	0.085430	0.2

그림 31 패키지 import, 데이터 로드 및 출력

■ Training, Test data 분리

이제 전체 데이터를 Training Data Set, Test Data Set 으로 나누어 보겠습니다. 마찬가지로 train_test_split() 함수를 사용하여 데이터를 나눈 후 그 개수를 출력해 보았습니다. 전체 569개의 데이터 중 약 33%인 188개의 데이터가 test data로 할당된 것을 확인할 수 있습니다. 그림 32는 전체 데이터를 Training Data와 Test Data로 분리하는 내용입니다.

```
1 # split whole data set into train set and test set
2 # test_size : the proportion of the dataset to include in the test split. (0~1)
3 X_train, X_test, y_train, y_test = train_test_split(X, y, test_size = 0.33,
4                                                     random_state = 42)
5
6 print("The number of train data set : %d " %len(X_train))
7 print("The number of test data set : %d " %len(X_test))

The number of train data set : 381
The number of test data set : 188
```

그림 32 전체 데이터를 Training Data와 Test Data로 분리

■ 모델 학습 및 정확도 측정하기

이번에는 K 값을 임의로 5로 설정하였습니다. 그리고 이번에는 weights 파라미터를 추가하여 KNeighborClassifier() 함수를 호출하였습니다. 분류할 데이터와 다른 데이터들과의 거리를 측정한 후 가까운 K개의 데이터를 거리 순으로 랭킹을 매겨 이웃 데이터로 지정했던 것을 기억하시나요? weights 파라미터는 이와 관련이 있는데요. weights는 K개의 데이터에 가중치를 주는 방식을 설정하는 파라미터로, distance로 설정하면 거리에 따라 다른 가중치를 준 후 분류에 영향을 주게 됩니다.

즉, 더 가까운 데이터가 분류에 더 많은 영향을 주게 됩니다. 이렇게 생성한 KNN 모델을 estimator 변수로 선언하고 네 번째 줄에서 training data를 넣어 모델을 학습시키겠습니다. 그리고 여섯 번째 줄에서 X_test 변수, 즉 test data의 X 값을 넣어 예측한 라벨 값을 label_predict 변수로 선언하였습니다. 그리고 여덟 번 째 줄에서 분류 정확도 값을 출력해보았습니다. 약 94%의 정확도를 나타내는 것을 확인할 수 있었습니다. 그림 33은 모델 학습 및 정확도 측정에 대한 내용입니다.

```
1 # instantiate learning model (k = 3)
2 estimator = KNeighborsClassifier(n_neighbors=5, weights = 'distance')
3 # fitting the model
4 estimator.fit(X_train, y_train)
5 # predict the response
6 label_predict = estimator.predict(X_test)
7 # evaluate accuracy
8 print("The accuracy score of classification: %.9f"
9       %accuracy_score(y_test, label_predict))

The accuracy score of classification: 0.941489362
```

그림 33 모델 학습 및 정확도 측정

이번에는 최적의 K 값을 찾는 실습을 해보겠습니다. 이론에서 설명한 것처럼 K 값에 따라 분류 결과가 달라질 수 있기 때문에, K 값의 최적화는 중요한 문제입니다. 먼저 K 값으로 사용할 후보 값들을 만들어보겠습니다. 그리고 이번에는 모델의 성능을 평가하는 방법인 Cross-Validation 방법을 이용하여 K 값에 따른 정확도를 구해보겠습니다.

먼저 Cross Validation 방법에 대해 살펴보겠습니다. Cross-Validation이란 전체 데이터를 Training Data와 Test Data로 교차적으로 나누어 성능을 검증하는 방법입니다. 앞에서 간단히 다뤘던 것처럼 모델은 훈련 데이터에 과적합되어 새로운 데이터를 잘 예측할 수 없을 수 있기 때문에 이러한 과적합 문제를 피하기 위해서 많이 사용하는 방법입니다.

그 중 대표적인 방법 중 하나인 K-fold Cross Validation을 예제로 설명해보겠습니다. 방법은 다음과 같습니다. 전체 데이터를 K등분 한 후 K-1개의 데이터는 훈련 데이터로 나머지 1개의 데이터는 검증 데이터로 샘플링합니다.

그 다음 훈련 데이터로 모델을 학습시킨 후 Test Data를 넣어 모델의 성능을 평가합니다. 그림처럼 한 번의 라운드를 거친 후 훈련 데이터를 바꿔가며 모델의 성능을 평가합니다. 최종적으로 각 라운드에서 구한 K 개의 성능 평가 값을 산술 평균하여 모델을 평가할 수 있습니다. 우리는 이 방법을 사용해 K 값에 따른 성능 평가를 해보겠습니다.

■ 최적의 K 값을 찾기 위한 Cross Validation 방법 사용하기

먼저 네 번째 줄에서 1부터 100 사이의 연속적인 값을 리스트 형태로 변수 myList에 저장합니다. 그리고 다섯 번째 줄에서는 single line for loops를 사용하였는데, 이는 for 반복문을 한 줄로 요약하여 표현하는 것을 의미합니다. 이를 간단히 설명해보면, myList 변수에 반복자를 생성하여 변수 안의 각 요소를 if 문으로 홀수 일 때 추출하여 리스트 안에 담는 것입니다.

즉, 1부터 100까지의 수 중 홀수만 추출하여 리스트 형태로 만들어 변수 neighbors로 선언한 것입니다. 여섯 번째 줄에서 변수 neighbors를 출력하여 일곱 번째 줄에서 그 개수를 출력해 보았습니다. 역시나 1부터 99까지 50개의 홀수만 출력된 것을 확인할 수 있습니다. 그림 34는 K 값으로 사용할 후보 값 생성에 대한 내용입니다.

```
# perform 10-fold cross validation

# create odd list of k for kNN
myList = list(range(1,100))
neighbors = [ x for x in myList if x % 2 != 0]
print(neighbors)
print("The number of neighbors k is %d" %len(neighbors))

[1, 3, 5, 7, 9, 11, 13, 15, 17, 19, 21, 23, 25, 27, 29, 31, 33, 35, 37, 39, 41, 43, 45, 4
7, 49, 51, 53, 55, 57, 59, 61, 63, 65, 67, 69, 71, 73, 75, 77, 79, 81, 83, 85, 87, 89, 9
1, 93, 95, 97, 99]
The number of neighbors k is 50
```

그림 34 K 값으로 사용할 후보 값 생성

■ 최적의 K 값을 찾기 위한 Cross Validation 방법 사용하기

K 값의 후보들이 만들어졌으니 cross-validation을 하여 K 값에 따른 성능 평가를 해보겠습니다. 4번째 줄에서는 K 후보인 변수 neighbors에 반복자를 생성하여 for 반복문을 수행합니다.

먼저 다섯 번째 줄에서 K 값을 출력합니다. 그리고 여섯 번째 줄에서 K 값을 넣은 모델을 생성한 후 일곱 번째 줄에서 cross_val_score() 함수를 호출합니다. Cross Validation을 수행하는 cross_val_score()함수는 input 값으로 모델과 학습할 훈련 데이터를 갖습니다. 즉, estimator, X_train, y_train 변수를 넣고 cv 값에 10을 넣어 10-fold Cross Validation을 수행하였습니다.

그리고 scoring 파라미터에 accuracy 문자열을 넣어 Cross Validation의 정확도 값을 구할 것을 설정합니다. 함수의 output 값으로 나오는 10개의 정확도 값은 scores 변수에 저장합니다. 그리고 아홉 번째 줄에서 10개의 정확도 값을 출력하였습니다.

```
# perform 10-fold cross validation
for k in neighbors:
    print("< k = %d >" %k)
    estimator = KNeighborsClassifier(n_neighbors=k)
    scores = cross_val_score(estimator, X_train, y_train, cv = 10, scoring = "accura
    print("The scores of classification are \n" + str(scores))
    cv_scores.append(scores.mean()) # average error
    print("The average score of scores is %.9f \n" %scores.mean())
```

```
< k = 1 >
The scores of classification are
[ 0.97435897  0.84615385  0.92307692  0.97435897  0.82051282  0.89473684
  0.86486486  0.91891892  0.89189189  0.83783784]
The average score of scores is 0.894671189

< k = 3 >
The scores of classification are
[ 0.94871795  0.87179487  0.8974359   0.94871795  0.94871795  0.89473684
  0.86486486  0.89189189  0.94594595  0.81081081]
The average score of scores is 0.902363497

< k = 5 >
The scores of classification are
[ 0.94871795  0.87179487  0.8974359   0.94871795  0.94871795  0.92105263
  0.91891892  0.89189189  0.91891892  0.81081081]
The average score of scores is 0.907697779

< k = 7 >
```

그림 35 K 값에 따른 성능평가

그리고 이 값들의 평균값을 mean()함수로 계산하여 cv_scores 리스트 변수에 추가합니다. 즉, cv_scores 변수에는 K 값에 따른 Cross Validation 평균 정확도 값들이 리스트 형태로 저장됩니다. 출력된 결과를 확인해볼까요? K 값에 따라 아래에 Cross Validation을 통해 구해진 10개의 정확도 값이 출력되었고, 그 아래에 평균 정확도 값이 출력된 것을 확인할 수 있습니다. 지금까지 50개의 k값에 따른 모델의 성능 평가를 하였습니다. 그림 35는 K 값에 따른 성능평가에 대한 내용입니다.

■ **최적의 K 값을 찾기 위한 Cross Validation 방법 사용하기**

K 값에 따른 모델의 성능을 비교하기 위하여 MSE, 즉 misclassification rate를 사용할건데요. 이는 오분류 비율이라고 해석할 수 있습니다. 오분류 비율은 모델의 분류가 잘못된 비율을 의미하는 것으로 값이 높을수록 안 좋은 모델이라고 할 수 있습니다.

이 오분류 비율은 우리가 위에서 구한 정확도 값을 변환하여 만들어보겠습니다. 세 번째 줄을 보면 오분류 값은 1 에서 정확도 값 cv_scores를 뺀 값으로 변수 MSE로 선언합니다. 그리고 K 값에 따른 오분류 값을 쉽게 그래프로 보기 위해 pyplot 패키지를 이용하여 plot으로 나타내어 보았습니다.

또한 12, 13, 14번째 줄에서는 오분류 비율이 가장 작은 K 값을 찾았습니다. 먼저 열두 번째 줄에서는 오분류 비율 값이 저장된 MSE 변수의 최솟값을 min() 함수로 구해 min_MSE 변수로 선언하였습니다. 즉, min_MSE 변수에는 최소 오분류 비율 값이 저장되었습니다.

그리고 열세 번째 줄에서는 MSE 변수 안에서 min_MSE 변수의 인덱스 번호를 찾기 위해 index()함수를 사용하여 이를 index_of_min_MSE 변수로 선언하였습니다.

그리고 마지막으로 K 후보 값들이 저장된 neighbors 변수에 인덱싱 함수인 대괄호 안에 이 인덱스 번호를 넣어, 최소 오분류 비율 값을 가지는 k 값을 optimal_k 변수로 선언하였습니다. 즉, 최적의 K 값이 저장된 것입니다. 출력된 결과를 보면 최적의 K값은 13으로 가장 낮은 오분류 값을 보임을 그래프로 확인할 수 있습니다. 그림 36은 K 값에 따른 오분류 비율에 대한 내용입니다.

```
# changing to misclassification rate (a.k.a classification error)
# MSE = 1 - cross validation score
MSE = [1 - x for x in cv_scores]

# plot misclassification error vs k
plt.plot(neighbors, MSE)
plt.xlabel("Number of Neighbors K")
plt.ylabel("Misclassification Error")
plt.show()

# determining best k
min_MSE = min(MSE)
index_of_min_MSE = MSE.index(min_MSE)
optimal_k = neighbors[index_of_min_MSE]
print ("The optimal number of neighbors i is %d" % optimal_k)
```

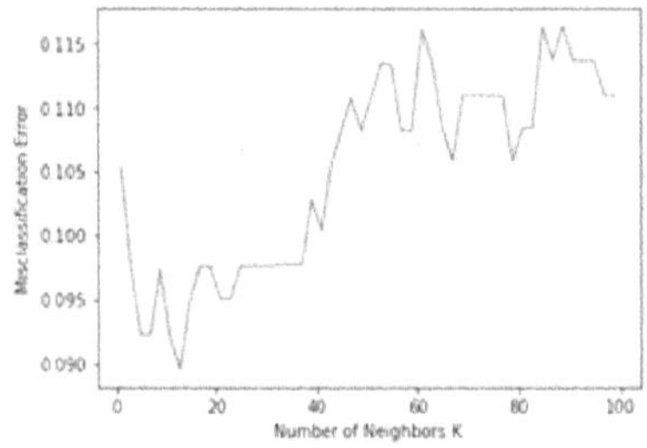

```
The optimal number of neighbors i is 13
```

그림 36 K 값에 따른 오분류 비율

■ 새로운 K 값으로 모델 학습 및 정확도 측정하기

이제 앞에서 찾은 최적의 K 값으로 다시 모델을 생성하여 모델 정확도를 구해보았습니다. 결과처럼 기존에 임의의 수 5로 정한 K값을 13으로 변경한 후에 정확도가 약 94%에서 약 96%로 성능이 높아진 것을 확인할 수 있습니다. 그림 37은 새로운 K 값으로 모델 학습 및 정확도 측정에 대한 내용입니다.

```
# instantiate learning model (k = 3)
estimator = KNeighborsClassifier(n_neighbors=13)
# fitting the model
estimator.fit(X_train, y_train)
# predict the response
label_predict = estimator.predict(X_test)
# evaluate accuracy
print("The accuracy score of classification: %.9f"
      %accuracy_score(y_test, label_predict))

The accuracy score of classification: 0.962765957
```

그림 37 새로운 K 값으로 모델 학습 및 정확도 측정

이렇게 Cross Validation 방법과 최적의 K 값을 찾는 실습까지 KNN 알고리즘에 대해 알아보았습니다. KNN은 간단하지만 꽤 높은 정확도를 내는 것을 실습을 통해 확인할 수 있었습니다.

PCA와 LDA

CHAPTER 11

PCA와 LDA

11.1 차원 축소

11.1.1 차원 (Dimensionality)

• 독립 변수의 개수를 의미

• 예
  - 타이타닉호 답승자들의 생존 여부에 영향을 주는 세 가지 요소 : 좌석, 성별, 나이
  - 타이타닉호 탑승자들의 생존 여부를 결정하는 파라미터 공간은 3차원 (좌석, 성별, 나이)

데이터의 차원이란, 독립변수의 개수를 의미합니다. 쉽게 예를 들어 살펴 볼까요? 타이타닉호 탑승자들의 생존 여부에 영향을 주는 요소가 탑승자들의 좌석, 성별, 나이, 이렇게 세 가지 요소라고 가정해 봅시다. 이때 타이타닉호 탑승자들의 생존 여부를 결정하는 파라미터 공간은 바로 독립변수인 좌석, 성별, 나이, 세 가지로 이루어진 3차원 공간입니다. 이렇게 데이터의 독립변수 개수에 따라 데이터의 차원이 결정됩니다. 하지만 이 차원이 클 경우에는 효율적인 작업이 힘들어집니다. 그러한 상태를 차원의 저주라고 합니다.

11.1.2 차원의 저주 (Curse of Dimensionality)

• 데이터의 차원이 커질수록 차원의 저주는 해당 공간을 설명하기 위한 데이터의 양이 점점 많이 필요하게 됨

• 처음 가지고 있던 적은 데이터로 공간을 설명해야 하기 때문에 과최적화 문제가 발생

• 그 결과 모델의 성능이 떨어지는 문제가 발생할 수 있음

• 이에 따라 핵심이 되는 파라미터들을 선택해 데이터의 차원을 축소하여 과최적화 되는 것을 방지할 수 있음

데이터의 차원이 커질수록, 즉 변수의 개수가 증가할수록 모델 구성에 필요한 데이터의 개수가 기하급수적으로 증가하는데, 이때 해당 특정의 데이터가 제공되지 않는 경우 과최적화 등의 문제가 발생합니다. 이러한 문제점들을 극복하기 위해 데이터에서 핵심이 되는 특징들 또는 이들 특징들로부터 얻을 수 있는 주성분만 선택해 사용하면 이런 문제

를 해결할 수 있습니다. 학습할 대표적인 두 가지 차원 축소 방법은 PCA와 LDA입니다.

11.1.3 차원 축소 방법

- Principal Component Analysis (PCA), 주성분 분석: 데이터 분포의 분산이 큰 축을 찾는 방법

- Linear Discriminant Analysis (LDA), 선형 판별 분석: 데이터의 클래스 정보를 유지하면서 분리하는 축을 찾는 방법

PCA는 Principal Component Analysis의 약자로, 주성분 분석이라고 합니다. PCA는 데이터 분포의 분산이 큰 임의의 축을 찾는 것이 첫 단계에서 할 일입니다. 두 번째 대표적인 방법은 LDA, Linear Discriminant Analysis의 약자로, 선형 판별 분석이라고 하며, 데이터의 클래스 정보를 유지하면서 분리하는 축을 찾는 방법을 말합니다.

그림에서 PCA는 붉은색 데이터와 푸른색 데이터의 분포를 나타내는 선들 중, 데이터를 사상 시켰을 경우 가장 큰 분산을 가진 축을 찾는 작업을 하고 있음을 확인할 수 있습니다. 그림을 다시 살펴보겠습니다.

데이터를 직선에 사상시킨 결과, 붉은색 클래스와 푸른색 클래스가 적절하게 분리되어 있는 것을 알 수 있습니다. 이와 같이 클래스 정보를 유지하면서 데이터를 분리할 수 있는 축을 찾는 방법을 LDA라고 합니다. 그림 1은 PCA와 LDA에 대한 내용입니다.

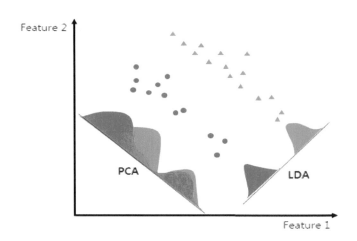

그림 1 PCA와 LDA

지금부터 PCA, LDA 두 가지 방법을 차례대로 자세히 살펴보도록 하겠습니다. 살펴볼 첫 번째 방법은 PCA 입니다.

11.2 PCA

11.2.1 PCA

PCA는 Principal Component Analysis의 약자로 말 그대로 주성분 분석이라고 합니다. 앞에서 살펴보았듯이 고차원의 데이터를 저차원의 데이터로 변환하는 차원 축소 방법 중 하나입니다. PCA를 사용해 찾은 주성분은 데이터 분포의 특성을 가장 잘 설명할 수 있는 벡터입니다.

즉, 데이터의 분산이 가장 큰 축이 첫 번째 주성분이 되고, 두 번째로 분산이 큰 축이 두 번째 주성분이 됩니다. PCA를 사용해 찾은 요소들은 데이터의 분포를 가장 잘 나타내는 요소들이므로, 이를 사용해 데이터를 분석할 수 있습니다.

그림을 통해 쉽게 살펴보겠습니다. 다음의 그림은 2차원 공간에 분포하고 있는 데이터의 산포도입니다. 이 붉은색 점들의 분포를 가장 잘 표현하는 축 두 개가 바로 두 개의 파란색 선입니다.

1st PC(Principal Component), 즉 첫 번째 주성분 벡터를 볼까요. 이 축에 데이터를 사상시킬 경우, 데이터의 분산이 가장 크다는 것을 알 수 있습니다. 2nd PC(principal component), 즉 두 번째 주성분 벡터 또한 첫 번째 주성분 벡터 다음으로 데이터의 분산이 큰 축입니다. 그림 2는 데이터 분포와 PCA의 예입니다. 그럼 지금부터 이 주성분 벡터를 구하는 방법을 살펴보겠습니다.

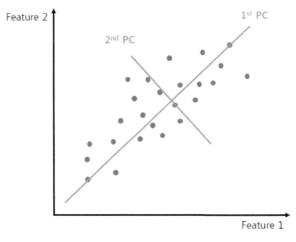

그림 2 데이터 분포와 PCA의 예

11.2.2 고유벡터(Eigenvectors)와 고유값(Eigenvalues)

주성분은 고유벡터와 고유값을 사용해 구합니다. 고유벡터와 고유값은 항상 쌍으로 존재 합니다. 이때 고유벡터는 데이터의 분포를 나타내는 선입니다. 그리고 고유값은 해당 고유벡터에 데이터를 사상시켰을 때 데이터가 분포하는 분산을 의미합니다.

예를 들어 살펴볼까요. 다음의 그림에서 붉은색 점은 데이터를 의미하는데, 이 데이터의 분포를 나타내는 선이 고유벡터입니다. 그리고 이 고유벡터에 데이터를 사상시킨 후 분산을 구하면 이 값이 바로 고유값이 됩니다. 그림 3은 고유벡터와 고유값에 대한 내용입니다.

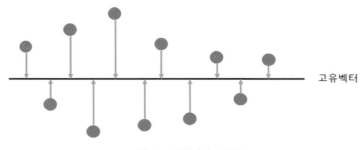

그림 3 고유벡터와 고유값

11.2.3 PCA를 사용한 데이터 재구성

이렇게 데이터의 주성분을 구해서 데이터에 어떻게 적용해야 할까요? 우선 데이터의 고유벡터와 고유값 쌍의 개수는 데이터가 가지고 있는 속성, 차원의 개수와 같습니다. 예를 들어 데이터가 2개의 속성인 나이, 사용 시간을 가지고 있을 경우, 이 데이터의 고유벡터와 고유값 또한 2쌍입니다.

따라서 2차원 데이터의 경우, 2개의 고유 벡터가 수직일 때, 데이터가 두 고유벡터를 기준으로 큰 분산으로 분포하고 있다는 것을 의미합니다. 그러면 이 두 고유벡터를 기준으로 데이터를 재구성하는 것이 가능하게 됩니다. 그림 4는 고유벡터의 예에 대한 내용입니다.

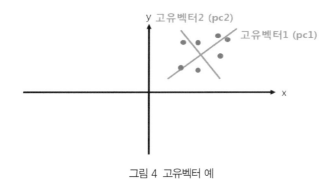

그림 4 고유벡터 예

그림에서 1 사분면에 분포하고 있는 데이터의 주성분 벡터는 파란색 벡터, 고유벡터 1과 고유벡터 2가 됩니다. 이 두 개의 고유벡터를 새로운 축 new x, new y로 삼아 새로운 차원을 구성할 수 있습니다.

이때 데이터에는 변화가 생기지 않습니다. 다만 데이터의 분포를 나타내는 축만 변화하게 됩니다. 다음 그림이 바로 앞에서 확인한 주성분 벡터 두 개를 새로운 축으로 지정한 모습입니다. 두 개의 새로운 축 new x와 new y를 기준으로 데이터의 분포를 표시하고 있습니다. 이와 같이 새로운 축을 기반으로 데이터가 큰 분산을 가지고 분포할 경우, 데이터를 통해 정보를 찾기가 쉬워집니다. 그림 5는 재구성한 고유벡터의 예에 대한 내용입니다.

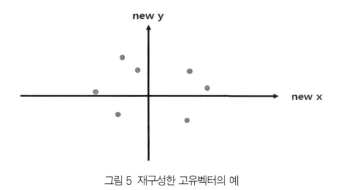

그림 5 재구성한 고유벡터의 예

이번에는 PCA와 함께 대표적으로 사용되는 차원 축소 방법인 LDA에 대해 학습하겠습니다.

11.3 LDA

11.3.1 LDA

LDA는 Linear Discriminant Analysis의 약자로, 선형판별분석이라고 합니다. LDA는 데이터를 클래스 별로 잘 분리하는 벡터를 찾는 방법입니다. 그림을 통해 좀 더 쉽게 살펴보겠습니다. 다음 그림은 두 개의 속성 feature 1과 feature 2를 축으로 데이터의 분포를 나타낸 그래프입니다. 여기에서 붉은색 클래스와 푸른색 클래스를 잘 분리할 수 있는 벡터를 찾아내는 방법이 바로 LDA입니다. 그림 6은 LDA의 예입니다.

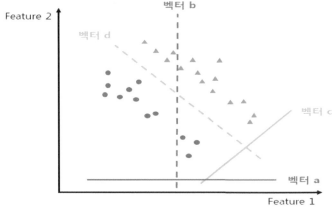

그림 6 LDA의 예

두 클래스를 잘 분리할 벡터를 찾기 위해 벡터 b와 벡터 d를 기준으로 데이터를 분리합니다. 그리고 각 벡터에 수직인 벡터 a와 벡터 c에 데이터를 사상시킵니다. 사상시킨 결과는 그림 7, 그림 8과 같습니다. 우선 벡터 b를 기준으로 데이터를 분리하고, 이에 수직인 벡터 a에 데이터를 사상시킨 첫 번째 그림을 살펴보겠습니다. 그림에서 확인할 수 있듯이 두 개의 클래스가 제대로 분리되어 있지 않음을 확인할 수 있습니다. 그림 7은 LDA의 예에서 벡터 a와 b에 대한 내용입니다.

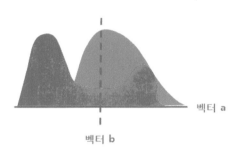

그림 7 LDA의 예 - 벡터 a와 벡터 b

그럼 다음 그림을 살펴보겠습니다. 벡터 d를 기준으로 데이터를 분리하고, 이에 수직인 벡터 c에 데이터를 사상시킨 결과를 볼 수 있는데요. 여기에서 우리는 벡터 c에 데이터가 클래스 별로 적절하게 분리되어 있음을 확인할 수 있습니다. 그림 8은 LDA의 예에서 벡터 c와 d에 대한 내용입니다.

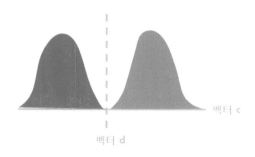

그림 8 LDA의 예 - 벡터 c와 벡터 d

이와 같이 LDA는 데이터를 사상시켰을 때 다음의 조건들을 만족하는 벡터를 찾는 작업입니다. 첫 번째 조건은 각 클래스의 중심간 거리가 최대인 벡터 즉, 클래스간 분리를 잘이루어 내야 한다는 것입니다. 두 번째 조건은 각 클래스 내 데이터의 분산이 최소인 벡터 즉, 같은 클래스 내의 데이터들이 밀집되게 분리해야 한다는 것입니다. 따라서 벡터 a

를 사용하면 두 클래스를 잘 분리시키면서 차원을 축소할 수 있습니다.

지금까지 우리는 PCA와 LDA가 각각 어떠한 방법으로 데이터의 차원을 축소하는지 살펴 보았습니다. 그럼 지금부터 데이터를 사용해 PCA와 LDA 실습을 해보도록 하겠습니다.

11.4 데이터를 사용한 실습

11.4.1 필요한 패키지 import

분석에 필요한 패키지들을 import 해야 합니다. 차원 축소 결과를 시각화해 살펴보기 위 해 첫 번째 줄에서 환경을 설정합니다. 그리고 pyplot 패키지를 import 합니다. scikit-learn에서 기본 제공되는 데이터 셋을 사용하기 위해 datasets 모듈을 import 합니 다. 마지막으로 PCA와 LDA를 진행하기 위해 각 모듈을 import 합니다. 그림 9는 필요한 패키지를 import하는 내용입니다.

```
1 %matplotlib inline
2 import matplotlib.pyplot as plt
3 from sklearn import datasets
4 from sklearn.decomposition import PCA
5 from sklearn.discriminant_analysis import LinearDiscriminantAnalysis
```

그림 9 필요한 패키지 import

11.4.2 원본 데이터 확인

(1) 데이터 살펴보기

분석에 사용할 데이터를 살펴보겠습니다. scikit-learn에서 제공하는 toy data 중 유방암 데이터를 사용합니다. 이 데이터를 사용하기 위해 load_breast_cancer 함수를 통해 데이 터를 로드하고, 변수 data에 저장합니다. 그리고 데이터의 속성들을 확인하기 위해 feature names 함수를 사용해 출력해 봅니다. 그 결과 다음과 같은 속성들의 이름을 확 인할 수 있고, 이 유방암 데이터가 30개의 속성, 즉 30차원의 데이터 셋이라는 것을 알 수 있습니다. 그림 10은 로드한 breast cancer 데이터의 속성을 확인하는 내용입니다.

```
1  data = datasets.load_breast_cancer()
2  data.feature_names
```

```
array(['mean radius', 'mean texture', 'mean perimeter', 'mean area',
       'mean smoothness', 'mean compactness', 'mean concavity',
       'mean concave points', 'mean symmetry', 'mean fractal dimension',
       'radius error', 'texture error', 'perimeter error', 'area error',
       'smoothness error', 'compactness error', 'concavity error',
       'concave points error', 'symmetry error', 'fractal dimension error',
       'worst radius', 'worst texture', 'worst perimeter', 'worst area',
       'worst smoothness', 'worst compactness', 'worst concavity',
       'worst concave points', 'worst symmetry', 'worst fractal dimension'],
      dtype='<U23')
```

그림 10 데이터의 속성 확인

(2) 데이터 셋 준비

이 원본 데이터의 분포를 시각화해 살펴보기 위해 첫 번째와 두 번째 속성, 두 가지만 선택해 사용할 예정입니다. 이를 위해 data의 data 즉, 속성 부분에서 앞 두 개의 속성을 선택해 변수 x에 저장합니다. 그러면 x에는 Mean Radius와 Mean Texture가 저장됩니다.

다음으로 데이터의 클래스 정보를 target 함수를 사용해 가져와 변수 y에 저장합니다. 더불어 클래스 이름을 target_names 라는 함수를 사용해 가져와 변수 target_names에 저장합니다. 그러면 target_names에는 악성(malignant)와 양성(benign) 정보가 저장됩니다. 그림 11은 사용할 데이터 셋 준비에 대한 내용입니다.

```
1  x = data.data[:, :2]
2  y = data.target
3  target_names = data.target_names
```

그림 11 사용할 데이터 셋 준비

(3) 산포도 표현

이제 준비한 원형 데이터를 산포도로 그려 살펴보겠습니다. 우선 산포도를 그리기 위한 figure의 크기를 fig size를 사용해 설정합니다. 그리고 클래스마다 다른 색상으로 표시하기 위해 color 변수에 red, blue 값을 저장해 둡니다.

이제 for 문을 사용해 데이터를 하나씩 산포도에 그리는 작업을 진행합니다. 우선 zip 함수를 사용해 색상, 클래스, 클래스 이름을 묶습니다. zip 함수를 사용하면 동일한 개수로 이루어진 자료형을 묶을 수 있는데, 여기에서는 길이 2인 리스트 세 개를 한 묶음으로 묶습니다.

그리고 색상, 클래스 정보, 클래스 이름을 for 문 내부에 적용합니다. scatter 함수를 사용해 데이터 한 건을 하나의 점으로 표현하는데, 속성 x의 클래스 y가 i, 즉, 클래스가 0인지 1인지 확인한 후, x의 0번 속성을 x축 값, 1번 속성을 y축 값으로 지정합니다.

그리고 해당 클래스 인덱스에 해당하는 색상으로 데이터를 표시하고, 해당 라벨을 클래스 이름으로 설정합니다. legend 함수를 사용해 도표 설명 즉, 클래스 색상과 클래스 이름 정보를 표시하고, xlabel과 ylabel 함수를 사용해 각 축의 이름 Mean Radius와 Mean Texture를 표시합니다. 마지막으로 이 산포도를 보기 위해 show 함수를 사용합니다. 이렇게 구성해 그린 결과를 확인하면 다음 그림과 같습니다. 그림을 살펴보면 두 속성에 따라 그린 산포도 상에서 두 클래스 악성(malignant)와 양성(benign) 데이터가 분리하기 힘들게 섞여 있음을 알 수 있습니다. 그림 12는 준비한 원형 데이터를 산포도로 시각화하는 내용입니다. 그림 13은 원형 데이터의 시각화한 결과입니다.

```
1  plt.figure(figsize=(10, 10))
2  colors = ['red', 'blue']
3
4  for color, i, target_name in zip(colors, [0, 1], target_names):
5      plt.scatter(x[y == i, 0], x[y == i, 1], color=color, label=target_name)
6
7  plt.legend()
8  plt.xlabel('Mean Radius')
9  plt.ylabel('Mean Texture')
10 plt.show()
```

그림 12 원형 데이터의 산포도 시각화

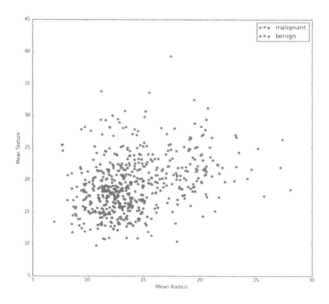

그림 13 원형 데이터의 시각화 결과

이렇게 기본적으로 주어진 속성에 따라 분리하기 어려운 데이터 셋에 차원 축소 방법을 적용해 그 차이를 확인해 보도록 하겠습니다. 그러면 먼저 PCA를 적용해 보도록 하겠습니다.

11.4.3 PCA

(1) 데이터 셋 준비

사용할 데이터 셋을 준비하겠습니다. 데이터의 속성들을 변수 x에 저장하는데, 앞에서 한 방식과는 다르게 30개의 속성 모두를 변수 x에 저장합니다. 우리는 PCA를 사용해서 30차원의 데이터를 축소하고 사용할 계획입니다.

다음으로 유방암 악성과 양성 클래스 정보를 target 함수를 사용해 변수 y에 저장하고, 클래스 이름을 변수 target_names에 저장합니다. 이제 데이터 셋에 PCA를 적용해 보도록 하겠습니다. 그림 14는 PCA에 사용할 데이터를 준비하는 내용입니다.

```
1  x = data.data
2  y = data.target
3  target_names = data.target_names
```

그림 14 PCA에 적용할 데이터 셋 준비

우선 PCA 라이브러리를 사용해 주성분 분석을 하기 위한 모듈 PCA를 생성합니다. 이때 주성분을 두 개 추출하기 위해 n_component를 2로 설정합니다. 이때 주성분을 두 개를 추출하는 이유는 2차원 공간에 산포도를 그려보고 비교하기 위해서 입니다. 생성된 모듈을 fit() 함수를 사용해 속성 데이터 x에 대해 훈련시킵니다.

(2) 데이터 차원 축소

이 훈련된 모델에 transform 함수를 사용해 데이터 x에 대한 차원 축소를 진행합니다. 그리고 그 결과를 변수 x_p에 저장합니다. 그리고 우리는 훈련된 PCA 모델의 두 주성분에 대한 분산을 확인할 수 있습니다. explained_variance_ratio_함수를 사용하면 되는데요. 그 결과 첫 번째 주성분의 분산은 0.98, 두 번째 주성분의 분산은 0.01임을 알 수 있습니다. 그림 15는 PCA 생성 및 훈련한 모델에 차원 축소를 진행하고 주성분 분산을 출력하는 내용입니다.

```
1 pca = PCA(n_components=2)
2 x_p = pca.fit(x).transform(x)
3 print('가장 큰 주성분 두 개에 대한 분산: %s' % str(pca.explained_variance_ratio_))
```

가장 큰 주성분 두 개에 대한 분산: [0.98204467 0.01617649]

그림 15 PCA 모델에 차원 축소 진행한 주성분 분산 출력

(3) 산포도 표현

이렇게 PCA 분석을 마쳤는데요, 그 결과를 시각화해 차이를 확인해 보아야겠죠. 방법은 앞 원본 데이터에 적용한 방법과 같습니다. 다만 산포도에 표시할 데이터 셋이 x가 아닌 PCA 결과로 추출한 주성분 두 개인 x_p라는 것이 차이점입니다. 그리고 주성분 두 개에 따른 데이터의 산포도이므로 그래프 정보도 수정을 합니다. x축 이름은 PC1로, y축 이름은 PC2로 표시합니다. 그 결과를 시각화 하면 다음 그림과 같습니다.

30차원의 데이터를 2차원으로 축소해 산포도를 그려본 결과, 두 개의 클래스가 원본과는 다르게 분리되어 있음을 확인할 수 있습니다. 양성 클래스 데이터의 경우 한곳에 뭉쳐 분포하고 있고, 악성 클래스 데이터의 경우 상반되게 옆에 넓게 분포하고 있습니다.

비록 일부 겹쳐져 있긴 하지만, 원본에 비해 두 클래스의 분포가 잘 분리되어 있음을 알 수 있습니다. 그림 16은 PCA에서 추출된 주성분을 산포도로 시각화하는 내용입니다. 그림 17은 주성분을 산포도로 시각화하는 내용입니다.

```
1 plt.figure(figsize=(10, 10))
2 colors = ['red', 'blue']
3
4 for color, i, target_name in zip(colors, [0, 1], target_names):
5     plt.scatter(x_p[y == i, 0], x_p[y == i, 1], color=color, label=target_name)
6
7 plt.legend()
8 plt.xlabel('PC 1')
9 plt.ylabel('PC 2')
10 plt.show()
```

그림 16 PCA에서 추출된 주성분의 산포도 시각화

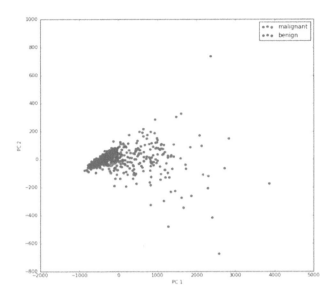

그림 17 추출된 주성분의 시각화 결과

그러면 이제 두 번째 차원 축소 방법인 LDA를 실습해 보겠습니다. 이번에도 마찬가지로 사용할 데이터 셋을 준비해야겠죠.

11.4.4 LDA

(1) 데이터 셋 준비

PCA의 데이터 셋과 마찬가지로 30개 속성 모두를 사용하며 변수 x에 저장하고, 클래스 정보는 변수 y에, 클래스 이름은 변수 target_names에 저장합니다. 그림 18은 LDA에 사용할 데이터를 준비하는 내용입니다.

```
1  x = data.data
2  y = data.target
3  target_names = data.target_names
```

그림 18 LDA에 적용할 데이터 셋 준비

이제 데이터 셋에 LDA를 적용해 보겠습니다. 우선 LDA를 사용하기 위해 라이브러리 LinearDiscriminantAnalysis 를 사용해 선형 판별 분석을 위한 모듈 lda를 생성합니다. 이 때 고유값을 사용해 클래스를 구분하는 벡터를 구하기 위해 solve를 eigen으로 설정합니다. 그리고 앞과 마찬가지로 2 차원으로 축소하기 위해 n_components를 2로 설정합니다.

(2) 데이터 차원 축소

이렇게 생성한 모듈 lda를 fit() 함수를 사용해 속성 데이터 x와 클래스 데이터 y에 대한 학습을 진행합니다. PCA와는 다르게 LDA는 클래스 정보를 가지고 진행하기 때문에 fit 함수에 클래스 데이터 y를 함께 적용합니다. 훈련된 모델 lda를 사용하기 위해 transform 함수를 사용하는데, x 속성 데이터에 대해 차원 축소를 진행합니다. 이 차원 축소 결과, 즉 도출된 주성분 2개를 변수 x_l에 저장합니다. 그림 19는 LDA 생성 및 학습된 모델에 차원 축소를 진행하고 도출된 축소결과를 저장하는 내용입니다.

```
1 lda = LinearDiscriminantAnalysis(solver='eigen', n_components=2)
2 x_l = lda.fit(x, y).transform(x)
```

그림 19 LDA 모델에 차원 축소 진행한 주성분 저장

(3) 산포도 표현

이제 LDA 적용 결과를 시각화 해보도록 하겠습니다. 여기도 앞과 같은 방법으로 산포도를 그립니다. 다만 차이점은 산포도에 표시할 데이터가 LDA 분석 결과인 x_l 이라는 것입니다. 그리고 각 축의 이름도 LD1, LD2로 바꿔 표시합니다. 그 결과 그려진 산포도를 살펴보면 다음 그림과 같습니다. 그림 20은 LDA에서 추출된 주성분을 산포도로 시각화하는 내용입니다. 그림 21은 주성분을 산포도로 시각화하는 내용입니다.

```
1 plt.figure(figsize=(10, 10))
2 colors = ['red', 'blue']
3
4 for color, i, target_name in zip(colors, [0, 1], target_names):
5     plt.scatter(x_l[y == i, 0], x_l[y == i, 1], color=color, label=target_name)
6
7 plt.legend()
8 plt.xlabel('LD 1')
9 plt.ylabel('LD 2')
10 plt.show()
```

그림 20 PCA에서 추출된 주성분의 산포도 시각화

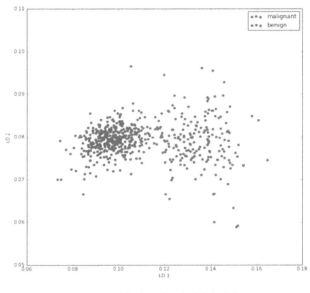

그림 21 추출된 주성분의 시각화 결과

LD1축에 데이터를 사상시킨다고 가정해 볼까요. 그러면 두 클래스가 각각 적절하게 분리됨을 알 수 있습니다.

11.4.5 원본, PCA, LDA 시각화 결과 비교

이렇게 원본 데이터와 두 개의 차원 축소 방법인 PCA, LDA를 실습해 보고, 산포도로 비교해 보았습니다. 다음 세 개의 그림을 보면 그 차이를 더욱 확실히 느낄 수 있습니다. 세 그림은 차례대로 원본, PCA, LDA 결과입니다. 그림 22는 원본 데이터의 산포도, 그림 23은 PCA 차원 축소의 산포도, 그림 24는 LDA 차원 축소의 산포도입니다.

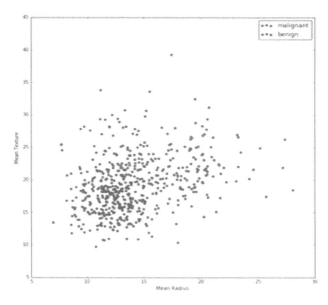

그림 22 원본 데이터의 산포도 시각화 결과

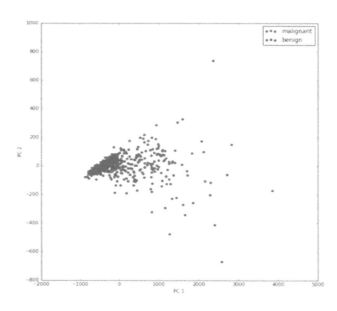

그림 23 PCA 차원 축소의 산포도 시각화 결과

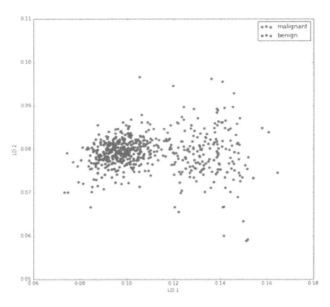

그림 24 LDA 차원 축소의 산포도 시각화 결과

30개의 속성 즉, 30차원의 데이터에 PCA, LDA를 적용해 2차원으로 축소한 결과입니다. 원본 데이터는 두 클래스의 데이터가 분리하기 힘들게 서로 섞여서 분포하고 있는데, 반면에 차원 축소 결과인 두 그림은 차이가 보입니다. PCA, LDA 결과 모두 두 클래스가 눈으로 확인할 수 있을 만큼 적절하게 분리되어 있습니다.

이와 같이 데이터가 가지고 있는 기본 속성으로 구분하기 어려운 높은 차원의 데이터 셋에서 주성분을 추출하면 데이터를 표현하는데 훨씬 효과적이라는 것을 확인할 수 있었습니다. 이와 같이 데이터 셋의 차원이 클 경우 발생하는 분석의 어려움을 차원 축소를 통해 극복할 수 있습니다.

INDEX

파이썬을 이용한 빅데이터 분석

1판 1쇄 발행 2018년 10월 20일
1판 4쇄 발행 2022년 08월 20일
저　　　자 유성준 外 6인
발 행 인 이범만
발 행 처 **21세기사** (제406-00015호)
　　　　　경기도 파주시 산남로 72-16 (10882)
　　　　　Tel. 031-942-7861　　Fax. 031-942-7864
　　　　　E-mail : 21cbook@naver.com
　　　　　Home-page : www.21cbook.co.kr
　　　　　ISBN 978-89-8468-643-4

정가 25,000원